本书为湖北省2011年社科基金项目（2011LZ022）和
武汉大学2008年人文社科青年项目的最终成果

启蒙时代的理性与信仰

（赵林主编）

Reason and Revelation: An Evaluation of English Deism

王爱菊 ◎ 著

理性与启示：英国自然神论研究

人民出版社

总　序

　　西方文化的现代转型经历了一个漫长的发展、演化时期,15、16 世纪以意大利为中心的文艺复兴和北部欧洲普遍发生的宗教改革无疑构成了西方文化转型的开端,与此相应的一系列重大社会变化如海外航线的开辟、商品经济的兴起等,也极大地推进了西方社会的变革。但是从西方现代化的整个发展历程来看,自 17 世纪发轫的启蒙运动才是中世纪与现代之间的真正分水岭。文艺复兴运动虽然大声疾呼人性的解放,但是这场主要局限于文学艺术领域的变革活动仅仅停留在感性的层面上,并未将人性解放提升到理性的高度,而且人文主义者们对于罗马教廷的权威地位也丝毫不敢触动。宗教改革运动虽然打破了罗马天主教会一统天下的专制格局,在客观上为近代民族国家的崛起和资本主义经济的发展奠定了重要的文化基础,但是这场旨在弘扬信仰的改革运动仍然带有浓郁的中世纪气息,它的主观动机并非要开创一个新世界,而是要回归一个旧时代。与文艺复兴和宗教改革所发生的 15、16 世纪相比,17 世纪无疑是一个具有崭新时代精神的时代。如果说 15 世纪是一个文学艺术复兴的时代,16 世纪是一个宗教信仰重振的时代,那么,17 世纪就是一个哲学和科学兴盛的时代。与 15 世纪的感觉主义、16 世纪的信仰主义相比,17 世纪最突出的时代特征就是理性精神。

　　怀特海曾把 17 世纪称为"天才世纪",在那个时代,一大批从根本上改变了西方思想形态的伟大哲学家和科学家如同雨后春笋一般涌现出来,其中最著名的有弗兰西斯·培根、笛卡尔、霍布斯、洛克、斯宾诺莎、莱布尼茨、伽利略、开普勒、惠更斯、波义耳、雷汶虎克、牛顿等(他们中间有些人虽然出生在16世纪,但是其主要的哲学著述和科学发现活动都是发生在17世纪)。这些如雷贯耳的人物不仅在各自的研究领域里创建了丰硕的学术成就,用一套全新的概念系统和思想体系突破了中世纪陈旧烦琐的旧藩篱,而且更为重要的是,他们运用理性精神在西方知识分子心中树立起两个相互补充的新观念,这就是自然秩序的观念和人类天赋的观念。前者展现了一个严格遵循普遍必然性法则而运行的自然世界,这个自然世界不为尧存、不为桀亡,甚至连它的创造者——上帝——也不能任意干预和破坏它的固有法则(从这个严格遵循既定法则的自然界中也就顺理成章地推演出一个按照契约精神而运行的宪政社会);后者则将理性确立为人的精神本质,从天赋观念、天赋禀性中引申出与生俱来的天赋权利,从而将自由、平等、私有财产等权利树立为不可侵犯的神圣人权。正是在这两个新观念的引导下,一场轰轰烈烈的启蒙运动才得以在西欧各国普遍开展,一个符合理性精神的西方现代社会也因此而顺利地生长起来。

西欧启蒙运动本身也经历了一波三折的发展历程,它的思想酝酿可以追溯到17世纪英国的自然神论,而后被18世纪法国的激进知识分子们推向了反叛的高潮,再后则在18—19世纪德国人的深刻而晦涩的哲学批判和宗教批判中实现了传统与更新、信仰与理性之间的辩证协调。对于绝大多数中国人来说,启蒙运动似乎仅仅是一场法国人的激进思想运动,乃至于一谈起欧洲的启蒙,人们就会想起伏尔泰、狄德罗等法国知识分子高举理性大旗对传统宗教信仰和专制体制的猛烈抨击。事实上,法国启蒙运动只是整个欧洲启蒙运动的一个组成部分,而且是一个过于偏激的组成部分。启蒙不仅是一场轰轰烈烈的法国思想运动(近代的法国人一向喜欢标新立异、剑走偏锋,喜欢制造形形色色的文化"运动"),同样也是英国人、德国人和欧洲其他国家知识分子的一次深刻的思想反省和文化更新。因此,全面地考察欧洲启蒙运动的思想演进历程,深入了解除激进的法国人之外的其他各国知识分子的启蒙观念，动态地把握理性精神在欧洲启蒙历程中与传统的宗教信仰之间的辩证关系，是非常有必要的。它不仅有助于我们对西方文化的深入认识，而且也为中国文化的现代化转型提供有益启示。

"启蒙时代的理性与信仰"丛书通过研究 17—19 世纪西欧一些重要思想家关于理性与信仰之关系的不同观点，以说明在宗教改革以后的数百年间，新兴的理性精神是如何挣脱传统信仰的束缚而迅猛崛起，并且通过对基督教信仰的深刻批判，最终与完成了现代化转型的基督教信仰形成一种互补的协调关系，从而共同为西方现代文化奠定精神根基的。

本丛书主要由一系列相关的博士论文组成，这些博士论文或侧重于考察 17 世纪英国自然神论者是如何在信仰的旗帜下大力弘扬理性精神，或着眼于研究 18—19 世纪德国启蒙思想家是如何在理性与信仰之间形成一种和谐互补。本丛书的出版将有利于纠正国内学术界过分偏重于法国启蒙运动而忽略欧洲其他各国启蒙思想的片面性，从而使国人更加全面和深入地了解西方文化的现代转型历程。

赵　林

2012 年 10 月 12 日

目　　录

导　论

一、理性、信仰和启示

　　理性和信仰的关系是基督教哲学的基本问题。按照基督教的传统，基督教信仰的核心是信上帝以及上帝的启示。上帝创造了整个宇宙世界，赋予了它和谐与秩序，所以人类和世界的存在、价值以及终极意义最终取决于上帝。可是，人毕竟只是有限的受造物，在认识和思考时也是有限而不完善的。因此，人若要达到对无限和完善的上帝的真正认识，不能只是通过人认识其他受造物的方式，还需要借助于上帝向人类的自我显现或者启示。上帝的启示起始于天地的被创造，以后便随着始祖亚当和夏娃、摩西、先知逐渐发展，直至道成肉身在耶稣之中达到最高点。记录着这一切的《圣经》就是上帝之言，是上帝赐予世人关于他自己的永恒有效的启示。历史上的基督教思想家无不以传播、解释和维护启示为己任。在此过程中，理性显然是不可或缺的，因为如何理解与诠释信仰、如何判断作为信仰对象的启示的真伪、如何论证和维护启示和对启示的信仰，必须借助于人的逻辑推理和理性反思才能完成。虽然有些基督教思想家坚持信仰主义，完全否认理性在信仰中的作用，可是他们之所以能够得出这种结论，也正是运用理智的结果。所以，在西方基督教历史上，理性和信仰如同是一对"争斗的兄弟"（fighting brothers），互相对立，纠葛不断，却又彼此补充，互相促进。二者若即若离，又不离不弃，犹如鸟之双翼，车之两轮，共同构建了基督教哲学，形成了西方基督教哲学中重复出现且不断变化的核心主题。

　　这个主题的形成和发展并不是偶然的,而是有着深刻的内在原因。邓晓芒曾经用西方哲学中的"逻各斯"和"努斯"精神来解释基督教中理性真理和启示真理之间纠缠不休的关系。他认为,基督教真理的哲学根基是"一"的思想,即同一性、普遍性和共相,而这来源于希腊哲学中作为语言本质的"逻各斯"。赫拉克里特提出"神圣的逻各斯",认为逻各斯的神圣性只在于它是唯一的"一"。后来,埃利亚派把逻各斯的"一"和存在的"一"以及神的"一"融合起来。巴门尼德认为,有一个"绝对同一的存在",而且这个存在是最高和最终的实体,自己没有起源却是其他万物的起源。到了柏拉图那里,"一"成为不受变动不居的杂多事物影响的自身同一性作为真理的根本特征,从而被看做是真正的神性。以普罗提洛为代表的新柏拉图主义则把最高的"太一"明确归于上帝。可以说,逻各斯是基督教之中理性真理的普遍性和合理性的哲学基础。不过,基督教的理性真理和启示真理之间有着不可割舍的关系,而这种关系是以希腊哲学的"努斯"精神为纽带的。"努斯"的含义是灵魂和心灵,是与整个物质世界划分开来的纯粹精神,体现了能动与超越的纯粹精神和纯理性,是个体灵魂超出自身的有限而向无限和完满不断攀升的能力,所以可以被认为是基督教之中启示真理和道德原则的哲学基础。二者都是理性,逻各斯代表着规范和法则的理性,努斯代表着个体灵魂超越感性并统摄此岸感性世界能力的理性,而逻各斯是努斯本身的一种表达,也是其实现的途径。"启示来自于努斯、灵魂对彼岸声音的关注、追求和倾听,亦即来自于信仰,理性、逻各斯则在一切人那里确证这种启示,正如苏格拉底从别人口里自由说出的话中确证自己心中的真理一样。"①从深层次上看,理性和启示之间互相冲突、互相补充而且割舍不开的关系来源于努斯不断

_____

　　① 邓晓芒:《真理:在神学和哲学之间》,见《中西文化视域中真善美的哲思》,黑龙江人民出版社2004年版,第339页。

超越感性并寻求在逻各斯之中得到表达和印证的力量。

　　这种从基督教哲学根基上去把握理性和启示关系的理解无疑是非常精辟深邃的。从另外一个方面看，简单地说，基督教在本体论和认识论上的内在张力也决定了理性和信仰、理性与启示之间的张力。基督教认为，人生活在此岸世界，却不属于此岸世界，应该不断超越此岸世界，并努力趋向彼岸世界。这种二元对立的世界观不可避免地导致基督教本身在本体论和认识论上的内在张力。

　　从本体论上看，基督教认为上帝创造了世界，是一切真理的来源，故而真理必然被上帝自上而下启示出来。否则，有限的人就无法获得关于无限的上帝的真理。因此，要认识上帝那不可预测也不可验证的真理，必定要先有上帝赐予的信仰，也就是说，启示以及对启示的信仰必定先于理性。可是，从认识论上看，为了认识上帝的真理，人类必然是从自己出发，以个体的体验和思考为起点，自下而上地去认识上帝以及上帝的启示。只有通过这种方式，人才能决定上帝的存在，理解上帝的属性，了解《圣经》的内容，判断启示是否确为神圣，体验人与上帝的沟通。所以，人要获得对上帝的认识，必定先要有理性。也就是说，理性必定先于启示。在这种意义上讲，理性和信仰必然产生内在的矛盾和冲突。

　　不过，正如努斯不断地寻求与逻各斯达到统一，理性和信仰并不是不可调和的。一方面，信仰永远不会仅仅简单地停留为内心的单纯信仰，总是要不断寻求理解，以便获得在个人言语上的表达以及与他人的认同。另一方面，按照基督教教义，上帝按照自己的形象创造了人，将理性赋予人，所以理性成为人和上帝之间的相似性，具有某种神性。正如《旧约·创世记》第 2 章第 7 节所言，"耶和华上帝用地上的尘土造人，将生气吹在他鼻孔里，他就成了有灵的活人，名叫亚当。"由此，凭借理性，人完全能够达到对上帝以及上帝的启示的某种认识。当然，不同的历史时代对于理性如何认识上帝有不同的见解，这也导致了理性和信仰之间关系的永恒变化,对此本书将具体阐释。

　　除了基督教在本体论和认识论上的内在张力,基督教的历史渊源也导致了理性和信仰之间既矛盾又协调的关系。众所周知,基督教脱胎于母体犹太教,后来随着欧洲的基督教化,逐渐吸收了希腊—罗马文化圈的哲学思想。"具体地说,希腊的唯心主义哲学为基督教提供了一套形而上的神学思想,而希伯来的犹太教则为基督教准备了一个历史背景(圣教历史)和精神氛围(罪孽意识和救世福音)。"①在早期基督教向希腊化地区传播的时候,一大批基督教护教者为了驳斥异教徒哲学家的批判,更是为了辩护和宣扬基督教教义,开始运用哲学的方法和哲学家的语言来解释基督教的信念和基督徒的行为。他们用希腊哲学中深刻的形而上学思想来阐释基督教的救世福音和基本教义,竭力使基督教教义与希腊哲学融合起来。《新约》四大福音书中的《约翰福音》便是基督教和希腊哲学碰撞与融合的最初产物。与《马太福音》、《马可福音》和《路加福音》这三本"同观福音"相比,《约翰福音》在结构、观点和取材上与它们有很大的不同。以四部福音书的开头来说,三本同观福音或者追溯耶稣的家族谱系到亚伯拉罕,或者讲述施洗约翰的预言和故事,无不是强调耶稣和犹太教之间的连续性。可是,《约翰福音》中那句非常著名的开头却说:"太初有道(Logos),道与神同在,道就是神。"这分明是把上帝和基督与希腊哲学中的道(逻各斯)的概念等同起来。

　　通过对希腊哲学的改造和融合,在经历了长时期的艰苦辩难之后,早期的护教者和教父逐渐建立了原罪和救赎论、神圣三一论、基督二性论等基本教义。在此过程中,必然会涉及基督教教义的独特性和普遍性的问题。基督教以耶稣基督这个人物为中心,以他降临、受难并复活的一生故事为顶点,必然宣称耶稣基督的训导具有独特的意义,而且只有基督才是真理,才是世人得救之途。然而随之而来的问题是,基督的训导或者启示

――――――――――

　　① 赵林:《西方文化概论》,高等教育出版社2004年版,第88页。

与希腊哲学家通过自然理性所发现的关于神的知识之间究竟是怎样的关系呢？如果两者完全不同，那么就会显出基督的训导缺乏普遍性，也会显出上帝的随心所欲和非连贯性。如果要使上帝的道显得更加合理一些，那么就应该让基督的训导类似于古代那些源远流长的真理。可是如此一来，基督的训导就有可能变成对古代哲学平淡无奇的重复，从而缺乏独特性，也丧失了存在的必要性。因此，基督教哲学必定要在保持"努斯"所代表的启示真理的独特性的同时，努力去追求"逻各斯"所代表的普遍真理的普遍性和同一性，而这种努力必然会导致具有历史特殊性的启示真理和具有永恒普遍性的理性真理之间互相对立而又不可偏废的平衡关系。

实际上，无论是基督教在本体论和认识论上的内在张力，还是基督教在启示真理的独特性和理性真理的普遍性上的平衡策略，都只是以不同的方式体现出了"逻各斯"和"努斯"之间的互动关系。正是由于"逻各斯"和"努斯"之间存在对立统一这个最为根本的原因，理性和信仰必然时而互相依赖，时而互相攻击，并且在互相纠葛的过程中，使基督教哲学获得持续的发展和丰富。在进一步讨论基督教思想家们具体的理性观和信仰观之前，有必要先来界定一些相关术语，例如信仰、理性、启示、自然神学和自然宗教。

基督教首先是一种信仰。从一般意义上讲，信仰（faith）包含两个基本的方面：其一，作为主观行为的信仰（faith），即个人的信任或者相信；其二，作为客观对象的信仰（the faith），即作为被相信对象的客观事物或命题。日常意义上的信仰必然涉及某个可以信赖的对象，如某个人所说的话或一本书的存在。宗教意义上的信仰，通常则会涉及被相信的某个宗教命题或者教义，如宇宙是上帝创造的，等等。基督教作为一套丰富的信仰体系，包括本体论，如什么是上帝，上帝与人的关系如何，什么是人等；认识论，即上帝如何揭示自我，并如何让人了解他的属性和意志；还包括关于历史地理方面的知识，如耶稣的生平故事；最后还包括伦理学，如摩西的十诫和耶稣的训导等。①

　　作为个人主观相信的信仰,则可以被区分为认识论意义上的相信或同意(belief,assent)和拯救意义上的信靠(trust)。认识论意义上的信仰,通常指人类对基督教教义或者命题的认识和相信,其对象是人所获得的关于上帝的知识。拯救意义上的信仰,通常指基督徒对上帝的信任和委身。前者要求人有足够的证据才能去相信,后者却是在没有足够证据支持的情况下去相信某事物的真实性。对于这两个方面的关系,马丁·路德曾经用坐船过海的比喻进行说明。认识论意义上的信仰是很确切地相信一条船的存在,而拯救意义上的信仰不仅是相信船的存在,更是信任这条船可以安全地载人过海。如果船是否存在可以得到证实或证伪,那么该船能否安全地载人过海则在过海之前难以确定。如果人只是相信船的存在,而不肯信任它可以安全地载他过海,那么他会不愿意上船,从而永远过不了海。所以,拯救意义上的信仰,不仅是相信上帝是真实的存在,更是去信靠上帝的应许,信任耶稣有能力把人从罪恶之中救赎出来,从而将自己委身相托,与耶稣联合为一。② 基督教主流传统往往同时看重信仰的认识论意义和拯救意义这两个方面,而不会偏废其一。像德尔图良所说的"惟其不可能,我才去相信"的极端信仰主义的主张,在西方基督教历史上,总归只是少数。其实,无论德尔图良如何否认理性在信仰中的地位,他都无法否认,他正是运用了理性,才能够得出这样反理性的结论。

　　信仰总是要寻求理解,寻求证据支持。基督教信仰的证据通常来自于两个方面:理性和启示。理性之所以对于信仰十分必要,在于人需要理性去理解《圣经》和自己所相信的教条,以及有条理地说明和论证信仰的客观内容。从通俗意义上讲,理性就是人心运用逻辑的方法讲明道理和探索真理的自然能力。首先,理性最为简单和狭窄的意义便是形式逻辑,

---

①　See Helm,Paul. *Faith and Reason*,"Introduction". Oxford:Oxford University Press,1999,p. 7.

②　参见许志伟:《基督教神学思想导论》,中国社会科学出版社 2001 年版,第8—9 页。

即通过归纳和演绎的方法从前提得出结论的抽象推论。譬如三段论:人都会死,苏格拉底是人,所以苏格拉底会死。这种推理是纯粹形式上的,如果前提正确,并且在推理上符合逻辑规则,那么结论便是毋庸置疑的。这种对理性的理解与信仰是没有矛盾的,因为这种意义上的理性并不提供信仰的内容,纯粹只是为神学服务的工具。经院哲学便是这种逻辑推理的典型代表。其次,关于理性的另一种理解是认识论意义上的理性,与作为认识对象的真理相关,具有一定的实质性内容,如古希腊哲学关于神的理解便是这种理性的代表。人运用独立无依的理性可以发现信仰的内容,至少是部分的内容,如世界具有第一因,是由某个设计者所创造出来的。对于这些纯粹依靠理性所发现的真理,启示可以是必要的补充,也可以是这些真理的再次发布,但是却不能取消和抹杀它们。其典型例子便是托马斯·阿奎那的自然神学关于理性的理解。有时候,基督教否认这种理性认识的能力,认为原罪彻底败坏了人的这种能力,所以需要上帝的恩典加以修复才能重新发挥作用,如加尔文主义。

如果自然神学是对认识论意义上的理性的肯定和推崇,那么怀疑论便是对认识论意义上的理性的否认和排斥。怀疑论者认为,我们无法认识客观世界,也一无所知,故而通过理性所认识的真理是不真实的。不过,这种对理性的怀疑并不必然导致人去怀疑信仰的对象,反而很奇怪地成为信仰的前提和基础。基督教传统中本来就存在着对人类依靠理性所获得的世俗知识的怀疑和不信任。这是因为,基督教信仰作为一种对彼岸世界的信仰,本身就意味着对世俗智慧的怀疑和否定,而这种怀疑恰好成为了真正信仰的前提。① 在《圣经》中,我们不难看出对此岸世界的知识和智慧的彻底颠覆。在《旧约·传道书》(1:14)中,传道人以怀疑的口气说:"我见日光之下所做的一切事,都是虚空,都是捕风。"在《新约》中,耶稣在讲道中体现出的逻辑和智慧也与世俗智慧和犹太教传统恰恰相

---

① 参见邓晓芒:《论中西怀疑论的差异》,《福建论坛》(人文社会科学版)2003 年第 1 期。

反,他还常常用悖论的方式来宣讲基督教教义。当门徒们在讨论谁将为大时,耶稣却领了一个小孩子过来,说"你们中间最小的,他便为大"(《路加福音》9:46—48)。对人的理性的怀疑甚至还可以成为为信仰辩护的武器。例如,在17世纪,怀疑论便是罗马天主教护教者的"新的战争机器",用以否认新教教徒能够依靠自我的判断来诠释《圣经》。他们反问新教徒,如果新教徒反对将教会对《圣经》的解释奉为权威,那么他们又如何能够确切地知道哪部圣经文本才是正典?他们每一个人又如何能够确切地知道自己掌握了《圣经》每句经文和每个单词的意义?然后,他们进一步证明只有教会的解释才具有唯一的确定性,而要避免新教在理解《圣经》上的分歧,只有委身天主教会,才能获得绝对无误的理解。不过,新教徒很快便以其人之道还治其人之身,认为即便委身天主教会,也不能保证一定能够确定地理解天主教的每一位教父、每一次公会议和每一任教皇的训导。①

上述两种关于理性的理解都是认知意义上的理性,关涉如何理解宇宙及其神圣的来源(本体论),以及如何评价关于宇宙和上帝的不同理解(认识论)。除此之外,理性还有道德实践上的含义,如康德对于理性的理解。"理性"这个概念在康德那里具有不同的含义。在最宽泛的意义上,理性包括感性、知性和理性三个部分;在最狭隘的意义上,理性则是指与感性和知性不同的作为第三阶段的认识。在《纯粹理性批判》中,康德认为,理性是一种先验的能力,单凭自身就能产生某些概念和原理,无须借助知性和感性。理性区分于知性,以知性为认识对象,并不与感性直观和经验对象发生关系,所涉及的是理论理性。在《实践理性批判》中,理性所涉及的是实践理性或道德的领域。理性运用于理论方面时给自然界立法,运用于实践方面时就给人颁布道德律。康德认为,理论理性不能获

---

① See Burns, R. M. *The Great Debate on Miracles: from Joseph Glanvill to David Hume.* London: Bucknell University Press, 1981, p. 39.

得关于上帝的真理,所以应该把信仰从认识论的领域驱赶出去;而在《实践理性批判》中,康德以实践理性(道德)为基础证明了上帝存在的必要性。

　　和理性一样,启示的含义也很复杂。启示(revelation)在拉丁文中是revelatio,在希腊文中是apocalypsis,本来是指隐藏的事物通过不同寻常的心理活动得以揭示出来。按照这种广义的理解,很多宗教都有启示,例如佛教中的"觉悟"就是指众生在经过修行和佛经开导之后去除障蔽,觉见光明。在基督教信仰中,启示具有特定的含义,是指上帝在宇宙和人类历史中,为了拯救人类而向人类揭示自我的本性、目的和意愿的所有活动,是上帝给予人类的关于他自己和关于人类得救的直接的知识。对于基督徒而言,信仰就是相信上帝的启示,没有了启示,信仰便没有了基础和目标。没有了信仰,整个基督教的大厦便摇摇欲坠。耶稣将启示委托给教会,教会以捍卫启示为己任,在神圣启示的号召下得以存在。启示的存在和可了解性是神学存在的前提。神学其实就是对启示信仰的系统性思考。安瑟伦说:"理解他所相信的",而托马斯·阿奎那指出,"神圣教义"就是"按照神圣启示的关于上帝的启示"。卡尔·拉纳对神学的定义是:"神学是关于信仰的科学。它是有意识、有方法地去解释阐明信仰所接受、所把握的神圣启示。"神学家们的任务就是以神圣启示为观照,来考察当时的教义和宗教实践,揭露和启示相违背的解释,并澄清启示的内容和意义,还要以启示为基础来证明基督教团体的信仰。①

　　在近代以前,西方的基督教传统视启示为理所应当的事情,毫不怀疑启示的真实性和必要性。有限的人要想认识无限的上帝的本性和意志,通过有限的理性似乎难以成功,所以上帝的自我启示必不可少。在早期基督教时期,尚未出现与启示对立的概念,如凭借自然理性所获得的知识,所以早期基督教的护教者并不感到因为要驳斥与启示的对立观念而

---

① 详见 Avery Dulles, S. J. *Models of Revelation*. Dublin: Gill and Macmillan, 1983, p. 5。

需要对启示加以界定。可是,到了宗教改革时期,新教和天主教之间在论争时都开始诉诸启示特别是《圣经》来论证自己的宗教立场,于是引起了对启示的极大关注。由于新教各派在《圣经》的诠释上各执己见并且无法统一,他们在启示问题上产生了重大分歧。在理性高扬的 17、18 世纪,随着科学的发展和理性的高扬,作为自然律的中断的特殊启示,逐渐成为理性质疑、批判的对象,甚至不免被扬弃。《圣经》作为特殊启示的核心,也受到激烈的批评,尤其以自然神论者的批判为高潮。自然神论者攻击和批判启示,从理性主义的角度来解释和批判启示,甚至几乎认为人类单凭自己的理性便能建立宗教的基本真理。也正是从这个时候起,基督教正统第一次奋起解释并维护关于启示的教义,开始对启示进行更深入的研究,并形成了系统的启示学。正统派关于启示的辩护在 19 世纪又进一步遭到进化论和实证主义的否认。进化论否认人的头脑能够获得关于神的知识,实证主义却认为所有的宗教真理都是人类探索的结果。到 19 世纪末,基督教教会认为,启示就是一整套在圣经时代所建立、通过《圣经》和教会训导得以可靠地传播的教义。无论是在个体教徒的宗教生活中、在教会的差会中,还是在神学方法上,启示都被认为是至关重要的。1870年梵蒂冈第一次公会议指出:"我们相信上帝所启示的事情为真理,不是因为它们具有自然的理性之光可以理解的内在真理,而是因为它们是具有权力的上帝所启示的,而上帝既不被欺骗,也不骗人。"

　　张庆熊把基督教的启示总结为以下几个基本特征:第一,启示意味着揭幕,意味着把暗藏的东西公布于众。第二,启示的事件不是由人的活动发起的,而是由上帝发起的。人是启示的见证者,神是启示的发起者。这里预设了一个行动着的人格神。第三,启示是上帝的恩赐。启示的内容、受启示者的范围、受启示者对启示内容的领悟完全是由上帝决定的。启示不在人力所能运作和控制的范围之内,启示的事件和效用完全是借着上帝的恩赐而发生的。第四,启示为信仰提供可靠的基础。基督教为什么信上帝以及上帝的救恩的计划,不是根据人自己的经验,也不是根据人自己的理性的推导。正如他后来所指出的,这些只是传统的启示观。①
他的总结为我们提供了一个了解启示的概观,也存在一些问题。譬如第
三条,尽管上帝在启示中处于决定性的主动地位,这并不意味着人在启示
中就是完全被动的。人如果缺乏对启示的回应能力,启示就是毫无意义
的。人固然会因为傲慢或者智识有限无法作出对启示的应对,但是只要
是真正的启示发生,人的回应就必然发生。②

　　通俗来说,基督教的启示可以分为普遍启示和特殊启示。"前者是
指上帝在世界任何时间与地域,通过种种方法向人类揭示自己。后者是
上帝在某一特定时间向某些特定的人或民族显示自己。"③上帝的普遍启
示通常可以从宇宙世界、人类本身以及人类的历史中看到。自然世界的
神奇与美妙、秩序与和谐让人情不自禁会联想到一个造物主。人本身的
理性以及人对神灵的敬畏也可以让人悟出一个主宰世界的神灵。这些普
遍启示无处不在,无时不在。与此相比,上帝的特殊启示则体现于救赎历
史、上帝的圣言及《圣经》之中。特殊启示是上帝在特定时间和地点的特
殊自我显示,而这种启示的结果便是人因此与上帝建立一种救赎的关系。
在旧约时代,上帝的"特殊启示"是通过以色列民族的救赎历史完成的。
在新约时代,上帝通过他的儿子耶稣来到世上拯救全人类的历史向全人
类显明自己,这是上帝的启示的高潮。保罗·席林(Paul Schilling)认为,
特殊启示还包括上帝在个体生命中的显现。④　总的来看,普遍启示和特
殊启示是相辅相成的关系。人从宇宙和自身之中本可以窥见上帝的存在
和特性,但是由于犯下了原罪,他的自然理智受到了玷污,故而在认识上

①　参见张庆熊:《基督教神学范畴——历史的和文化比较的考察》,上海人民出版社 2003
年版,第 93、94 页。
②　See Schilling, Paul. "Revelation and Reason", in *Journal of Bible and Religion*, Vol. 16, No.
1, 1948, p. 13.
③　许志伟:《基督教神学思想导论》,中国社会科学出版社 2001 年版,第 16、24 页。
④　See Schilling, Paul. "Revelation and Reason", in *Journal of Bible and Religion*, Vol. 16, No.
1, 1948, p. 14.

帝时受到限制。另外,原罪还使得人增添了道德上的有限性,也使得人产生了回避和抗拒上帝的倾向。因此,人需要获得比普遍启示更加完备的特殊启示并获得生命的更新之后才能更好地认识上帝。不过,普遍启示为人接受特殊启示做好准备,令人认识到上帝的显现,从而在上帝和人之间建立起一种救赎的关系。

20 世纪 60 年代召开的天主教梵蒂冈第二次会议通过了《启示宪章》,其中把启示分成"公开启示"和"私有启示"。前者是指《新约》和《旧约》所记录的启示,这已经在耶稣那里完成了,而耶稣便是这种公开启示的完成和完满。后者则是指个人的内在体验,只对个人有效。《启示宪章》还明确指出,公共启示的对象和内容,在耶稣和使徒之后,不再添加新的因素,"在我们的耶稣基督光荣显现之前,已经不需要再等待任何新的公开启示。"①

杜勒斯(Avery Dulles)在《启示的模式》一书中将 20 世纪的启示观分为以下五类,更加全面地解释了启示的概念内涵。②

第一,作为教义的启示。启示就是有权柄的上帝所讲出的一些清楚明白的命题。在新教看来,启示就是圣经,是一套受到神启而且绝对无误的教义。对于天主教而言,启示则是教会或公会议所制定的官方教义。外在的标记,如奇迹和预言的实现,往往可以证明这些教义的真理性。

第二,作为历史的启示。这个模式反对将启示看做是教义,认为上帝的主要启示就是他的那些伟大的事迹,特别是那些构成圣经历史的伟大主题的事迹,而且认为《圣经》和教会的训导并不是启示本身,而只是关于启示的见证。

第三,作为内在体验的启示。与前两个模式相反,启示既不是一套客观真理,也不是一系列外在的历史事件,而是对恩典的内在体验或者与上

---

① 张庆熊:《基督教神学范畴——历史的和文化比较的考察》,上海人民出版社 2003 年版,第 133 页。

② See Dulles, Avery, S. J. *Models of Revelation*. Dublin:Gill and Macmillan, 1983, pp. 27–28.

帝沟通的体验。

第四，作为辩证存在的启示。启示既不是前两种模式体现出来的客观主义，也不是第三种模式体现出来的主观主义。上帝既不能够从自然或历史中推论出来，也不能通过以命题的形式显示出来的教义获知，更不能依靠某种神秘的体验而直接加以理解。上帝是完全超验的，只是通过言语与人沟通。上帝之言既显现又遮蔽神圣存在。

第五，作为全新意识的启示。这种模式认为，以前的启示理论要么过于权威化，如前两种模式，要么过于个人化，如后两种模式。所以，上帝并不是人们体验的直接对象，而是神秘存在于人类进行创造性工作时所具有的超验性。

上述五种定义各自有着不同的侧重点，清晰地展现了启示的内在演变和发展脉络。第一种定义侧重于如何以清楚的观念形态来解释构建教义。第二种定义则强调上帝通过历史事件表明其旨意的发生。第三种定义侧重于如何直接内在地体验神圣存在。第四种定义坚持认为上帝说出了具有神圣力量的话语。第五种则是人类的想象力在新的框架内重构对神圣存在者的体验。本书所讨论的启示主要是比较传统的第一种和第二种。

由于基督教信仰在很大程度上指的是对启示的相信，所以理性和信仰之间的关系往往体现为理性和启示之间的关系。在整个西方历史上，理性和信仰的关系或者说理性和启示的关系十分复杂。在保罗·赫姆看来，理性和启示的关系主要有三类模式。第一类模式探讨理性是否可以独立无依地建立信仰或者信仰的内容，即能否以任何有理性的人都会同意的前提和符合逻辑的推论来证明上帝的存在和性质。这一类模式可以追溯到亚里士多德的"不动的推动者"和西塞罗在《论神的本性》所提到的设计论证明。这就是自然神学的传统，其宏旨就是要通过逻辑的方法从非神学的前提推出上帝存在这样的神学结论。安瑟伦的本体论证明和阿奎那的五路证明，还有 17、18 世纪的设计论证明，都是典型的自然神学的范例①。自然神学的推论清晰明白,对于异教徒和非信徒而言具有很大的说服力,所以对于基督教的护教者具有很大的诱惑,成为他们证明和捍卫基督教信仰的一大传统。不过,自然神学关于上帝存在的传统证明在康德的《纯粹理性批判》中受到了批判和摧毁,而此后,基督教信仰的根基从形而上学的认识论转化为道德良知和情感体验。②

第二类模式探讨理性是否可以证明唯有通过启示才得以揭示出来的神学命题。基督教思想家运用逻辑的手段要么阐释这些神学命题,要么证明某些神学命题与其他非神学的命题是一致的,从而表明神学命题本身并不存在逻辑错误或前后矛盾。这即是信仰寻求理解的伟大传统。奥古斯丁是这一传统的源头。这种模式强调信仰先于理性,是理性的前提和出发点,没有信仰就不会有理解。另外,信仰并不必然带来理解,理解是信仰进一步寻求的结果。这就是启示神学的传统,即探讨那些只能依靠上帝的启示才能获得的真理如何可以追溯到《圣经》和传统,并如何与人类的理性知识相符合。这两类模式经常相伴随行,没有明显的矛盾。例如,安瑟伦既是自然神学家,又主张信仰寻求理解。他讲过两句非常有名的话:"我寻求理解不是为了信,乃是我信,为的是可以明白。"③其实,在遵循自然神学的进路证明了上帝的存在和本性以后,很难不继续运用理性去探讨启示神学的命题。

第三种模式则对理性与启示之间的关系持否定性看法。代表这个模式的首先是信仰主义(fideism)。持有信仰主义的基督教思想家反对把理性运用于启示,认为信仰是对上帝的信靠或者"绝对的依赖",无需充足的理由,因为信仰本身就是向未知的纵身一跃(leap of faith)。即便需

---

① 康德在《纯粹理性批判》中将理性神学划分为"先验的神学"和"自然的神学"。前者包括本体论证明和宇宙论证明,后者包括"自然神学"(即 physico-theology)和"道德神学"。在康德看来,"自然神学"就是根据自然界的结构和和谐来推断上帝作为原始存在者的存在,从属于"自然的神学"。本书此处提到的自然神学与启示神学相对,基本对应于康德的理性神学。

② 参见赵林:《论基督教信仰根基之内在化转变》,《世界宗教研究》2001 年第 2 期。

③ Helm,Paul. *Faith and Reason*. Oxford:Oxford University Press,1999,p. 11.

要理由,这些理由也是人类理智所力有未逮的。信仰主义者认为,信仰的命题,特别是那些核心命题,是超越理性的,因为人类的有限智慧,不足以理解上帝所启示出来的真理,譬如三位一体论和基督二性论。信仰主义者主张信仰命题具有独特和非凡的特征,否认人可以凭借理性加以理解,是从信仰这个方面来否定二者的关系。怀疑主义者则是站在理性的一边来否认信仰有必要获得理性的支持。在休谟看来,自然神学的推论是不可靠的,因为自然神学是从人的经验事实出发并飞升到了超自然的神学结论,理性没有能力使我们信服信仰的主张,所以"我们的最神圣的宗教的基础是信仰,而不是理性"①。

　　还有一种分类更为具体地描述了信仰和理性之间的关系。第一种是只要信仰,不要理性(faith alone),其典型代表是德尔图良。第二种是只要理性,不要信仰(reason alone),以希腊哲学家为代表。第三种是信仰寻求理解(faith seeking understanding),代表这种观点的除了奥古斯丁和安瑟伦之外,应该还包括路德和加尔文。路德提出了"惟独信仰",很容易让人误认为他要像德尔图良那样主张信仰主义,抛弃理性而且反对对信仰进行解释。其实,路德所谓的"惟独信仰",关涉的是信徒的得救问题,是他对保罗的"因信称义"的重新发现。他的真正用意是说,信徒要在上帝面前称义,必须依靠内心对上帝的虔诚信仰,而不是依靠罗马天主教会所指出的购买赎罪券等外在事功。事实上,路德本人撰写了大小教义问答以及《施马加登信条》等材料来阐释他的信仰和规范信徒的信仰。加尔文在《基督教要义》第三卷第二章,加尔文专门对信仰的含义和性质进行了界定。他认为:"信仰不在于无知,而在于知识,不仅是关于上帝的知识,也是对神圣意志的知识"。"信仰和理解联系在一起"。"信仰是对神的仁爱的一种不变而确实的知识,这知识是以基督那白白应许的真

---

　　① 休谟:《人类理解研究》,转引自利文斯顿:《现代基督教思想》,何光沪译,四川人民出版社1999年版,第109页。

实为根据,并藉着圣灵向我们的思想所启示,在我们心中所证实的。"加尔文和路德一样,都认为信仰是坚定的信念。但是和路德不同的是,他明确提出信仰应该寻求理解,并鼓励教徒对上帝的意志和良善有明确的认识,而不是盲目地默信自己不了解和不研究的事情。第四种是既要信仰,也要理性(faith plus reason),以阿奎那为代表。他坚持人的理性可以发现上帝的真理,和启示真理相辅相成。第五种理解出现在启蒙运动时期,即以理性反对信仰(reason against faith),例如休谟和康德。他们把信仰从认识论领域驱逐出去,并在道德领域重新为信仰确立了基础。在启蒙运动末期,便已经出现了对这种理解的反动,即(faith against reason),例如帕斯卡尔和克尔凯郭尔。前者是站在法国天主教立场反对理性,后者则是以路德派的立场否认理性在信仰中的作用。第七种理解出现在20世纪,这就是信仰和理性同在(faith beside reason),例如普兰廷格。

与理性和启示这对关系相对应的是自然神学和启示神学。对自然神学和启示神学的关系作出全面而完整解释的第一人是托马斯·阿奎那。他认为,自然神学与启示神学相对,指的是非基督徒也可凭借自然理性,通过观察作为受造物的自然世界的秩序,能够得出关于上帝的结论,如上帝存在或上帝是一。阿奎那所提出的用理性证明神存在的五路证明,便是典型的自然神学。不过,与自然神学相比,启示神学不仅能够获得自然神学所不能发现的真理,而且还在传达自然神学的真理时,是"另一个更好的教师"①。这是因为自然神学的真理如果不在启示神学那里得到加强和巩固,那么这些真理就只能为少数人所知,而且还会随着时间的推移而被掺入谬误。所以,自然神学在普遍性、确定性和可理解性上远远不如启示神学。

自然宗教和启示宗教则是自然神学和启示神学的进一步延伸和拓

① Byrne, Peter. *Natural Religion and the Nature of Religion: the Legacy of Deism.* London: Routledge, 1989, p. 2.

展。在文艺复兴时期,由于对人和自然的新发现,以及对天主教教会的专制权威的反对,自然神学渐渐向自然宗教扩展。1436 年,西班牙神学教授塞博德出版了《自然神学》一书,第一次较为系统地提出了自然宗教。他认为,上帝赐予了人类两本书:自然之书和《圣经》。上帝在创世之初便赐给人类自然之书,因为每一个受造物都是上帝用手指写出的字母,人则是受造物中最为重要的大写字母。后来,上帝发现人无法通过自然之书来认识自己之后,便又将《圣经》赐予人。比较而言,自然之书为全人类所知,具有普遍性,而且比《圣经》更不易为教士或异端所败坏。二者既然源自同一作者,那么在内容上必定一致。这些自然宗教的基本观点在 17 世纪的英国得到很大发展,其高潮便是廷得尔的自然神论。他主张理性和启示出自同一作者,故而在内容上一致,但是理性优先于并优越于启示,从而彻底颠覆了启示对理性、启示宗教对自然宗教具有优越性和超越性的传统。

　　从上述理性和启示、自然神学和启示神学的界定不难看出,理性与启示从来就不是有你无我的二元对立关系,而是彼此依存、互相补充又两相对立、彼此纠缠的辩证关系,它们一起共同构建了基督教哲学。不妨把基督教历史上的重要思想家看做是走在平衡木上的体操运动员,为了保持平衡,他们不得不时而抬高理性的左臂,降低信仰的右臂,时而转换过来,让信仰的右臂高过理性的左臂,偶尔还能让双臂保持相同的高度。从早期的护教士,到奥古斯丁、阿奎那,再到路德、加尔文,他们都曾经进行过出色的表演。虽然他们的表演姿态万千,各有特色,但是他们都有着同样的目的,这就是证明和维护启示对于理性的优越性和超越性。理性在一定程度上可以成为信仰的工具和导向信仰的准备,但是人类仅靠自然理性无法发现上帝启示出来的神圣内容,更何况这些被启示出来的内容至关重要,是世人得救必须依赖的途径。然而,这些基督教思想家们对于启示的维护和强调,被英国的自然神论者首先打破了。

二、英国自然神论的发展和界定

虽然自然神论在英国得到重大发展,可是这个词语却不是来源于英语文化的土壤,而是源自于欧洲大陆。1563 年,加尔文的朋友瑞士人比埃尔·维瑞(Pierre Viret)在其著作《基督教教义》(*Instruction Chrestienne*)中首次提及"自然神论"(deism)。后来法国怀疑论者比埃尔·贝尔在其《历史批判辞典》(*Dictionnaire historique et critique*)中将这段含有该词的话放在关于维瑞的词条中。这段话如下:

> 有几个人像土耳其人和犹太人那样宣称相信某个神灵或上帝的存在。但是至于耶稣基督以及所有福音书作者和使徒们所证实的教义,他们一概看做是寓言和做梦——这些人和土耳其人一样难以相处,或者说比他们更难相处,因为他们头脑中存有的关于宗教的想法,比那些土耳其人或者任何其他的不信者更为过分。我听说,这帮人中有些人自称为自然神论者,这可是个和无神论相对立的新词。正如无神论者表明某人不信上帝或者否认上帝,这些人用这个新词来表明他们并不是不信上帝,因为他们和土耳其人一样的确相信一个神灵,也承认他是创造了天地的造物主。然而关于耶稣基督,他们却既不知道他是谁,也不相信他或者他的教义。不过由于顺从或者害怕,他们尽量适应那些不得不共同生活在一起的人们的宗教。他们之中,有些人对于灵魂的不灭有一定认识,而另外一些人则在灵魂不灭和上帝对人类的神圣旨意上与伊壁鸠鲁主义者持有同样的看法:他们认为上帝并不干预人的事务,而人要么是受命运的支配,要么是听从各自的谨慎或者愚蠢的摆布。当我想到以基督徒自居的人群中居然有此等恶魔的时候,感到十分恐怖。

这就是历史上关于自然神论的最早记录。维瑞表明,自然神论是某些人对自己的封号,标明自己并非无神论,主要有两个特点:一是信上帝,但是在神圣旨意和灵魂不灭上与他人有所不同;二是不信基督。维瑞对这些自然神论者的态度显然是敌意的,这从引文的最后一句话可以看出来。

根据豪理①的研究,接下来使用"自然神论"的第二人是一位匿名诗人。这位匿名诗人在一首大约出现于 1622 年的诗中,抨击了加尔文主义对自由意志的否认和有限得救说,认为永罚说不仅和慈爱的上帝的良善相矛盾,而且也是毫无用处的。诗人认为,自然神论者行善事是为了美德本身,而不是为了来世的奖赏。与那些顽固派相比,自然神论者并不盲目地相信自襁褓之时便获得的传统信仰,而是信奉那位创造了天地万物却并不干涉人间事务的上帝。这首诗后来受到马里安·墨森纳(Marin Mersenne)的批判。墨森纳发表一篇文章,先引用了马里安的这首诗歌,然后采用对话的形式来表现一个神学家如何批驳自然神论者。墨森纳本人在传播 17 世纪哲学家的著作学说中产生过重大影响,因此很有可能是他让"自然神论"这个词语传播到了英国。到了 1628 年,英国作家罗伯特·伯顿(Robert Burton)在其著作《忧郁之解剖》中再次提及自然神论这个词语。伯顿将忧郁分为爱情忧郁症与宗教忧郁症两种。在谈到宗教忧郁症时,他认为有些人具有无神论倾向,虽然承认自己相信宗教,却因为世界各地的宗教多元化而对宗教有所保留。"很多伟大的哲学家和自然神论者便和这些人相信……他们把一切都归为自然原因……否认上帝,把所有的宗教视为与理性和哲学对立的虚构。他们承认自然和命运,却不承认上帝。"由此看来,伯顿认为,自然神论者就是那些支持理性和哲

---

① See Howley, R. J. P. *The Notion of Deism in Relation to Seventeenth and Eighteenth Century Thought*. University of Manchester, Ph. D. Thesis, 1985, pp. 128–132. 在这篇博士论文中,豪理以大量翔实的资料分析了"自然神论"这个概念在各个时代被使用的情况以及该词在意义上的流变。本书此处关于自然神论这个词语的早期传播的内容出自于该论文。

学并且将上帝在此世的积极活动排除在外的人。

在英国,真正开始批判自然神论的第一人是圣公会主教爱德华·斯第林弗理特。他在 1675 年发表了《致自然神论者的信》,公开批驳赫伯特和那些被看做是自然神论者的人的观点。斯第林弗理特学识渊博,在教会内部很快得以擢升,后来成为大主教提罗特森的顾问。他对自然神论的攻击导致了很多神职人员纷纷仿效,写下很多反自然神论的文章。他认为,自然神论者承认上帝的存在和旨意,但对《圣经》和基督宗教却表现出不太恭敬的态度。在斯第林弗理特看来,自然神论者对《圣经》的批判包括以下几点:第一,关于《圣经》中所记载的那些前后相隔久远的历史事件,人们无法确切地加以证实。第二,《圣经》的创作时间,无人能够确认。第三,在印刷术发明之前,人们可以随意更改《圣经》内容。第四,《圣经》的作者充满了偏见。

到了 1695 年的圣诞节,一本匿名出版的小册子《基督教并不神秘》激起了轩然大波,触发了很大范围内的争论,这就是在英国早期启蒙运动中具有重要意义的"关于自然神论的大争论"(the Deist Controversy)。虽然《审查法案》在 1695 年到期废止,该书的作者直到 1696 年再版时才敢公开自己的名字。这就是约翰·托兰德。托兰德在书中以极为直接的语言证明基督教教义应该受到理性的检验,并且只有在证据充足的时候才能加以接受。该书的出版激怒了正统派,爱尔兰议会将此书列为禁书。此后,各类驳斥《基督教并不神秘》的著作频繁出现,这其中包括莱布尼兹、巴特勒和贝克莱。支持托兰德的自然神论者们则包括柯林斯、廷得尔和托马斯·乌尔斯顿等。这种互相论战的局面一直延续到 18 世纪中叶,直到被视为最后一位自然神论者的米德尔顿(Conyers Middleton)出版《关于基督宗教的神奇力量的自由探讨》(1748)。

在这场持续大约半个世纪之久的大讨论中,英国出版了大量的与自然神论相关的文献。据估计,驳斥廷得尔的《基督教和创世一样古老》的书籍就有 130 本之多。到了 18 世纪中叶,自然神论在社会上引起的讨论已经达到了顶点,绝大多数自然神论者都已经悉数出版了各自的著作。在此之时,英国出版了两部总结这场大争论的著作,即菲利普·斯克尔顿(Philip Skelton)的《揭示自然神论的真相》(*Ophiomachs, or Deism Revealed*,1749)和约翰·利兰德(John Leland)的《17～18世纪主要自然神论者一览》(*The View of the Principal Deistical Writers of the Last and Present Centuries*,1754)。这两部著作都把自然神论视为异端甚至是对正统的威胁而加以批判。不过,前者注重探究自然神论的起因和发展,而后者着重于介绍多个自然神论者的具体观点。不过,等到18世纪末的时候,理性主义宗教已是青萍之末,自然神论也销声匿迹了。在1790年,博克说:"在近四十年出生的人,谁读过柯林斯、托兰德、廷得尔、恰布、摩根以及自称为自然神论者的人的任何一本著作呢?"[1]

　　自从自然神论于16世纪中后期被首次提出以来,各个时代的评论者对于自然神论思想的态度和评价随着历史的变迁、政治观点和宗教立场的不同而各自迥异。有人认为自然神论就是无神论,从而坚持它是必须反对的异端,也有人认为自然神论相信上帝的存在,根本不是无神论;有人褊狭地将所有不同于一己观点的宗教观点都归之于自然神论,也有人夸张地认为所有信奉上帝的人都是自然神论者。[2] 20世纪30年代以后,关于自然神论的研究取得了新进展,不仅有针对具体自然神论者的专著问世,而且在讨论自然神论与启蒙运动或时代精神的关系问题上有许多细致新颖的见解。尽管历史上的"关于自然神论的大争论"早已结束,关于自然神论的学术研究与争论却仍未停止,甚至在最为基本的问题上,如自然神论的定义、性质、主要观点,西方学界仍然未能达成一致意见。

　　很多研究者尝试去界定自然神论,并为之分类。莱斯利·斯蒂芬

---

[1]　转引自Cragg,Gerald R. *Reason and Authority in the Eighteenth Century*. Cambridge:Cambridge University Press,1961,p. 88。

[2]　参见豪理(Howley,R. J. P.)的博士论文第三章:*The Notion of Deism in Relation to Seventeenth and Eighteenth Century Thought*。

(Leslie Stephen)在《十八世纪英国思想史》的"序言"中说,他撰写这部巨著的初衷本来是为了讨论"关于自然神论的大争论",但后来却慢慢写成了一部断代思想史。斯蒂芬将自然神论者分为两类:批判性质的自然神论者和构建性质的自然神论者。前者以柯林斯为代表,攻击基督教;后者以托兰德和廷得尔为代表,尝试把基督教建立在自然宗教的基础上。[①]彼得·盖伊(Peter Gay)发展了斯蒂芬的观点,但认为每个自然神论者都兼而具有批判性和构建性。奥尔德里奇(Alfred Owen Aldridge)则建议把自然神论分为科学性质的和人文性质的两类:"前者源自于牛顿的科学方法和发现,认为可以通过自然界的秩序发现上帝;后者源自于莎夫兹伯理的伦理哲学,认为可以在人的道德良心中发现上帝。"[②]

关于自然神论思想,有两种根深蒂固、积非成是的误解,其一是认为自然神论信奉一个如同钟表匠的上帝,即认为上帝创世之后便不再干预世事;其二是认为自然神论拒斥启示。第一种误解认为自然神论相信上帝与世界之间有着外在超越的关系[③],即上帝如同一个钟表匠一样,在创造完了世界之后便隐退,让世界按照设计好的运行原则运行,不再干预世事。赫德兰姆(A. C Headlam)在《基督教神学》中认为:"自然神论与有神论相对,指的是这样一种信仰,即相信上帝是造物主和第一因,但否认他会以任何形式关心世界的运行,并因此否认启示、奇迹和天意。"[④]沃伦在《自然神论和自然宗教》中分析自然神论的起因时认为,自然神论者受到牛顿物理学的影响很大,而牛顿物理学所表明的那个上帝虽然设计安排了世界机器的秩序,却渐渐不再干预人事,是一个抽象超越的上帝。[⑤]

---

① See Steven,Leslie. *The Eighteenth Century History of English Thought.* New York:P. Smith,1949,p. 5.

② 转引自 Kavcic,John Andrew. *English Deism and Natural Law:The Case of Matthew Tindal.* University of Victoria,Master thesis,1997,p. 12。

③ 参见前文伯顿在《忧郁之解剖》中关于自然神论的理解。

④ 转引自 Winnett,A. R. "Were the Deists 'Deist'?",in *Church Quarterly Review*, Vol. 161,1960,p. 69。

⑤ See Waring,E. G. *Deism and Natural Religion*,New York:F. Ungar Pub. Co. ,1967,p. 12.

　　但是,很多研究表明,把自然神论简单地理解为上帝创造了世界后便完全退隐的理性主义神学,并不符合历史上那些被看做是自然神论者的作者的观点。《大英百科全书》在解释"自然神论"(deism)这个词条时便有所区分:"在 19 世纪,有些神学家采用自然神论这个词语作为有神论(theism)的对立面,即有神论是信仰积极干预人类事物的、内在于世界的上帝;自然神论则是有神论的对立面,即把上帝的角色简化为一个创世者,但不再干预人世。但是,此类关于上帝和人的关系的惨淡看法,几乎没有自然神论者认同。"①《大英百科全书》还指出,这种观点常常被自然神论的反对者们安派在他们头上。

　　温内特(Arthur Winnett)在细读自然神论者的原著的基础上指出,很多自然神论者在他们的著作中并不持有这样的上帝观。② 他提出了质疑:自然神论者是否就是这些认为上帝与人之间存在上述关系的人?③温内特分析了许多被广泛认可的自然神论者的观点,如查尔斯·布朗特、约翰·托兰德、马太·廷德尔、威廉·乌勒斯顿、托马斯·恰布和托马斯·摩根等,并以大量事实证明,这些自然神论者实际上都认为上帝在创世后仍然在继续管理世界,而且他们都认为,上帝始终关注人世,尤其关心世人的行为。例如,布朗特在《宇宙的生命》(Anima Mundi,1678)中认为:"要是认为没有上帝,这是无神论;要是否认上帝的天意,将他的天意局限为某些具体的现象,并把它排除在其他现象之外,这也是无神论。"托兰德虽然认为理性是启示的检验标准,但是他表示可以接受启示的事实,并认为奇迹可以证明耶稣作为弥赛亚的权威。在对待启示的态度上,廷得尔无疑比其他自然神论者更为否定,可是他在《基督教与创世同龄》

---

　　① 详见 http://www.britannica.com/EBchecked/topic/156154/Deism。

　　② See Herrick,James A. *The Radical Rhetoric of the English Deists:the Discourse of Skepticism, 1680–1750*. Columbia:University of South Carolina Press,1997,p. 24.

　　③ See Winnett, A. R. "Were the Dists 'Deist'?", in *Church Quarterly Review*, Vol. 161, 1960,p. 70.

中仍然认为"上帝赐予人类以律法,要求人类服从,所以是宇宙的管理者。"①他还说:上帝是宇宙的统治者,因为他颁布了统一普遍的律法使人类顺从,不过作为犹太之王,他给予了他的子民以盟约之法。也就是说,廷得尔在承认普遍启示的同时并没有彻底否认上帝的特殊启示。更为直接的例子是托马斯·摩根。他在《自然神学》(1741)的"序言"中说,该书旨在表明"神灵在自然的一切事功和运行中的存在、天意、持续的存在和不间断的代理和发生"。他明确地反对把上帝比作一个在完成钟表后让它自行按照设定好的运动原理运行的钟表匠。在他看来,如果世界能够自行保全、自行运转,那么它完全可以自我创造,哪里还需要上帝作为存在的原因呢?

据此,温内特得出结论,自然神论者并不认为上帝是从人世退隐的遥远之神,并不完全否认启示和神圣旨意。② 上述自然神论者,相对于缘起于 17 世纪并在 18 世纪达到高峰的、作为理性主义神学一部分的自然神论,被他称做是"历史意义上的自然神论者"(deists in the historical sense),而那些将上帝看做是钟表匠的人只是"哲学意义上的自然神论者"(deists in the philosophical sense)。

此后,有些哲学辞典开始将自然神论分为两类:一类视上帝为缺席的主人(an absentee landlord),另一类是指 17 世纪和 18 世纪的宗教思想家。③ 克雷格在他主编的《罗德里奇哲学百科全书》(1998)中,将自然神论分为两类,一类是"通俗意义上的自然神论"(deism in the popular sense),指上帝在造世之后任由其自行运转;另一类则是"恰当意义上的自然神论"(deism in the proper sense),承认造物主的存在,却"否认神圣

---

① Winnett, A. R. "Were the Deists 'Deist'?", in *Church Quarterly Review*, Vol. 161, 1960, p. 73.

② See Winnett, A. R. "Were the Deists 'Deist'?", in *Church Quarterly Review*, Vol. 161, 1960, p. 73.

③ See Runes, D. D(ed.). *Dictionary of Philosophy*. Savage: Litterfield. 1983, p. 91.

启示的存在,并认为理性足以提供人类过正确的道德和宗教生活所需要的知识"①。另外,他还指出,这两类其实有共同之处,因为如果否认上帝对此岸的干预,必然会否认神圣旨意和启示的发生。

的确,英国自然神论者最引人注目的特点就是对理性的强调和对启示的怀疑。他们虽然不是历史上公开质疑基督教启示的第一批思想家,但是他们的质疑导致正统派第一次从启示的角度护教,并因此建立了基督教神学的启示论。

关于自然神论的第二种误解涉及自然神论者对启示的态度,即自然神论坚持理性,并且拒斥启示;坚持自然宗教,并且反对启示宗教。这种理解常常见诸于各种词典和教科书。如《牛津英语词典》(*Oxford English Dictionary*)将"自然神论者"释义为:"在理性的证据之上承认上帝的存在,却拒绝启示宗教的人。"②《剑桥哲学辞典》(第二版)认为自然神论就是"视自然宗教为真宗教的观点",在对待启示的问题上,它认为,"有的自然神论者认为启示在本质上与自然宗教无二,而绝大多数自然神论者认为启示宗教不过是虚构"③。罗杰·爱默生也赞同这个观点,认为"到18世纪初,自然神论者认为自然神论包括对启示宗教的否认,而他们的圣公会论敌也一直宣称,这就是自然神论自17世纪20年代以来的内容"④。

但是,更多的研究对于这个定义并不满意,指出它与自然神论者的事实明显不符,也不足以概括所有的自然神论者。奥尔森很正确地指出,关于自然神论,存在着一个流行然而是错误的观念,不仅认为自然神论是

① Craig, Edward (ed.). *Routledge Encyclopaedia of Philosophy*. London: Routledge, 1998, p.853.
② Craig, Edward (ed.). *Routledge Encyclopaedia of Philosophy*. London: Routledge, 1998, p.853.
③ Audi, Robert (ed.). *The Cambridge Dictionary of Philosophy*. Cambridge: Cambridge University Press, 1999, p.216.
④ Emerson, Roger. "Latitudinarianism and the English Deists", in J. A. Leo Lemay (ed.): *Deism, Masonry, and the Enlightenment*. London and Toronto: Associated University Press, 1987, p.28.

"神缺席"的宗教,自然神论的上帝与这个世界毫无关系,而且还认为自然神论"假借自然律的权威否认神迹,并且拒绝所有超自然的事实",因为自然神论者并非彻底否认所有超自然的事实,而是对神迹和特别启示抱着怀疑的态度。① 奥尔森还指出,这种错误观念,经过好几个世纪的积非成是,慢慢形成根深蒂固的成见,以至于现在如果有人要矫正它,就像堂吉诃德与风车作战一样不可能。

对于自然神论拒斥启示的界定的不满意导致研究者离开启示这个角度去寻求其他的界定方法。可是,他们发现自然神论从根本上就是一个不具有连贯性、无法统一起来的空洞概念。彼得·哈里森(Peter Harrison)说:我们无法用一整套观念来界定自然神论,因为自然神论者的观点只是具有"家族相似性"而已。② 欧黑根斯(O'Higgins)指出,"可以说,有多少个自然神论者,就有多少种自然神论。"③罗伊·波特(Roy Porter)认为:"自然神论者面貌各异"(Deists came in many colors)④。罗伯特·萨里文(Robert E. Sullivan)对于自然神论内涵的空洞性有着精辟的解释。他认为,自然神论这个概念并无多少意义,或者说带有"模糊性"(elusiveness)。他以托兰德、柯林斯和廷得尔这三位典型自然神论者的著作为标准,分析了当代关于自然神论的各种定义,认为这些定义要么无法将大多数自然神论者涵盖进去,要么也同时为其他思想流派所具备,故而无法与后者区分开来。由此看来,把自然神论简单地理解为对启示和启示宗教的拒绝的观点存在很大漏洞,因为很明显,托兰德并不反对启示,而只是坚持启示的确定性和可理解性。德国学者郭力克也反对用是

---

① 参见奥尔森:《基督教神学思想史》,吴瑞诚等译,北京大学出版社 2003 年版,第562 页。

② See Harrison, Peter. *"Religions" and the Religions in the English Enlightenment*. Cambridge: Cambridge University Press, 1990, p. 62.

③ O'Higgins, S. J. "Archbishop Tillotson and the Religion of Nature", in *Journal of Theological Studies*, Vol. 24, 1973, pp. 123–142.

④ Porter, Roy. *Enlightenment: Britain and the Creation of the Modern World*. London: Allen Lane, 2000, p. 112.

否拒斥启示来作为评判自然神论者的标志。他认为,拒斥启示并非自然神论的必要条件,因为赫伯特并不是反对启示,而是把宗教建立在自然本能的基础上。他还指出,自然神论的共同之处不在于他们的宗教观点,而是在于他们的宗教目标,即"将道德建立一个独立于启示之外的基础上,并彻底清除迷信、教士诡计和宗教不宽容"①。不过,郭力克关于自然神论的主旨在于道德的看法,也被萨里文认为是不充足,因为反对自然神论的圣公会自由派也有同样的道德倾向。②

　　自然神论的复杂多元似乎为其界定带来挑战。在界定自然神论和自然神论者的问题上,出现了类似于"鸡生蛋"或"蛋生鸡"的怪圈。如果要确定自然神论的定义,便首先要考察各位自然神论者的著作,可是谁是真正的自然神论者,反过来又需要依靠自然神论的定义才能决定。所以,有些学者干脆提出,为了避免这个怪圈,也为了在更为广泛的意义上称呼那些并不是严格意义上的自然神论者却与之有类似观点的人物,不如用"自由思想者"(freethinker)这个概念代替"自然神论者"。③ 然而,这种观点其实是在回避问题,因为将棘手碍事的"自然神论"改头换面,替换成另一称呼,并无助于在实质上解决问题。

　　20世纪80年代以后,越来越多的研究开始注意到"关于自然神论者的大争论"所处的历史和政治背景,并意识到自然神论在它出现最初的三个世纪里,在多数情况下是一个在论战中用来贬低敌手的贬义词,而不是一个具有确定含义的词语,而即便有所界定,也因为往往是在其论敌的手中得到运用和解释,故而这种界定具有很大的局限性。继萨里文之后,

---

　　① Gawlick, Gunter. " Hume and the Deists: A Reconsideration", David Hume: Bicentenary Papers, ed. G. P. Morice. Edinburgh: Edinburgh University Press, 1977, p. 130.

　　② See Sullivan, Robert E. *John Toland and the Deist Controversy: a Study in Adaptations*. Cambridge: London: Harvard University Press, 1982, pp. 205-234.

　　③ See Howley, R. J. P: *The Notion of Deism in Relation to Seventeenth and Eighteenth Century Thought*, 6; Rivers, Isabel. *Reason, Grace and Sentiment: A Study of the Language of Religion and Ethics in England: 1660-1780*, Vol. II. Cambridge: Cambridge University Press, 2000, p. 9.

西方学界连续有数名研究者注意到自然神论的模糊空洞性,如加乌西克的硕士论文和豪理的博士论文。① 加乌西克指出:即便是自然神论者的论敌也在自然神论的定义上存在很大分歧。他还提出,那种根据自然神论者自己的定义来进行界定的方法,也是行不通的,因为很多所谓的自然神论者从不认为自己是自然神论者,而声称自己是自然神论者的布朗特和廷得尔在界定上也不一致。② 豪理则在论文中首先分析了 18 世纪中期对自然神论的评论,如菲利普·斯克尔顿的著作《揭示自然神论的真相》。此书作者为低级教士,以具有加尔文主义倾向的基督教理解为基础,便将自然神论看做是由于高级教士的放纵而导致的结果。豪理得出结论说,评论者对自然神论的表述不仅取决于实际存在的自然神论思想,而且在很大程度上取决于评论者本人的观点,因此,"'自然神论'在部分意义上只是一个主观构建的概念,并在很多情况下集中体现了较为正统的著作家对那些被视为不牢固或危险的思想的批驳"③。

　　这个结论得到了巴内特(S. J. Barnett)的响应。他在 2003 年出版的著作《启蒙和宗教:现代性的神话》中指出,由于很多学者将启蒙过分简单地理解为理性反对教会的二元对立,而自然神论者对教会激烈的批判和否认正好符合这一点,所以把自然神论奉为启蒙运动和世俗化的源头。不过,他并不同意这一观点。在他看来,自然神论只是关于启蒙的一个神话,自然神论作为一种运动只不过是历史学家们的一种虚构。巴内特认为,虽然从历史文献来看,自 17 世纪末到 18 世纪中叶,安立甘宗的高级教士似乎越来越相信英国正在发生一场自然神论运动,但是这与其说是符合历史真实的客观观察,还不如说只是反映了他们的担心和恐惧。自

---

　　① See Kavcic, John Andrew. *English Deism and Natural Law: The Case of Matthew Tindal.* University of Victoria, Master thesis, 1997.

　　② See Kavcic, John Andrew. *English Deism and Natural Law: The Case of Matthew Tindal.* University of Victoria, Master thesis, 1997, p. 13.

　　③ Howley, R. J. P. *The Notion of Deism in Relation to Seventeenth and Eighteenth Century Thought.* University of Manchester, Ph. D. thesis, 1985, p. 19.

然神论仅仅只是宗教论战中一个用来贬损论敌的词汇,是正统派用来稳固己方阵线的策略,并无实在的意义。另外,虽然许多学者认为自然神论作为运动确乎存在,并极力说明其重要意义,却只能列举出屈指可数的自然神论者。彼得·盖伊(Peter Gay)、克拉格(G. R. Cragg)、布莱恩(J. Byrne)等学者所给出的自然神论者只不过区区数十来个人。就连普莱斯(J. V. Price)所编著的《英国自然神论的历史》(*History of British Deism*,1995)也只是再版了包括托兰德和廷得尔在内的五位自然神论者的原著。既然自然神论者不仅人数稀少,在时间和地理上分布稀疏,而且没有形成统一的思想体系,那么不可能在启蒙运动中产生历史学家们所声称的重要影响。① 巴内特认为,自然神论作为一种运动从未存在过,历史学家们不过是根据自己的需要而"将自然神论运动这个圆头钉嵌入18 世纪现实这个方形孔中"罢了。②

巴勒特之所以认为自然神论只是启蒙的神话,是因为他的预设前提是把启蒙理解为多元的、由多种力量汇合而成的运动,并且试图强调启蒙运动的草根性和大众意见的重要性,却发现自然神论并不具备广泛的影响,不符合他的前提,故而对自然神论有诸多怀疑。其实,他和被他批评的那些历史学家一样,都是根据自己对自然神论和启蒙运动的理解,来选择是将自然神论这枚圆头钉摁入启蒙运动中去,还是将之拔出来。如果仔细分析巴内特的结论及其论据,我们会发现,这种"虚构"说似乎适用于任何概念或思想,并不只是限于自然神论。如果自然神论被认为是被主观构建的概念,那么任何一个概念都不免有此嫌疑,故而得出这种结论是毫无意义的。

然而,巴内特并不是故意语出惊人。他发现了自然神论研究历史中

---

① See Barnett, S. J. *The Enlightenment and Religion:the Myths of Modernity*. Manchester:Manchester University Press,2005, pp. 18–19.

② See Barnett, S. J. *The Enlightenment and Religion:the Myths of Modernity*. Manchester:Manchester University Press,2005, pp. 15,20.

的一个基本反差。这就是,在 20 世纪以前,自然神论被其论敌认为拒斥启示故而遭到贬损,而在 20 世纪以后,研究者们又抓住所谓的"自然神论拒斥启示"说,以发掘出带有激进倾向的自然神论和启蒙思想之间的联系,于是自然神论猛然从一个贬义词变成历史学家手中的宝贝。这两种倾向之间的反差很自然使得巴内特对于自然神论本身是否具有固定的内涵产生怀疑,并导致他得出自然神论只是历史学家的虚构和启蒙运动的神话的结论。

综上所述,研究者对于自然神论的理解经历了从"拒斥启示"说到"空洞"说乃至"虚构"说的变化。如果"拒斥启示"说将自然神论者对神迹和特别启示的怀疑和批判误解为他们对启示的拒斥,那么"空洞"说则以"拒斥启示"说为根据,去考量各位自然神论者的著作,却发现很多自然神论者并不反对启示,于是游离于启示这个视角之外去考察自然神论,并得出自然神论是一个空洞的概念的结论。"虚构"说则以"空洞"说为基础,从根本上否认了自然神论作为一种思想运动的历史存在。

自然神论研究中出现的变化表明,正确地理解自然神论的启示观对于理解自然神论具有非常关键的意义,脱离这个关键词有可能导致对自然神论的误解、怀疑甚至否定。因此,我们应该重新检视自然神论对于启示的理解。由于基督教的神学坐标总是离不开理性和启示,自然神论者对于启示的理解往往建基于他们对理性的理解之上,所以本书选择以理性和启示为路径来重新评价英国自然神论。

三、本书的总体思路

一般而论,英国自然神论的兴起可以归结为内外两方面的原因。外部的原因有很多,包括地理大发现以及对其他宗教和文化的发现等因素。不过,最重要的外部原因是近代科学和哲学的迅猛发展。科学和哲学的新发现日渐消除了自然界的神秘色彩,将自然理解为按照既定的普遍规律运转的物理世界,证明了传统权威的谬误,提高了人类对理性认识的自信。从内部来看,自从英国宗教改革以来,随着近代宗教在认识论上的转向,英国安立甘宗在罗马天主教和新教之间、在天主教和新教教义的独断论和宗教怀疑论之间坚持走中间路线,主张以理性作为宗教信仰的一个基础和判断标准,呈现出独特的理性主义倾向。可以说,英国自然神论是英国理性主义宗教的必然结果。

　　本书主要将英国自然神论置于 17、18 世纪英国理性主义宗教思想的大背景之下来考察。自从 17 世纪初期以来,各种理性主义的宗教观奔涌而出,对理性和信仰的很多方面提出了形态各异的解释。自然神论置身于理性主义宗教的潮流之中,面临着相同的时代问题,与其他理性宗教观互相辩难又互相影响,必然和它们有着千丝万缕的联系和一定的相似性。实际上,下文将表明,自然神论者的很多观点都可以在同时代的其他理性宗教观中找到类似的表达。但是,自然神论之所以成其为自然神论,一定有着属于自己的独特性,可以和后者区分开来。

　　所以,本书试图解决的主要问题,就是探讨英国自然神论的内在发展脉络,并确立英国自然神论与其他理性宗教观的边界。在此之前,首先要解决的一个问题就是决定哪些自然神论者将进入本书视域。按照不同的界定标准,英国自然神论者的人数也有所不同。各类研究文献经常提及的自然神论者主要包括切伯里的赫伯特(Herbert of Cherbury,1583—1648)、查尔斯·布朗特(Charles Blount,1654—1693)、约翰·托兰德(John Toland,1670—1722)、安东尼·柯林斯(Anthony Collins,1676—1729)、马修·廷得尔(Matthew Tindal,约 1657—1733)。其他不太知名的自然神论者则包括彼得·安勒特(Peter Annet)、托马斯·乌尔斯通(Thomas Woolston)、沙夫兹博里伯爵(the Earl of Shaftsbury)、托马斯·恰布(Thomas Chubb)、托马斯·摩根(Thomas Morgan)和伯林布洛克(Bolingbroke)等人。本书暂时不考虑这些评判标准,只是按照对于英国自然神论的一般理解,以赫伯特、托兰德和廷得尔三人作为考察对象。赫伯特通常被认为是"英国自然神论之父",或者"自然神论的先驱和倡导者"。托兰德的《基督教并不神秘》(1696)引起了"关于自然神论的大争论",将自然神论往前大大推进一步。廷得尔则代表着自然神论的鼎盛时期,他的《基督教与创世同龄》(1730)被称做是"自然神论的圣经",以此前自然神论者的思想为基础,构建了系统性的自然神论。这三位自然神论者分别居于英国自然神论发展史的开头、中间和高潮,较好地体现了自然神论的发展轨迹。

本书将用三个独立章节来分别探讨赫伯特、托兰德和廷得尔的理性观和启示观。总体而言,赫伯特将理性理解为"自然本能"和"推理理性",推崇前者而贬抑后者。在洛克点名批判了赫伯特的"共同观念"以后,天赋理性逐渐成为经验理性。受洛克的影响,托兰德把理性理解成以感官经验为基础的理性,并将经验理性贯彻到底,以此来解释一切超自然的现象,包括奇迹和神秘,要求超自然现象和自然现象一样成为能够被容易明白和清楚解释的对象。廷得尔所理解的理性就是自然法,等同于自然法的理性反观自身,便可以为宗教建立永恒的教义原则和道德。如果说赫伯特的理性观尚未完全脱离中世纪的特征,托兰德的理性观尚未获得实质性内容,那么廷得尔的理性观则具有前二人的理性观不具备的实质内容和自律独立性。

三位自然神论者对理性的不同理解,必然导致他们对启示的不同理解。赫伯特承认特别启示的存在,但主张要以共同观念评判启示。托兰德和赫伯特类似,认可启示的存在,也主张对启示的声称加以甄别,但是他更进一步地利用理性试图把宗教中所有的神秘解释清楚。他把启示理性化,认为超自然的启示和自然事物一样都是人的认识来源之一,也和自然事物一样能够通过经验理性得以清楚地解释。廷得尔则把理性启示化,认为理性优先于并优越于启示,但是他并未完全抛弃特别启示,仍然强调特殊启示或福音来源于上帝,只是自然宗教的再发布而已,并不是多余的。与强调启示真理优越并超越理性真理的传统启示观相比,英国自然神论者在不同程度上肯定了理性对于启示的优越性和优先性。到了廷得尔，传统教义关于启示和理性的看法就被彻底翻转过来，理性建立的自然宗教被视为完美和永恒不变。当然，这三位自然神论者的最终目的是要建立一个具有普遍性、确实性和绝对可靠的基督教，所以他们并没有明确表示要拒斥特别启示，而是在强调理性的优越性的同时，体现出了调和启示和理性的倾向。

在此之前，本书先追溯中世纪和宗教改革时期的理性观和启示观，以考察英国自然神论之前的传统教义。另外，还要探讨与英国自然神论同处一个历史时期的 17 世纪主要的理性主义宗教思想，例如剑桥柏拉图学派、圣公会自由派、自然科学家和洛克的理性宗教观，以期比较他们和自然神论者之间的差异。总体而言，他们之间有三个重要的相似性：第一，他们都反对新教主义将理性和信仰的领域对立起来的二元论，坚持理性在信仰中的作用，以便更为合理地解释和理解教义；第二，他们都将信仰理解为认识论上的同意。由于近代宗教在认识论上的转向，信仰的内容对象被客观化为一种定则或信条，信仰的主观行为则更加强调对某定则或信条的理解或同意；第三，都强调宗教生活中的道德践履，排斥对教义本身进行玄想思辨。但是，在作为本书焦点问题的前两个方面（即理性和信仰或启示），他们产生了重大分歧，对于如何运用理性去理解信仰教义，如何对待超自然的启示，有着本质的区别。其他的理性主义宗教观虽然高度肯定理性的作用，以理性来对抗圣公会的敌人如天主教、清教主义等狂热主义以及认识论上的怀疑主义，却仍然坚持阿奎那的自然神学与启示神学的传统理解，认为宗教信仰应该满足于一定的证据和常识，无须达到数学上的绝对无误性，竭力维护启示超越理性的地位。自然神论者则在宗教中将理性贯彻到底，要求宗教信仰的所有内容符合理性标准，否认基督教传统所强调的启示对于理性的超越性和优越性，并最后颠覆了这个传统，反过来肯定理性对于启示的优越性。如果说其他的理性主义宗教观大体上要通过理性建立一个适度满足理性要求的"合理性"的基督教

（Reasonable Christianity），那么自然神论者则大体上试图通过理性建立一个以理性为绝对标准的"唯理性"的基督教（rationalized Christianity）。这些观点将在下文得到具体的解释和论证。

第一章　理性与信仰:在英国
自然神论之前

第一节　中世纪

中世纪一般是指从公元455年西罗马帝国灭亡到15世纪文艺复兴前夕约一千年左右的时间。在这一千年的时间里,基督教的思想家们直接继承了富于理性精神的古希腊思想传统,并在基督教文化框架内对之进行了改造、丰富和发展。在理性和启示的关系上,他们构建了丰富的传统,对于近代的新教和现当代的神学都有深远的影响。法国哲学史家埃蒂纳·吉尔松在《中世纪的理性与启示》这本著作中,把中世纪神学家对理性和启示的理解划分为四种类型。[①] 第一类是德尔图良主义,强调理性和启示之间的敌对。在德尔图良看来,基督教的信仰就是接受《圣经》的教导,单凭圣经启示就能够获得真理。理性表达的只是意见,对于信仰而言毫无价值。德尔图良最为知名的话便是:"雅典与耶路撒冷到底有什么关系?学园和教会有什么一致的地方?异端与基督徒有什么相同的地方?我们的教诲来自所罗门的殿堂,他自己教导我们说:'简洁的心灵才能寻求主。'让那些创造所谓斯多亚学派的基督教、柏拉图学派的基督

---

① See Gilson, Etienne. *Reason and Revelation in the Middle Ages*. New York: Scriber, 1952.

教、辩证法的基督教的企图统统见鬼去吧！"①虽然德尔图良为了捍卫基督教的信仰，否定了希腊哲学和理性的价值，但是他在阐释基督教信仰的时候，仍然免不了要用哲学知识来进行解释。第二类是奥古斯丁主义。这类观点认为，信仰先于理性，但并不与理性对立。启示和对启示的信仰是理性理解的前提和基础。对于奥古斯丁而言，获得真理的最可靠的途径必须以信仰为出发点，通过启示自上而下到达理性，而不是以理性为出发点，通过理性推理到达信仰。第三类是阿维洛伊主义。这类观点认为哲学真理是真理的最高和纯粹的形式，神学真理则较之逊色。他们视启示为理性真理的广泛的再次发布，启示并不能为理性增加任何新的知识，所以从逻辑上是多余的。不过，启示也并非毫无用处，因为它们可以有效地帮助那些缺乏理智能力的普通人掌握哲学真理。最后一类是协调理性和启示的托马斯主义。在阿奎那·托马斯看来，理性和启示在认识上帝的真理的过程中都扮演着重要的角色，人们通过理性和启示的方法所得知的真理构成有机整体，都来自于神圣的上帝。德尔图良主义和阿维洛伊主义并非中世纪的主流，所以本章将重点探讨奥古斯丁和阿奎那关于理性、信仰和启示的思想。

一、奥古斯丁论理性和信仰

奥古斯丁（354—430）生活在罗马帝国末期，属于最后一位拉丁教父。他生活在古典文化的氛围之中，深受新柏拉图主义和西塞罗的影响。与其他教父相比，奥古斯丁受的是拉丁文修辞教育，并不通晓希腊文。在新柏拉图主义的影响下，在继承和改造其他教父思想的基础上，奥古斯丁提出了三位一体论、原罪论、恩典说、预定论和光照神学等理论，建立了一

---

① 德尔图良：《异端的行迹》第七章，转引自王晓朝主编：《信仰与理性——古代基督教教父思想家评传》，东方出版社2001年版，第157页。

套完整的基督教神学体系,对于后世具有权威性的影响。在奥古斯丁生活的年代,基督教虽然取得了国教的地位,但是还没有取得绝对的统治权。基督教信仰中具有浓厚神秘色彩的启示,如上帝道成肉身并在耶稣基督之中启示自我,这对于以往的古希腊思想而言是十分陌生的,仍然面临着后者的挑战。因此,对于那时的基督教思想家而言,如何解释上帝在耶稣之中的启示并维护启示的正统成为非常重要的问题。

奥古斯丁反对德尔图良式的信仰主义,并不主张越是荒谬的教义,便越是应该相信。他认为,理性和信仰并不是互相对立的关系,而是彼此交叉和关联。在他看来,信仰属于思想。他说:"并非一切思想都是信仰,因为人们常常为了拒绝信仰而思想;但是,一切信仰都是思想。"奥古斯丁区分了三种不同的思想对象:第一种是只能相信、不能或不需要理解的东西,如历史事实;第二种是相信和理解同时起作用的对象,如数学公理和逻辑规则;第三种则是先有信仰,然后才能理解对象,这就是上帝的真理。①

信仰对于理性认识的优先性和决定作用可以从奥古斯丁的认识论和光照论中明显看出来。奥古斯丁认为人类可以形成确定的知识。在他看来,人存在是毫无疑问的事实,而且人知道自己存在,故而人能够理解。即便是人容易产生怀疑,害怕自己犯错误,这也只能证明我的存在,因此我知道我存在就不是错误的。这就是说:"我怀疑,故我存在。"不过,对于奥古斯丁而言,知识的确定可靠是不容置疑的事实,而他之所以讨论知识的确定性问题,并不是像笛卡尔那样寻求建立清楚明白的知识体系,而是有着神学的目的,旨在进一步探讨确定的知识的来源,从而得出上帝是真理自身和人类真理的来源这一结论。

奥古斯丁的认识论是从下而上的逐渐理解。按照柏拉图主义的模式,他把人类的认识功能分为三个等级:感觉、内知觉和理性。感官可以

---

① 参见赵敦华:《基督教哲学 1500 年》,商务印书馆 1997 年版,第 143—144 页。

感知冷热、光线和声音等,以外部有形事物为对象。在奥古斯丁看来,即便是感觉的知识也是可靠的。船桨在水中时看起来是弯的,但是眼睛并没有欺骗我们。感觉只是忠实地将事物的外形呈现给人们,并不能要求感觉提供正确的真理。内知觉比感觉更高一级,以内感觉为对象,对事物可以作初步的判断。譬如,我感受到这个事物很热,从而要求人避开它。但是由于动物也有知觉,所以内知觉还不能构成知识。最高一级是理性,可以对是非、美丑作出判断,构成知识。奥古斯丁说:"很明显,有形事物被身体感觉所感知,身体感觉不能感知自身。内感觉不但可以感知被身体感觉所感知的有形事物,而且可以感知身体感觉自身。理性却认识所有这一切,并认识自身。因此理性拥有严格意义上的知识。"①因此,在人性之中,没有什么东西比理性更加优越。奥古斯丁接着问,假如理性发现一个永恒不变的真理,那么是否可以毫不犹豫地说这个因其永恒不变性而超越理性的真理就是上帝呢? 答案是肯定的。首先,这个真理一定来自于理性之外,不可能内在于理性。正如颜色和声音不能等同于我们的眼睛或耳朵的本性,而是感觉的普遍对象一样,我们用心灵所感知的事物,也不属于我们的心灵的本性。② 既然这个真理外在于理性,那么是比理性更低还是更高,还是等同于理性呢? 第一,真理的来源不可能低于理性。如果真理低于理性,那么理性应该对(about)真理作出判断,而不是根据(according to)真理作出判断,正如我们用理性来判断比理性更低级的外物一样。可是真理作为判断的规则,不可能被理性判断,也不可能低于理性。我们不可能用理性去判断真理,只能像认可"3+7=10"那样去发现真理。我们的身份"不是一个纠正的考察者,而只是一个发现者,一

　　① 奥古斯丁:《论自由意志》第 2 卷第 12 章第 34 节,转引自赵敦华:《西方哲学简史》,商务印书馆 1997 年版,第 110 页。
　　② See Augustine,*The Free Choice of the Will*, in Paul Helm,*Faith and Reason*. Oxford:Oxford University Press,1999,p.67.

个对于自己的发现十分喜悦的发现者。"①第二,真理也不可能等同于理性。因为理性是变动不居的,有时认识得多,有时认识得少,而真理永恒不变,不因我们认识得多少而有所增减。永恒不变的真理不可能等同于永恒变化的理性。我们虽然不可能去判断真理,却能在真理之光的照耀下判断我们的心灵,而"心灵的理解却和它被不变的真理所吸引并紧靠的能力成正比"。因此,奥古斯丁得出结论说:"如果真理既不低于我们的心灵,也不等同于我们的心灵,它必然比心灵更高级、更优越。"②

很显然,在奥古斯丁的认识论中,有形事物、感觉、内感觉、理性和真理构成了一个依次渐进的等级体系。在这一体系中,真理居于最高的位置,是最高的存在,也是理性指向和追求的对象。这里的真理等同于上帝,上帝的真理比理性更高级,是指导理性进行认识活动的原则,所以理性无法对之进行判断。可是理性又如何能够发现真理呢? 按照奥古斯丁的"光照"说,理性只能在上帝的真理的光照之下发现真理。他将理性对于上帝的真理的发现,比作是眼睛在光照之下发现物体。上帝的道以光的形式照耀出来,是照亮一切世人心智的真光,"向人们呈现理性之光,无论根据什么尺度,他们都能接受它;在理性之光中,他们看到了永恒的真理。"③这就是说,无论是作为认识来源,还是作为认识途径,上帝的真理都是人通过理性获得真理的先决条件,即"信仰先于理性"。正是因为在上帝之光的照耀下,在信仰的前提下,作为潜在能力的理性才能获得巨大的力量。不过,虽然理性起到了必不可少的作用,但是它在获得对上帝的认识时根本无法独立于上帝之光。在这种意义上,奥古斯丁对于启示的理解就是"光照",上帝的启示仿佛像光照一样直接照亮启示者的心

① See Augustine, *The Free Choice of the Will*, in Paul Helm, *Faith and Reason*. Oxford: Oxford University Press,1999,p. 67.

② Augustine, *The Free Choice of the Will*, in Paul Helm, *Faith and Reason*. Oxford: Oxford University Press,1999,p. 68.

③ 奥古斯丁:《论三位一体》第12卷第15章,转引自王晓朝主编:《信仰和理性——古代基督教教父思想家评传》,东方出版社2001年版,第284页。

灵,使受启示者领悟单凭理性所不能领悟的真理。①

即便是关于自然界的知识和道德判断,理性也始终要依赖上帝的光照才能获得正确的认识,因为上帝是"科学的一切确定性的原因"。科学知识的确定性不可能来自于流变不定的感官经验。以数学的确定性为例,它并不源自于后天的经验,而是来源于先验的知识,这些知识"在我学习它们以前便已经在我心里"。然而,我们虽然在上帝之光的指引之下能够理解自然,却不一定会认可这道光芒。我们对于自然的认识并不一定能够导致我们认识上帝,相反在很多时候却遮蔽了上帝。在道德判断上,上帝的道让我们先验地知道什么是良善和正义,这样我们才能去判断某个人是道德和正义的。② 不难看出,在柏拉图的理念的影响之下,奥古斯丁否认人可以通过自然知识自下而上地理解神,而是恰恰与之相反,只有信仰上帝,才能在上帝的光照之下自上而下地获得自然知识。在这一点上,他和托马斯·阿奎那的自然神学形成鲜明对比。

当然,这并不是说奥古斯丁对于人的自然理性持完全否定的态度。由于人是按照上帝的形象造的,人的理性构成了人和上帝之间的联系,使得人能够分有"神圣的自然",所以像柏拉图这样的异教徒也可以凭着理性发现上帝的部分真理。在奥古斯丁看来,柏拉图是离基督教最近的希腊思想家。他在《忏悔录》中说,他从一些柏拉图学派的著作中发现了道的永恒性和精神性,道亦即上帝。不过,他同时也承认,柏拉图并未发现道成肉身。③ 有时候,在对待理性和信仰的先后关系上,奥古斯丁也不是那么绝对。他曾经说过:"有些东西必须在相信上帝之前被理解;……因为信仰来自聆听,聆听得自基督的布道,人们若不理解布道者的语言,何

① 参见张庆熊:《基督教神学范畴——历史的和文化比较的考察》,上海人民出版社2003年版,第100页。

② See Cushman, Robert, "Faith and Reason in the Thought of St. Augustine", in *Church History*, Vol. 19, No. 4, 1950, p. 278.

③ 参见奥古斯丁:《忏悔录》,任晓晋、王爱菊等译,北京出版社2004年版,第144页。

以能够相信他的信仰呢?"①人们不能对一个自己一无所知的上帝产生信仰,也不可能在对上帝的任何属性进行推理之前便认为真正了解了上帝。所以,从认识论的逻辑上讲,理性似乎先于信仰。一个人有了对上帝的知识不一定相信上帝,但是他绝对不可能在对上帝毫无了解的情况下去相信上帝。

　　总的来看,虽然奥古斯丁提出过"信仰寻求理解",但是他更加强调"信仰先于理解",以维护人的信仰和《圣经》的启示在神学上的优先性和决定作用。奥古斯丁对于信仰优先于理性的强调,取决于他对于人凭借自然理性揣度上帝的真理的悲观。这种悲观最为清楚地体现在奥古斯丁的原罪说和预定论中。罪恶问题是奥古斯丁一生关注的焦点。他在抛弃了善恶二元论的摩尼教之后,认为罪恶是"善的缺乏"或"本体的缺乏"。上帝是一切善的根源,并没有创造罪恶,但是亚当夏娃却滥用了上帝赋予人的自由意志,故而犯下原罪。而亚当的堕落又通过神秘的遗传作用使其子孙在本性上受到罪恶的污染。这种罪自从产生以后,便控制了人的意志,所以只能依靠上帝的恩典才能重新获得从善的能力。人的理性受到罪恶的玷污,自然无法认识上帝,只有依靠上帝的神秘光照才能认识终极真理。这种对于信仰的强调体现出神秘主义的气息来,正如赵林所言:"至于亚当的一次滥用自由意志为什么就会造成人类的永罪? 上帝凭借什么预定了一部分人将得到拯救? 这些就是神圣的'奥秘',只能在虔诚的信仰中服膺其结果,无法妄用理性来追问其理由。"②从奥古斯丁关于信仰和理性的理解来看,对于信仰的强调必然会导致对理性的贬低;或者反过来说,之所以强调信仰,正是因为对理性的不信任。

---

　　①　奥古斯丁:《布道辞》第 18 章第 3 节,转引自赵敦华:《基督教哲学 1500 年》,商务印书馆 1997 年版,第 144 页。

　　②　赵林:《中世纪基督教哲学中的奥古斯丁主义与托马斯主义》,《社会科学战线》2006年第 1 期。

二、托马斯·阿奎那论理性和信仰

奥古斯丁主义的正统,占据了中世纪基督教神学和哲学的主流地位,一直持续到 13 世纪。随着亚里士多德主义从阿拉伯世界涌入西方基督教社会,西欧的知识体系逐渐复兴。在教会创办的大学里,一批新兴的基督教哲学家即经院哲学家开始运用亚里士多德的逻辑和形而上学,来巩固和充实基督教的信仰。他们信奉人类的理智是取得知识的途径,继续发扬奥古斯丁所提出的"信仰寻求理解"的精神,并着重强调理性认识这个方面。另外,他们对亚里士多德十分感兴趣,和他进行哲学上的对话,以他的哲学为他们神学思考的资源。正如奥古斯丁主义与柏拉图主义友善相契,经院哲学家则与亚里士多德主义融洽无间。最后,他们都十分重视逻辑的重要作用,认为逻辑是神赐的礼物,使人的心智和神建立关联,而且人的逻辑推理可以来论证和支持信仰。不过,在我们讨论集经院哲学之大成的托马斯·阿奎那之前,还有必要探讨处在他和奥古斯丁之间的安瑟伦。

安瑟伦(1033—1109)继承了奥古斯丁的"信仰先于理性"的传统,但是他同时相信,完全不依赖信心或者神圣的启示,通过抽象的逻辑推理,也可以提出一个符合理性的基督教基础信仰的描述与辩护。[1] 由于深受柏拉图和奥古斯丁的影响,安瑟伦认为感官物质世界和知觉知识不可能传达终极的真理,所以他只是限于从纯粹逻辑出发,以逻辑为启示的工具,来建构基督教的教义体系。在他的著作中,安瑟伦绝对不引用《圣经》与教父的权威理解,只是诉诸理性之光,以逻辑所要求的简明性和必然性来论证信仰的真理性,力图寻求理性和信仰的统一。他说:"我们信

---

[1]　参见奥尔森:《基督教神学思想史》,吴瑞诚等译,北京大学出版社 2003 年版,第 340 页。

仰所坚持的与必然被理性所证明的是同等的"。他还说："不把信仰放在第一位是傲慢，有了信仰之后不再诉诸理性是疏忽。两种错误都要加以避免。"①

安瑟伦运用理性的论证来证明当时的神学家认为理性无法理解的神秘教义，如上帝的存在、道成肉身、三位一体和基督肉身赎罪等。他对于上帝存在的证明就是后来康德所说的"本体论证明"。他从"上帝是一个被设想成无与伦比的东西"这个关于上帝的概念出发，来对它和其他几个类似的概念进行比较。如果"被设想为无与伦比的东西"仅仅只在心中存在，那么与"被设想为在实际上也存在的东西"相比，就大为逊色了，也就称不上是"无与伦比"。因此，必然在逻辑上得出结论："某一个被设想为无与伦比的东西毫无疑问既存在于心中，又存在于现实中。"②由此可见，安瑟伦的本体论证明的特点是从上帝的抽象概念为出发点，通过推理得出上帝的存在。这是从思维演绎出存在，是一种纯粹的逻辑思辨。

安瑟伦曾经说过："因为我绝不是理解了才能信仰，而是信仰了才能理解。"③所以，安瑟伦和奥古斯丁一样，都认为信仰是理性理解的前提条件，理性仍然无法独立于信仰之外去获得上帝的真理。事实上，在安瑟伦那里，理性和特别启示都是上帝的赐予，并没有明显的界限，尚未完全分化开来。但是，他的本体论证明表明，上帝的存在已经由一个毋庸置疑的绝对前提变成了一个有待证明的结论。虽然安瑟伦早在证明之前就已经确切知道上帝存在这个结论，但是这种通过合乎理性的逻辑来证明神学命题仍然具有重大意义，标志着经院哲学的开始。

托马斯·阿奎那（1225—1274）综合了以往基督教思想家对于信仰

---

① 安瑟伦：《论三位一体的信仰》第4章，转引自赵敦华：《西方哲学简史》，北京大学出版社2001年版，第121页。

② 安瑟伦：《宣讲》I，转引自《西方哲学原著选读》（上册），北京大学哲学系编译，商务印书馆1981年版，第241—242页。

③ 安瑟伦：《宣讲》II，转引自《西方哲学原著选读》（上册），北京大学哲学系编译，商务印书馆1981年版，第240页。

和理性的理解,提出了较为详尽的分析。首先,他并不认为信仰对于人的理性认知是不可或缺的,即便不以基督教信仰为先决条件,人也可以凭借独立无依的自然理性从自然事物出发来获得关于神的知识。尽管安瑟伦认为,逻辑能够独立发现神的存在,可是逻辑对于安瑟伦而言是神的礼物,还是一个启示;或者说他并不承认存在着一个没有恩典的自然领域。与此相反,阿奎那却把自然和超自然、理性和启示、哲学和神学的领域清楚地区别开来了,证明理性在神圣恩典和启示的活动之外,具有属于自己的独立领域,正如亚里士多德或其他完全没有信仰的非基督徒也可以凭借自然途径获得神的知识一样。按照阿奎那的说法,理性是自下而上地认识真理的途径,启示是自上而下地认识真理的途径。理性通过感性经验,通过推理得出一般的概念,最后到达最高的真理或者第一因。启示是上帝主动告知人类他如何创造世界,以及人类怎样才能通过上帝获得拯救。启示与理性都来源于上帝,不会互相违背,只是职责不同罢了。正如阿奎那所言,人凭借自然理性所获得的真理是正确的,人通过信仰所获得的神圣真理也是正确的,而既然只有谬误才与真理对立,那么信仰的真理不可能对立于人类理性通过自然的方式所获得的真理。[①] 哲学以理性的方式来探讨真理,神学以启示的方式来获得真理。哲学与神学有交叉的地方,但是互不矛盾。哲学中除了包含一部分有关宗教教义的真理以外,还包括自然和人类社会的学说。按照启示和理性这两种不同的认识方法,神学可以分为自然神学和启示神学。自然神学是理性通过观察受造物的秩序来了解上帝的存在和属性,但是单凭理性,人类无法知道神的三一性。神的三位一体(还有道成肉身、恩典和救恩等教义)又是完全超越理性的范畴,只能通过《圣经》与教会传统启示出来。不过,相信三位一体并不违背理性。自然神学是启示神学的下层基础,上下两个领域有所

---

① See Aquinas: *Summa contra Gentiles*, I. 4–7, in Paul Helm, *Faith and Reason*. Oxford: Oxford University Press, 1999, p. 111.

不同，但是互相补充。自然指向恩典，理性在启示中实现；恩典提升自然，启示使得理性得以实现。此所谓："恩典并不摧毁自然，而是成全自然。"

按照阿奎那的自然神学，理性可以从五个方面独立自足地证明上帝的存在。这"五路"证明都以人可以感知的经验事实为出发点，得出形而上的结论——上帝的概念和存在，是与安瑟伦的本体论证明明显不同的后天证明。第一个证明是从自然的运动开始，认为万物都有一个推动者，从而必须有一个"不受任何物体推动"的推动者。第二个证明是诉诸因果律。因为宇宙万物都有起因，所以必然都有一个"第一因"。这个"第一因"便是上帝。第三个证明是从许多只具有偶然性的事物出发，推出一个"绝对必然的存在者"。第四个证明是根据事物的等级，从不完美的事物推出一个"最完美的存在者"。第五个证明则诉诸自然界万物的目的，指出自然界必然有一个存在使得万物都趋向它并以它为最终目的。

阿奎那的宇宙论证明都是从有限的、不完善的存在物出发，由果溯因，自下而上逐渐上升到无限、完善的存在者，是阿奎那的自然神学的典型代表。由此必然引起一个问题：既然人的自然认识可以独立认识上帝的存在和属性，那么启示和信仰还有什么必要呢？在《反异教大全》中，阿奎那对此有明确的回答。他认为，关于神圣的存在者，存在着双重真理。其中之一是理性可以达到的，而另一个则是超越了理性能力。两个真理都应该成为人信仰的对象，但是这并不意味着神圣启示出来的事情便是无用和不必要的。上帝虽然赐予了人求知的渴望，但是由于缺乏必要的禀赋、日常生活的干扰和懒惰，很少有人能够通过理性掌握上帝的知识。另外，由于上帝的真理深奥无比，只有很少的人能够排除干扰，并在受到长期训练之后才能理解。即便如此，由于人类理性的不完善，不免会产生错误、混乱乃至怀疑，所以如果理性是认识上帝的唯一途径，那么人类的绝大多数将处于无知之中，而这岂不是违背了上帝的意愿。因此"关于神圣存在的不可动摇、无比确定的纯粹真理应该通过信仰的方式呈现给人类"①。然而,这又引起另一个问题:既然启示能够将"无比确定的"真理呈现给人类,那么哲学家为何又要通过容易出错的理性途径达到这些真理呢? 在阿奎那看来,人首先应该通过自然理性获得关于上帝的知识,但是人很难依靠理性而得到救赎,所以需要启示,不过"恩典的赐予是以自然属性为基础的,上帝只赐福给努力实现自己自然禀赋的人"②,因此神的恩典并不与理性相矛盾,而是以自然为基础,并超越自然。

阿奎那一方面将哲学和神学、自然和恩典、理性和启示区分开来,认为理性可以独立于信仰之外发现神圣真理,信仰的真理超越理性;但是另一方面,他马上又将对立的双方融合起来,认为理性和信仰相辅相成,共同反映同一个上帝的真理,都是通向理解上帝的途径。在这方面,阿奎那与奥古斯丁构成对比。在奥古斯丁的信仰观中,理性是完全被动的,毫无独立的地位,理性与特别启示的活动之间没有普遍明显的界限,或者说理性无时不在启示的光照之中。阿奎那则是先对理性和信仰进行区分,先为理性划出一个独立的领域,然后在此基础上进行二者的调和。当然还应该注意的是,虽然阿奎那试图寻求理性真理和启示真理之间的和解和平衡,他仍然强调启示真理的优越性,这一点是托马斯和奥古斯丁之间的共同点,也是中世纪关于信仰和理性的总体特征。

浸润着柏拉图主义的奥古斯丁主义后来对英国的剑桥柏拉图学派产生了很大影响,但是随着"天赋观念"被经验理性所取代,其影响渐趋消失。而阿奎那的自然神学,重视理性在信仰之中的作用,则对于自然宗教和自然神论在近代英国的发展影响很大。阿奎那的双重真理观与培根、洛克以及英国安立甘宗的理性主义具有显而易见的关联和相似性。

---

① Aquinas:*Summa contra Gentiles*,I. 4-7,in Paul Helm. *Faith and Reason*. Oxford:Oxford University Press,1999,p. 108.

② 赵敦华:《西方哲学简史》,北京大学出版社 2001 年版,第 137 页。

第二节 大陆宗教改革

1517 年,马丁·路德将抨击罗马天主教的《九十五条论纲》贴在了维腾堡大教堂的门上,点燃了宗教改革运动的导火索。此后,宗教改革家们摆脱以罗马为总部的大公教会(Catholicism),纷纷建立新的教会和教派,即"新教"(Protestantism),自此,统一的基督教王国被分裂为两大阵营。顾名思义,新教意味着对天主教的抗议(protest)。路德和其他新教教徒所抗议的,正是罗马教会在称义得救问题上的"神人合作说"和善功称义理论。罗马教会一直通过庞大的宗教组织和主持神圣仪式的特权独霸教徒的拯救之路的解释权,教徒们必须通过教会认可的行为来获得拯救。按照天主教的神人合作说,人的得救是人的善功和上帝的恩典共同作用的结果,但是到宗教改革前夕,这种"神人合作说"已经堕落为善功称义理论,即一个人惟有在神面前通过信仰的外在行为得到足够的善功,才能真正得救。至于要实施哪些信仰的外在行为才能令人称义,需要由教士来决定,因为教会掌握着罪人灵魂升入天堂之门的钥匙。当时被确定为"善功"的行为就包括:购买"圣徒遗物"、参观遗迹朝圣、向教会馈赠财产等活动,而最为腐败的就是罗马教廷公开出售的赎罪券。针对于此,路德指出,依赖外在行为而非内在信仰不能令人称义。他提出"惟独信仰"、"惟独恩典"和"惟独圣经",强调个人惟有借着恩典通过自己理解《圣经》而产生的对上帝的信仰才能称义,个人得救的根据归于个人内在的确证,而在得救的问题上,教会并不享有特权。

"因信称义"是路德撬动庞大芜杂的天主教神学体系的一个概念杠杆。这意味着路德对奥古斯丁主义的回归,以及对作为天主教正统神学的托马斯主义的背弃。路德曾经回到具有简单的基督教形式的早期教父著作中寻求思想资源,认为奥古斯丁真正代表了基督教神学。和奥古斯丁一样,路德强调"神至高无上的绝对主权,人类灵魂的绝对软弱无助,以及人类对于神恩典的绝对依赖性"。① 他说:"我们的理解力确定并毫无疑虑地宣称三加七等于十,但不能提出任何理由说明为什么这是真的,为什么不能否认其为真;就是说,它规定自己,因为它被真理判断而不判断真理。"②这里所使用的数学例子以及人的理性与真理的关系,与奥古斯丁关于人的理性的论述惊人地相似。《圣经》是路德反对罗马教会的另一个武器。他认为,《圣经》是上帝的启示,甚至高于教父和经院学者的著述,是基督教信仰的唯一权威。任何虔诚的基督徒都有解释《圣经》的权利,无须教会或教士来充当上帝和人之间的中介。

路德对信仰的强调完全打破了中世纪经院哲学关于理性和信仰的微妙平衡。对于路德而言,信仰就是信靠(trust),而信仰的对象是《圣经》中所体现出来的上帝之道。《旧约》和《新约》分别体现了上帝之道的两种形式:律法和福音。律法只是上帝之道的开始,因为上帝的律法刻写在每一个人的心上,在上帝启示自我之前,早已为人的自然理性所认识,所以律法不是信仰的对象。信仰与上帝之道紧密相连,却不等同于上帝之道,而是来自于上帝之道。其主要原因在于人的信仰不是人努力的结果,也不是主观意志或者信念,而是上帝对人的怜悯和白白的恩赐,是上帝在人之中的奇妙创造。因此信仰只能是个体的生命通过非逻辑理性的神秘方式与上帝的交往。这意味着人应该无条件地相信上帝,虚己无我,抛弃一切自我,把自己的一切都让渡出来,自由地顺服和信靠上帝。由此,信仰与一般意义上的经验认识不同,甚至恰恰与经验认识的结果相反。路德曾经说过:"一切都在乎信心,没有信心的人如同一个必须过海的人,但心中胆怯不肯乘船,因为不相信舟船。这样的人只得留在岸上永不得

---

① 奥尔森:《基督教神学思想史》,吴瑞诚等译,北京大学出版社 2003 年版,第 268 页。

② 路德:《路德全集》,第128—129 页,转引自赵敦华:《基督教哲学 1500 年》,商务印书馆 1997 年版,第 588 页。

过海，因为他不肯上船。"①这是路德经常喜欢提到的一个比喻。"不相信舟船"并不意味着人对于舟船的存在和用途没有经验认识，而是不愿意将自己的生命抵押在上帝之舟船上。

路德相信，人的经验理性与上帝的启示、自然和恩典之间存在着不可逾越的鸿沟。在《论奴役意志》中，路德反复指出人类无法通过理性理解上帝，因为上帝的能力、知识、智慧和实存超越了人的理性。对于外在的事情，上帝自有他的管理方式。可是如果我们用人的理性对这些事情进行判断，只会得出上帝不存在或上帝不公正的错误结论。譬如现世经常发生的"好人遭殃，坏人发达"现象，若是按照人的理性，只能得出上帝不公正的结论。可是按照福音之光和恩典的知识，却极易被澄清，因为坏人在灵魂上是朽坏的。路德还进一步区分了"自然之光"、"恩典之光"和"荣耀之光"。自然之光不能理解"好人遭殃，坏人发达"，恩典之光能够解释这个现象，却解释不了上帝拣选坏人有何正义可言。这一切惟有荣耀之光能够解释，即上帝的恩典是白白的赐予。既然上帝的公正是人的理性所不能理解和无法企及的，那么人惟有放弃用理性来判断上帝的做法，并完全信靠上帝，相信他所有的一切作为都是公正的，才能获得真正的信仰。

路德的信仰观似乎表明了他对理性的贬低。许多学者爱引用路德说过的"魔鬼的娼妓"来证明路德的反理性主义。不过应该注意的是，路德道出此言的背景是在和爱拉斯谟的论战之中。在反对爱拉斯谟所提出的人的自由意志可以通过理性的指引获得拯救的立场时，路德以激烈的语气指责他滥用理性，并斥骂理性为"娼妓"。这种在论战之中出现的斥骂只不过是以极端的形式体现了路德对于理性在信仰事情上的贬低，并不意味着路德贬低和否认一切理性。但实际上，只有在理性狂妄地干预信仰的时候，路德才会贬低理性。路德对于理性的真实理解可以从他对世

---

① 克尔：《路德神学类编》，王敬轩译，（香港）道声出版社1961年版，第107页。

俗王国和天上之国的区分看出来。

　　受奥古斯丁的影响,他区分了"地上的王国"和"基督的王国"。前者是自然的、暂时的和物质的世界,而后者是超自然的、永恒的和精神的世界。路德的这种区分不仅是本体论意义上的,还是人类学意义上的,因为在他看来,前者是我们的外在身体,而后者是我们的内在精神。"地上的王国"是必然律的王国,所以我们要遵守一切法律,无论是人类自我设定的社会法,还是自然法。"基督的王国"则是自由的王国,无需遵从任何律法,只需要简单地听从自己的内心。这两个王国各自有着特定的目的,前者关心身体的平安和生存,后者关心灵魂的永恒和救赎。这两个王国分别是理性和信仰的王国。理性和信仰只有各守属于自己的地盘,才能作出正确的判断,否则就会产生矛盾。在"地上的王国"的范围之内,理性毫无疑问是一切事物中"最为重要和最为高贵的",超过世上一切,较之其他事物,在某种意义上是神圣的。"它是人类此世生命中所拥有的艺术、医药、法律以及一切智慧、力量、品德和荣耀的真正创造者和指导者。"①但是如果理性试图僭越自己的领域,试图侵犯"基督的王国"以取代信仰的地位时,理性便表现出无能、无知和盲目。由此可见,路德并不否认理性作为上帝造人时的恩赐的作用。上帝按照自己的形象造人,将理性赋予人性之中,使人和动物区分开来,从而使人能够管理受造世界。所以理性是上帝赐予尘世的精华部分,能够被用来规范和改善现世生活。在属世的范围之内,上帝派人来管理世界,理性便拥有最高权威,自身就包含着判断的依据。可是,在属灵的范围之内,理性则是无能的。理性是受到罪的玷污最严重的官能。虽然上帝的大能和智慧体现在受造世界中,可是理性如果试图通过受造世界来理解上帝,那么只会看到偶像,并且只会看到上帝的不存在和不公正。此外,在没有启示光亮的指引下,扭

---

　　① Luther:*Dispute Concerning Man*, in Ake Bergvall:"Reason in Luther,Calvin and Sidney", in *Sixteenth Century Journal*,Vol. 23,No. 1,1992,p. 117.

曲了的理性只会对《圣经》感到困惑，无法理解上帝的三而合一，无法理解上帝工作方式的辩证和吊诡。

虽然路德竭力强调理性只是属于地上的王国，不能越界使用，但是这并不意味着理性在属灵世界的完全无用。路德还将理性进一步区分为"自然理性"（ante fidem，意即"信仰之前"）和"启示理性"（post fidem，意即"信仰之后"）。"启示理性"的主要任务是诠释《圣经》，解释《圣经》原初的意义，并通过分析经文得出结论。① "自然理性"要成为"启示理性"，前提是接受上帝的恩典与圣灵的医治与更新。新生后的理性克服了自然理性的愚顽，才能敞开自身接受信仰的指引，更好地理解上帝。因此，路德对理性在信仰范围内的限制主要是针对"自然理性"而言。

与此相联系，路德反对阿奎那主义的自然神学，视之为与十字架神学相对立的荣耀神学。在他看来，荣耀神学乃是透过神的作为认识神，过分倚重理性的作用。这种神学必然导致靠行为称义的道德主义，错误地认为人可以自我得救，从而导致自我意识膨胀，忘记了上帝的荣耀和尊位，从而永远也达不到对上帝的确定信仰。与此相反，真正神学的出发点不是自然和理性，而是耶稣和他的十字架。在耶稣的十字架面前，人完全依赖神，除了上帝的启示之外，没有能力了解任何上帝的事情。上帝对理性隐蔽，却对信仰敞开；只有当理性承认其无知和局限时，才能获得信仰。

约翰·加尔文是宗教改革运动中另一位著名的新教改革家。他的观点后来被发展成为加尔文主义，并被总结成五个重点，而这五条的第一个字母合起来构成了英文单词 TULIP（"郁金香"）。其中，T 代表着全然败坏（Total Depravity），即指在神重生人类并赐给他们救恩的礼物之前，他们都是死在过犯与罪恶之中。U 代表着无条件的拣选（Unconditional Election），即指神在人类所做的任何事情之前与之外，选择一些人作为拯

---

① See Beiser, Frederick C. *The Sovereignty of Reason*. Princeton：Princeton University Press, 1996, p. 30.

救的对象。L 代表着有限救赎(Limited Atonement),指基督是为拯救被拣
选之人而死,未受此恩典的人则注定受永罚。I 代表着不可抗拒的恩典
(Irresistible Grace),指神的恩典是人无法抗拒的。被拣选之人得到神的
恩典,就能因此得救,而受永罚之人则永远不会得到恩典。P 代表坚忍
(Perseverance),指被拣选之人一定会坚持到最后的救恩。①

在对待理性和信仰以及《圣经》的权威等问题上,加尔文和路德的立
场基本一致。首先,他们都肯定理性在世俗事务上的作用。加尔文区分
了“地上的事物”和“天上的事物”。前者包括民政、家事和其他一切文艺
和科学,属于次要之事;后者包括对上帝和他旨意的认识,属于首要之事。
在前者的范围内,理性及其自我保全的本能可以指导人遵守律法,管理社
会。理性虽然已经堕落,但是由于上帝的“普遍的恩典”,仍然禀赋着上
帝所持的优异才能,所以即便是异教徒,在圣灵的亮光指引下,也能创造
出具有永恒价值的作用来。理性还可以帮助基督徒感受和思考世界秩
序,并且在此过程中认识到上帝就是造物主,并且景仰上帝的智慧与
公义。

尽管加尔文充分赞扬理性的高贵和尊严,他还是指出理性总是“趋
向虚空”,经常容易犯错误,并非正确的向导。加尔文反对哲学家将理性
看做一切事物的向导的看法,认为理性若是超越现世生活的范围,就会深
知自己的无能。人的理性知识虽然能够认识上帝,但是这种知识却不足
以帮助人完整地了解上帝的本质、特征和目的。唯有透过《圣经》,信徒
才能知道上帝在历史中的救赎。在加尔文最为关注的得救问题上,理性
需要圣灵的帮助。只有通过圣灵的工作,拯救的应许才会进入我们的心
灵。他还沿用奥古斯丁的光照说解释圣灵的帮助。他说:“我们打开自

---

① 参见奥尔森:《基督教神学思想史》,吴瑞诚等译,北京大学出版社 2003 年版,第 495
页。

己的肉眼接受光明，但我们的灵眼依然闭着，除非主替我们打开。"①不过，与普照所有人的"普遍的恩典"不同，这种特殊的光照只是赋予那些被拣选之人。《圣经》是自我证明的权威，不隶属于任何的证明和推理。其内在的确定性，已经由圣灵确证，无须人的理性判断，理性也无法判断。但是同时，上帝的道和《圣经》又是理性所同意的。

不过，与路德不尽相同的是，加尔文并不完全排斥自然神学。在《基督教要义》中，他肯定地讲："在人心之中，通过自然本能，存在着对神圣的意识。"在路德看来，如果通过受造物来了解上帝，人的心灵只会见到偶像，而不是真正的上帝，反而喜爱偶像崇拜。对于加尔文而言，偶像崇拜恰好证明了"上帝刻写在所有人心之上的"对神的认识。上帝防止人以无知为接口抗拒他，便将关于他的神圣和尊位的一些理解植入了所有人心中，并且不断更新。即便上帝偶尔似乎消失，但总会携着新的力量重新返回人心之中。所以，上帝的教义是人在娘胎里便已经掌握的知识，而且此后不会忘记。②

综上所述，路德和加尔文对理性和信仰的关系的理解大致相同。他们都是将理性适用的领域和信仰的领域截然对立，并且竭力保持二者之间不可跨越的鸿沟。这一点构成了他们与奥古斯丁和阿奎那的差异。不过在一定程度上，路德更加接近于奥古斯丁，而加尔文更加接近于阿奎那。在英国的宗教改革中，阿奎那和加尔文的神学立场会比奥古斯丁和路德产生更大的影响。

---

① 加尔文：《基督教要义》第 2 卷第 2 章第 13 节，徐庆誉、谢秉德译，（香港）基督教文艺出版社 1985 年版。

② See Calvin：*Institutes of the Christian Religion*，I. iii. 1–3，in Paul Helm：*Faith and Reason*. Oxford：Oxford University Press，1999，p. 144.

第二章　合理性的信仰：英国的
理性时代

　　英国的宗教改革肇始于16世纪前中期。国王亨利八世提出离婚请求却遭到罗马教皇的拒绝,于是在1534年自立为英国天主教会的最高首领,从此摆脱罗马天主教会的控制和干预。此后,英国随着王室的交替而轮番信奉天主教或新教。1547年,亨利去世,由九岁的儿子爱德华六世继位。在爱德华六世临朝的短暂六年时间里,新教兴盛起来。此后于1553年继位的玛丽却对罗马天主教十分狂热。在她执政的五年里,英国又恢复了天主教。玛丽对新教徒施行迫害,处死了许多新教神学家,迫使更多的新教徒逃离英国。1558年,玛丽去世,王位由与她同父异母的伊丽莎白继位。目睹了许多宗教暴力之后,伊丽莎白一世决定在宗教政策上采取中庸之道。在她治下所建立的英国国教安立甘宗在行政和礼仪上保留了天主教的传统框架,在神学上却是新教。这就是廷得尔在《基督教和创世同龄》中所说的:"仅仅在12年时间里,无论是平信徒还是神职人员,所有的信条三次改换了自己的宗教。"[1]和大陆的新教一样,英国的新教内部派别林立,在教义和教会模式上歧见倍出。[2] 而与大陆新教各派十分不同的是,英国国教趋向于建立一个具有广泛基础的教会,不仅诉

---

[1]　廷得尔:《基督教与创世同龄》,李斯译,武汉大学出版社2006年版,第241页。
[2]　安立甘宗内部还分高教会(High Church)和低教会(Low Church)两个对立的派别。高教会要求保持天主教的模式,而低教会坚持加尔文主义,试图清除安立甘宗的天主教因素,后来被称为"清教徒"。

诸天主教的教会传统、新教的《圣经》,甚至还以理性作为宗教辩护的手段。

中世纪的经院哲学以基督教信仰为哲学思考的对象,视哲学和理性为神学的婢女,并不缺乏理性精神。到了欧洲大陆的宗教改革,在上帝的恩典的荣耀之下,理性的自然之光暗淡了下来。而在17世纪的英国,人的理性逐渐恢复了其耀眼的光芒。在自然科学领域,随着17世纪初培根提出"伟大的复兴"的口号,理性认识自然并掌控自然的威力在17世纪末牛顿力学之中得到充分的体现。随着科学的发展以及对自然规律的更多了解,自然被逐渐去神秘化了。在17世纪的思想背景下,自然再也不是中世纪文化所理解中的那个供上帝上演创世神话并不断进行神圣干预的大舞台,而是一个按照规律运转故而人类能够加以了解和控制的物质自然世界。在理性的逼视下,上帝在自然之中的身影似乎越来越模糊。基督教面临的挑战不仅来自于繁荣发展的自然科学,还来自于自身内部的教派分裂和教义混乱。宗教派别和政治集团在利益上两相交错,导致了从内战到复辟再到光荣革命等一系列暴力冲突和社会动荡。另外,随着地理大发现和航海业的发展,西方人开始发现世界上还存在着基督教以外的其他宗教,而基督教真理也并不是人生可以依靠的唯一真理。这些因素不约而同地指向了基督教所宣称的特别启示或上帝的特殊旨意。

第一节 理性:从天赋观念到经验理性

从16、17世纪之交到18世纪上半叶,英国的宗教一直强调理性的作用,具有非常明显的理性主义特色,与大陆宗教改革家们警惕理性会越界去批判信仰形成鲜明的对比。值得注意的是,这种理性主义的源头并非完全来自于同时期的科学发展和社会进步,还来自于宗教内部。在独具特色的英国宗教改革的过程中,神学家们坚持走中间路线,最终建立了一个既不同于罗马天主教和新教又与二者有密切联系的英国国教(Church of England)以及神学上的安立甘主义(Anglicanism)。英国国教反对天主教以教皇和教会传统为传统的独断,也不同意新教将理性排除在信仰领域之外的做法,而是主张以理性为独立于《圣经》之外而且与《圣经》享有同等地位的权威。这种对理性的肯定和尊崇产生了具有深远意义的影响,已经预见了自然神论者对理性的绝对强调。17世纪英国的大多数神学家都赞成以理性作为宗教信仰的标准。但是,他们对理性的内涵的理解随着时代的变迁发生了重要的变化,所以对理性在宗教中的作用的理解上也存在一定的差别。

　　总的来看,以英国复辟时代(1660)为界限,大致可以将神学家对于理性的看法分为两类。在复辟时代以前,在柏拉图主义和笛卡尔的思想影响下,基督教思想家们倾向于把理性看做是天赋的能力或一种认识和道德兼备的天然官能,并重视理性在信仰中的作用,例如胡克(Richard Hooker,1553—1600)、齐林沃斯主教(William Chillingworth,1602—1644)和剑桥柏拉图学派(the Cambridge Platonists)。在复辟以后,以理性为基础来阐释自然宗教成为主流。神学家们开始抛弃天赋观念,转而以自然的和谐与秩序、上帝的旨意、理性为基础来证明上帝的存在,通过独立无依的理性来确立宗教的基本原则,如上帝的存在与属性,灵魂的不朽以及过虔诚有德的生活的必要性等。天赋观念逐渐被强调感官对于外在世界的认识的经验理性所取代,并最终在洛克对天赋观念的批判中被彻底击败。其代表人物包括英国安立甘宗自由派(latitudinarianism)和洛克。这种转变来源于多方面的原因。第一,复辟时代以斯图亚特王朝的查理二世重新登上王位为标志,重新恢复了王权统治,终结了克伦威尔领导的清教徒革命。对于这场革命中出现的社会动乱,以及由于强调恩典和个人启示而表现出来的反理智主义特征的宗教狂热,许多英国人心有余悸,尤其感到有必要为宗教找到一个合乎理性的普遍基础。第二,随着科学取得重大进展,自然界逐渐被去神秘化,人们对自身的自然理性能力产生了自信心,更加重视以感官经验为基础的经验理性。第三,在 17 世纪中后期,霍布斯的唯物论被理解为无道德的无神论。为了驳斥无神论的荒谬,神学家们试图找到更为有力的证据来证明上帝的存在,这就是外在自然之中的规律和和谐。与先验的天赋观念相比,这种后天的证据看起来更加具有说服力,因为自然以非常直观的方式呈现于任何一个人的面前,是谁也无法否认的。

　　将理性标准引入安立甘主义的第一人便是英国宗教改革的设计师理查德·胡克。他的四卷著作《教会政制法规》(*Law of Ecclesiastical Polity*,1593)缔造了安立甘宗神学的基础。胡克写作这部巨著的主要目的是为了诠释作为安立甘主义的框架基础的《伊丽莎白协议》(*Elizabeth Settlement*),强调在教会管理、纪律和礼仪上安立甘主义的立场,与企图在英国建立加尔文—日内瓦模式的教会的清教徒针锋相对。胡克的中心观点是,世俗政权拥有管理教会的权力,教会无权凌驾于国家政权之上,而且这是和圣经以及理性法则完全一致的。实际上,胡克和清教徒之间的争论并非仅仅是教会建制问题,而是关涉认识论的问题:即宗教权威的性质和来源问题,或者说,在宗教事务中判断真理的标准是什么? 如何去证明宗教权威对于其他判断标准的优越性? 这是宗教改革中关于"信仰原则"的争论的继续深化。

　　在《教会政制法规》中,胡克承认新教主义的"惟独圣经"原则,坚持认为《圣经》对于基督教信仰和实践具有绝对无上的权威。但是同时,他还明确地提出以理性作为安立甘宗的神学立场和教会建制的基础。如前所述,路德和加尔文在理性和信仰、自然和恩典、天上之国和地上之国之间设定了一条不可逾越的鸿沟,认为人无法凭借自然理性去获得关于上帝的知识。所以,胡克若要肯定理性认识上帝的作用,首先必须找到能够沟通理性和信仰的桥梁。这个桥梁就是亚里士多德和托马斯·阿奎那的自然法思想。自然法的起点是对法律和善的理解。胡克在《教会行政法规》第一卷认为,法律之所以成为法律,不是出自于至高权力(世俗权力和神圣权力)的命令和意志,而是取决于自然本身,独立于任何意志或传统之外。万物都要实现一定的目的,但是唯有法律更适宜于这个目的的实现。事物之为善或为恶,就取决于它是否有利于实现这个自然目的。综合这两个方面,就可以得出一个道德上的结论:善恶在意志或传统之外。也就是说,在至高权力之外,存在着一些决定着善恶之本质的永恒法则,不过这些法则以至善为目的,就是神圣存在本身。人类理性可以认识这些自然法则,而这些自然法则又是神圣律法的体现,那么无须启示,人类凭借理性就能理解上帝。理性的声音就是上帝的声音,正如胡克所写:"通过理性之光的力量,上帝照亮每一个来到世上的人,并使每个人都能够区别真理与谬误、善与恶,从而通过许多事情了解上帝的意愿。"①如此一来,理性便具有了神圣的地位,成为了《圣经》之外人认识神圣天意的另一种方式。不过,胡克虽然肯定理性有可能独立于《圣经》之外认识上帝的律法,却并不认为理性仅仅凭借自身的自然能力就能实现这种认识。在自然对于恩典的依赖上,胡克仍然维护新教正统,坚持亚当的堕落败坏了我们的官能,所以倘若没有上帝的恩典,理性便不足以了解善。

　　总的来看,胡克对于理性的理解仍然囿于传统意义上的"正当理性"(Right Reason),即融合认识和道德为一体的人性自然。理性是上帝赐予人的天然官能,凭借于此,人就可以直接洞见上帝的律法,具有强烈的天赋意味。不过,胡克对于理性如何认识上帝的永恒律法语焉不详,未有深入的探讨。在胡克之后,自然神论者赫伯特在《论真理》中才第一次真正解释了这个问题。

　　在 17 世纪 30 年代,关于教皇的"绝对无误性"的争论在英国兴起。实际上在整个 17 世纪,英国国教的神学家们始终都在与天主教论战,甚至使之成为了一个政治问题,即选择信仰安立甘宗的人是爱国者,而信仰

---

　　①　Hooker:*Laws of Ecclesiastical Polity*, I. Viii. 3. , in Frederick C. Beiser:*The Sovereignty of Reason*. Princeton:Princeton University Press,1996,p. 65.

天主教的人就是卖国贼。这个争论只是英国安立甘宗和天主教之间很多
争论中的一个方面,但是与其他关于教会礼仪典制或自由意志的争论不
同,"绝对无误性"之争总体而言是认识论意义上的,也是宗教改革中关
于信仰原则的争论的落脚点。在反对天主教以教皇为权威,并维护英国
国教的理性和《圣经》双重权威的立场上,齐林沃斯主教的《新教徒的宗
教》(*The Religion of Protestants*)起到了很大作用。他本人曾经由安立甘
宗改信为天主教,后来又重新回归安立甘宗。他解释说,他的这两次改信
经历都是在理性的引导之下,而纯粹的理性可以根据证据来决定是抛弃
还是接受某种信仰。① 从他自己的个人经历出发,齐林沃斯一针见血地
指出,即便是天主教徒对教皇至高无上的权威的承认,也是因为他们有充
分的理由认为教皇比《圣经》或个人启示更有权威;而狂热主义者之所以
相信个人启示的权威,更是因为他们相信信任个人经验比信任教皇更有
理由。因此,无论天主教徒和狂热主义者是否承认,他们都是在一定的推
理或理性的基础上才坚持各自的立场。所以,理性是比教皇或个人启示
更高的权威。

　　齐林沃斯对于理性的界定十分含糊,只是在《新教徒的宗教》的"前
言"中简单地把理性理解为"discourse"(推理),特别是指"通过前提得出
结论的推理"。但是和他持有相同观点的哈蒙(Hammond)②却对理性有
很具体的界定:"所谓理性,是指心灵的至高能力。通过它,我们不仅与
非生物,而且还与生物区别开来。理性是我们心灵的法官,中立于一切自
然和神圣的事物……理性衡量、评价所有事情和证据,通过推理来提高或
动摇怀疑的基础,并要求我们给予信仰或同意……理性是人类行为的最

---

　　① See Beiser, Frederick C. *The Sovereignty of Reason*. Princeton: Princeton University Press, 1996, p. 107.

　　② 他们都属于一个被叫做"Great Tew"的学术圈。自 1633—1639 年,福克兰勋爵经常
邀请一些哲学家、神学家来他的府邸交流思想,所邀之人皆可畅所欲言,不受任何习见和正统
的拘束。由于该府邸位于一个叫做"Great Tew"的村子,所以这些人被称做是"Great Tew
Circle",包括霍布斯、齐林沃斯和哈蒙等人。

终的、最直接的向导。"①由此看来,他们所理解的理性和胡克类似,一方面是进行推理和判断的形式逻辑,另一方面还具有一定的实际内容,包含有一些内在于任何人的"共同观念"。

齐林沃斯对理性的天赋性质的理解,还见诸他对于理性有利于维护宗教的统一性的阐释。他和胡克一样,都致力于在英国本土建立一个单一的国家教会,以达到"凡是英国人都是英国国教徒"的目的。与天主教、路德宗和改革宗不同的是,齐林沃斯主张以自愿的同意为基础来实现教会的统一性。在他看来,以服从权威为前提,譬如天主教主张服从教皇的权威,新教主张以《圣经》为权威,只是强迫的做法(coercion),只能导致虚伪的宗教,不足可取。真正的信仰源自内心的良知,不能进行威逼。这就意味着,既要保证宗教的统一性,又要维护个人良知的权力。显然,达到这个平衡的最佳途径就是理性。理性作为人人皆有的官能,包含一些共同观念或天赋原则,具有天然的普遍性。如果通过理性来分析《圣经》中所包含的信仰的要义,并且使之简单可信,那么人人都会表示同意,根本无须强制手段来实现统一。由此,理性既能以同意为基础保障社会秩序,又可以在一定限度内保证个人的自由。

继齐林沃斯之后,剑桥柏拉图学派继续维护理性在信仰中的作用。他们是一群在剑桥大学接受教育并教书授业的哲学家和神学家,相信天赋观念,以推崇柏拉图主义出名。自然神论者赫伯特也相信天赋观念,以普遍同意为基础,在陷入争论的各大教义体系之外,另外建立起五大宗教原则,使之成为得救的宗教真理,试图超越和取代其他教义体系。与赫伯特相似,剑桥柏拉图学派没有投入这场教义争论的愿望,而是竭力从中跳出来,并专心探索真正具有确定性的得救真理。他们反对外在的建制权威,主张以"内在的确定性"为权威。但是,他们更加关注人的灵性生活,

---

① Beiser, Frederick C. *The Sovereignty of Reason*. Princeton: Princeton University Press, 1996, p. 124.

试图从自文艺复兴时期开始兴起的柏拉图主义之中获得思想资源来恢复当时宗教生活中的宗教灵性。柏拉图主义主张精神世界的真实性,强调灵魂的不朽,具有浓厚的宗教性,而且与基督教信仰具有密切的联系,这对于他们而言当然是最为合适的思想体系。剑桥柏拉图学派中最为杰出的人物是本杰明·卫齐科特(Benjamin Whichcote,1609—1683),下面将主要以他的观点对剑桥柏拉图学派关于理性的观点进行说明。

　　剑桥柏拉图学派十分推崇理性。与胡克以来的安立甘主义传统类似,他们都反对加尔文主义的全然败坏说和双重预定论,反对将超自然的恩典和自然之光相对立,否认亚当自堕落后便失去了自然之光。在他们看来,上帝就是理性的化身,绝对不会将人类置于如此悲惨的境地。如果说清教徒认为人的本性是邪恶败坏的,而霍布斯将人看成是一个无道德的坏蛋,那么卫齐科特则竭力要证明人具有各种美好的精神品德,而且足以认识上帝。卫齐科特说:理性是"我们之中最高级和最高贵的官能"①。他经常爱引用《旧约·箴言》中的经文:"人的精神就是上帝的烛光。"另外一位剑桥柏拉图学派成员约翰·史密斯则说:遵从理性就是遵从上帝。② 他们的口号就是"遵从理性",因为遵从理性就是遵从上帝。作为最高官能的人类理性与神圣理性是一致的。神圣理性不仅能如其所是地理解事物,还能理解将形式和实体赋予万物的"理念"。人类理性作为人身上所留下的不可磨灭的上帝的形象,如果超越物质世界的羁绊,通过道德上的修炼和智识上的训练,也能够获得这类知识。从这个意义上看,理性就是上帝在人心中的声音,是内在的权威,将取代《圣经》或传统等外在权威。③

---

　　① W. C. de Pauley, *The Candle of the Lord: Studies in the Cambridge Platonists*. New York: the Macmillan Company, 1937, p. 10.

　　② See Willey, Basil. *The Seventeenth Century Background: Studies in the thought of the Age in Relation to Poetry and Religion*. London: Chatto & Windus, 1934, p. 124.

　　③ See Harrison, Peter. '*Religion*' *and the Religions in the English Enlightenment*, Cambridge: Cambridge University Press, 1990, p. 30.

保利(W. C. Pauley)认为,卫齐科特所理解的理性,不仅是通过分析得出结论的心理过程,是令人理解自明原则的洞见,更是我们理解上帝是所有真善美之源泉并把这些价值接纳入我们自己心灵的能力,还是指导和控制我们的情感欲望的总原则。① 简单地说,理性更多的是指人在趋向上帝的过程中对上帝的直觉认识,是上帝赐予人用来了解上帝并过正直生活的方法。那么人对于上帝能够形成什么认识呢? 这些认识又具有怎样的意义呢? 卫齐科特把上帝的完善分为两类:自然的完善和道德的完善。自然的完善包括全知全能、无限永恒等品质,道德的完善则包括圣洁、公义、良善、真理、仁慈、怜悯等品质。对于前者,人无法理解,只能崇拜;对于后者,人不仅能够通过理性获得认识,而且可以自由地模仿。作为有限的受造物,我们不能理解无限的造物主的自然属性,但是却可以理解他的道德属性并效法之,这就是理性的作用。正如卫齐科特所言:"唯有训练清醒、谦逊、温和、谦卑、顺服上帝、对人仁爱这些品德,才能堪称理性官能的真正改善。"②也就是说,我们若是像经院哲学家那样停留于对上帝的存在和属性的思辨玄想,理性只能是徒劳无功,而只有当理性用于认识上帝的道德属性并帮助人过虔诚正义的生活时,才是它正确的功用。当然,理性并不能独立无依地实现它的使命,它必须和上帝一起合作才能反映上帝的神圣心灵。理性需要上帝的影响才能成为"自然之光",需要上帝引导人不断趋近他。卫齐科特对于理性的赞扬的确是前所未有的,他对理性的高扬难免引起当时之人的质疑。塔克理认为卫齐科特过分地关注了理性,从而侵害了信仰,进而反驳说,我们不能因为烛光照亮了房间的一个角落就认为它能在黑暗的夜晚照亮整个天空。在回复塔克理的批评时,卫齐科特说:烛光照亮的只是人心的幽暗角落,不是神圣信仰的

① See W. C. de Pauley, *The Candle of the Lord : Studies in the Cambridge Platonists.* New York : the Macmillan Company, 1937, p. 10.

② Willey, Basil, *The Seventeenth-century Background : Studies in the Thought of the Age in Relation to Poetry and Religion.* London : Chatto & Windus, 1934, p. 124.

神秘,因而无害于信仰。他认为,最高级、最纯洁的理性是支持信仰的,而上帝正是对着人的理性讲话。① 理性所认识的正是令人得救的真理,理性即信仰。

卫齐科特对理性的理解仍然具有强烈的天赋意味。他认为,在人类有所行为之前,人的心灵本是一张了无字迹的白纸,处于一片黑暗之中。若是心灵之中有光亮和字迹,那一定是上帝所赐予的,而不是从外部获得的。上帝赐予我们"普遍观念"和"真理的观念",以此作为我们行动的原则,并因此照亮我们的头脑。这些原则就是"第一次镌刻上去的真理",主要包括我们用以处理我们与上帝、我们与邻居以及和我们自己的关系。为了说明这三种关系,卫齐科特从《新约·提多书》2:12中提取了三种品质:"自守、公义、敬虔"②,"自守"对自己,"公义"对邻居,"敬虔"对上帝。这些品质深深扎根于我们的人性之中,正如太阳必然有光线一样自然。这些品质还是大公(catholic)、普遍和不可改变,在所有民族、所有地方和所有时间都有证据。没有这些品质,无论是刻在石板上的十诫,还是在启示之后刻写在人心上的律法,都无法被理解。

剑桥柏拉图学派实际上将理性和信仰的领域等同起来,彻底抛弃了新教神学的二元论。理性和信仰具有同一个目标。理性的目标是事物的形式,信仰的目标是上帝,而按照柏拉图主义,上帝就是形式的形式,所以理性和信仰完全一致。如果说胡克利用自然法试图填平理性和信仰之间的沟壑,剑桥柏拉图学派则是利用理性——具有神性的上帝之烛——达到这个目的。在他们看来,理性不仅是人所具有的天然的、推理的、形式逻辑的能力,也具有直觉的感知的和体验的能力。理性还有实质内容,包括一些内在的自然原则和共同观念。这些原则是自然普遍的,也是任何

---

① W. C. de Pauley, *The Candle of the Lord: Studies in the Cambridge Platonists*, New York: the Macmillan Company, 1937, p. 11.

② 《提多书》2:16:"教训我们除了不敬虔的信和世俗的情欲,在今世自守,公义,敬虔度日。"

人都能够同意的自明观念。它们不是来源于感官经验,因为任何感官认知都无法达到这种统一性和必然性。

　　自17世纪中期以后,人们对理性的理解逐渐从具有天赋先验性质的理性能力转向具有后验性质的经验理性。皇家科学会的创始人和第一任主席约翰·威尔金斯(John Wilkins,1614—1672)恰好处在这个转变过程的中间。威尔金斯本人对于天赋观念和普遍同意在前后也有所变化。他曾经引用西塞罗以证明普遍同意的有效性,因为时间"筛去了意见的虚幻"。后来他却在另外一本著作里为哥白尼的天文学辩护时宣称,时间不是决定事物有效性的合适尺度,所以有必要抛弃托勒密的地心说。他还注意到了人们在普遍观念的来源上的不一致,因此感到有必要比较"我们心灵和理解的内在知觉和我们的外在感觉"。他认为,普遍观念应该和从感官经验中获得的知识保持一致。他把心灵的活动分为三类:对外界事物的简单感知,对外物进行比较以形成命题,以及旨在分析命题之间的关联的推理。实际上,只有第一类才是所有人都能共同同意的,例如所有人都能感知到绿色的东西是绿色的。这种所有人都同意的观点才叫做自然观念。这种自然观念不再是天赋的直觉的真理,而是以普遍的感官经验为基础。①

　　英国安立甘宗自由派本来是加尔文派贬损具有中庸倾向的英国国教徒的一个贬义词,但后来该词沿用下来,指代那些在复辟时代(1660)和光荣革命时期(1688)的进步神学家。他们厌恶教条主义的独断,关注道德、自然神学和理性原则,在光荣革命以前已经是伦敦最具影响力的布道人,所以在光荣革命以后,他们毫无悬念地被擢升为主教,而他们当中最具影响力的提洛特森(John Tillotson,1630—1694)则从1691年至去世前

---

① See Shapiro,Barbara,*Probability and Certainty in Seventeenth-Century England*. Princeton: Princeton University Press,1983,pp. 90−91.

担任坎特伯雷大主教。① 他们中大多数人都在剑桥接受教育,师从于剑桥柏拉图学派,所以他们的神学思想深受后者影响。不过,二者之间存在着很明显的差异。虽然自由派继承了柏拉图学派的理性主义,但是对理性的认识各不相同。剑桥柏拉图学派主张天赋观念,秉有柏拉图主义的神秘主义色彩,体现出思辨的精妙和深度以及浓厚的宗教性,而自由派却更注重发挥理性精神中的常识层面,所呈现出的理性主义具有算计、实际和世俗的特点。这或许和他们的职业有一定的关系。柏拉图学派是一群醉心于学术的大学学者和哲学家,自由派则担任教会职务,积极参与教会事务,在实际处世中干练有为。

自由派继承了胡克、齐林沃斯和剑桥柏拉图学派的理性精神,大力宣扬理性在宗教中的作用。提洛特森说:"上帝的律法是合理的(reasonable),也就是说,它适合我们的天性,并促进我们的利益。"②不过,他们对理性的赞美多于他们对理性的界定。大致而言,他们认为人的理性灵魂所具有的最自然的功能就是认识真理,而人正是为着这个目的才被创造出来的。自由派对于理性的强调,主要是因为他们决意要驱除宗教中的非理性因素。在17世纪中期,清教徒宗教狂热的影响仍在,霍布斯的唯物论难免令人感到无神论的侵扰;另外,对于罗马天主教的独断论,还要给予进一步的批判。因此以理性为依据,他们得出了三个结论:第一,人是不朽的,以反对无神论。第二,理性可以认识到知识的局限,可以纠正天主教的独断论。自由派的另一代表格兰维尔(Glanvill)认为,理性的第一步就是"摧毁独断论的狂妄,并建立意见的谨慎、保留和谦逊"。理性教会我们谦卑,防止我们过度自信。第三,理性可以阻止狂热主义和迷信。③

---

① See Cragg, G. R., *From Puritanism to the Anglican Reason*. Cambridge: Cambridge University Press,1950,p. 62.

② Porter,Roy., *Enlightenment:Britain and The Creation of the Modern World*. London:Allen Lane,2000,p. 103.

③ See Cragg,G. R. *From Puritanism to the Anglican Reason*. Cambridge:Cambridge University Press,1950,p. 66.

第二节　信仰:"合理性"的同意

一、西方近代基督教在认识论上的转向

在欧洲哲学史上,希腊哲学和经院哲学主要探讨本体论的问题,近代哲学主要探讨认识论的问题。当然,这并不是说近代以前的哲学从不关注认识论。实际上,古希腊罗马的哲学家们在认识对象、认识方法和真理标准等问题上早已有所探讨,但是他们研究认识论问题的目的不过是为了论证本体论。到了近代,由于自然科学的飞速发展,认识论问题才获得前所未有的关注,从本体论中独立出来,并成为西方近代哲学的主要特征。

与此相似,西方近代基督教信仰也经历了认识论上的转向。在近代以前,基督教信仰更为强调上帝的本体论意义。中世纪的经院哲学家们十分关注如何证明上帝作为造物主的存在和属性等本体论问题,强调信仰虽然寻求理解,却是理解的前提和基础。例如,集经院哲学之大成的托马斯·阿奎那虽然肯定人的认识能力,建立了人从感性事物出发证明上帝的存在的五路证明,但同时更为强调上帝的启示对于人的理性能力的优越性和超越性。在宗教改革时期,路德和加尔文都认为人的理性能力受到罪的玷污,所以人无法凭借败坏的理性认识上帝,只能依靠上帝白白赐予的信心和恩典,应该完全信靠上帝。与此相应,新教神学将两类宗教真理的来源——启示或恩典和理性或自然截然对立起来。自从被称做是"理性的时代"的 17 世纪起,西方人开始逐渐相信,人只要运用自己的理性能力便能认识上帝的道,对上帝的信仰被悄悄替换为对上帝之道的认识和同意。英国圣公会的主教斯第林福利特(Edward Stillingfleet,1635—1699)认为信仰和理性推理分不开。他指出:"我们所说的信仰,就是心

灵的理性和推理的行为。既然信仰就是同意那些足以让心灵同意的证据或理由,那么它必定是一个理性和推理的行为。"①在启蒙运动中,理性更是成为认识上帝的道的方法和标准,基督教发展成为理性主义的宗教。不难看出,西方近代的基督教信仰更加关注人对上帝的认识的能力,强调信仰的认识论意义,和西方近代哲学一样经历了认识论上的转向。近代基督教信仰在认识论上的转向与理性时代人的理性能力的高扬有一定的关系,可是实际上,这种转向早在宗教改革时期就已经出现,是从宗教内部开始的。

宗教改革以来的教义分歧以及由此而来的信仰纷争和宗教迫害导致了人们开始追问宗教真理的判断标准,这是近代宗教发生认识论转向的直接原因。16、17 世纪交替之际,宗教改革后的欧洲社会充满了关于宗教真理的疑惑和忧虑。新教各派和罗马天主教在教义、《圣经》和宗教礼仪问题上分歧丛生,各自都以为只有自己的理解才是唯一正确的宗教真理。那么基督教的真理究竟是什么? 判断真理的标准又是什么? 如何才能确立真理的标准? 天主教和新教面临着同样的问题,可是他们并不是像启蒙思想家那样把真理的判断标准问题看做是一个客观的认识论问题来思考,而是各自以权威自居,独断地宣称唯有本教派的理解才是真理,并且在维护一己之标准的同时攻击对方的判断标准。路德重新诠释了保罗所提出的"因信称义",主张得救本乎恩典和信仰,认为《圣经》高过一切包括罗马天主教所谓的教会传统在内的权威。在路德看来,如果按照天主教的标准,只会造成道德上和宗教上的灾难。天主教则批判路德派以良心为标准,并指出如果没有教会的引导,便无法真正理解《圣经》的含义。天主教和新教各派在教义上的争论带来很多混乱。每个派别都声称只有相信本派的教义才能得救,如果不信,便会受到永罚。所以,在要

---

① Reedy, Gerard, *The Bible and Reason*. Philadelphia: University of Pennsylvania Press, 1985, pp. 30—31.

信仰什么才能得救的问题上,平信徒无法得到一个统一确定的答案,故而产生极大的疑惑和焦虑。关于这一点,赫伯特曾经在《论真理》中深有感触地说:"无论任何人……只要是在他们那个特定的教派之外,就都是受到诅咒的,都要在死后受到永罚。"①

在各种关于宗教真理的独断论彼此争吵之时,古希腊的怀疑论重新流行起来,成为人们暂时避开宗教纷争的避难所。与独断论者忙着提出各种真理相反,怀疑论者(如塞克斯都和蒙田)并不宣称什么是真理,也不表明哪种独断是正确的,而是悬置判断,甚至连悬置判断这种行为也要摒弃。在怀疑主义者们看来,我们无法决定是否能够获得知识真理,而既然对知识或真理的追求是徒然无功的,还不如老老实实地承认其无效,以求心灵的安宁。但是,怀疑论者并不是怀疑宗教信仰的人,例如伊拉莫斯和蒙田都是基督徒。他们虽然避免在命题的真假问题上作出判断,却可以在信仰的基础上接受基督宗教。在宗教问题上,他们只是认为人们不可能找到必然充足的理由来证明任何一种教义必定为真理,不可能为谬误。② 如何在怀疑论和独断论之间找到一条中间路线,是宗教改革之中和之后的神学家必须解决的问题。

1. 信仰的客观对象:从《圣经》到信经

宗教改革初期,新教领袖们无不强调"圣经原则",将《圣经》作为基督教信仰的根本来源和终极标准。马丁·路德提出"惟独圣经"的口号,认为《圣经》的权威高于教会传统和人类一切权威。他反对教会和神职人员垄断诠释《圣经》的权力,坚持每个教徒都有解释《圣经》的自由权利,并且应该通过直接阅读《圣经》与上帝交往。路德强调《圣经》是规范原则(Normative Principle),也就是说,凡是《圣经》没有禁止的,只要是人感到合适和有裨益的,就可以兼收并蓄。后来,加尔文比路德更加重视

---

① 赫伯特:《论真理》,周玄毅译,武汉大学出版社 2006 年版,第 107 页。

② See Bedford, R. D., *The Defence of Truth: Herbert of Cherbury and the 17th Century*. Manchester: Manchester University Press, 1979, p. 42.

《圣经》的无上权威，以《圣经》为规管原则（Regulative Principle），认为一切都应该按《圣经》办事 ①。在加尔文看来，《圣经》是"永恒的真理准则"，是一切完美信仰和对上帝正确认识的源泉，是教会组织和纪律的依据，而人在圣灵的感动和光照之下可以从《圣经》中得到关于神的真知识。

　　路德坚持以《圣经》为权威，旨在反对罗马教皇的权威，这直接导致了基督教分裂为天主教和新教两大阵营。他们各自以权威自居，独断地宣称唯有本教派的理解才是唯一正确的真理，并且在维护一己之标准的同时攻击对方的判断标准。在《圣经》的诠释上，天主教批判路德派以良心为标准，并指出如果没有教会的引导，教徒便无法真正理解《圣经》的含义。而在路德看来，如果以天主教的教会传统作为诠释《圣经》的标准，只会造成道德上和宗教上的灾难。由此，无论是天主教，还是新教各派别，都宣称只有相信本教派关于《圣经》的理解才能得救，否则便会受到永罚。

　　关于《圣经》的分歧同时还发生在新教内部。虽然新教各派都强烈诉求于《圣经》的权威，认为圣灵的光照一定能够让人理解经文的意思，可是一旦摆脱了外在的权威，否认了集体的公会议的决定，这种内在的自由很容易导致信仰上的混乱。最明显的例子莫过于对《马太福音》一处经文的理解。这句经文描述的是最后的晚餐："他们吃的时候，耶稣拿起饼来，祝福，就擘开，送给门徒，说：'你们拿着吃，这是我的身体'"（26：26）。路德从字面意思把"这是我的身体"这句经文理解为"饼是我的身体"，认为主餐是基督真实的临在。茨温利却认为，"这是我的身体"应当被视为隐喻，意思是"饼象征着我的身体"。在他看来，基督的身体并没有真实临到圣餐的饼和酒里面，而作为圣礼的主餐只是象征性的，并非真

————————
　　①　参见路德文集中文版编辑委员会：《路德文集》，上海三联书店2005年版，"序言"第2—3页。

的是在吃基督的身体。加尔文和他们也有不同,因为他既反对路德,认为基督的身体在天上,并没有真实临在于主餐中,同时也反对茨温利,希望像路德一样在圣餐的时候吃到基督的身体。他对这个问题的解释是,圣灵奥秘地透过主餐之饼与酒的象征,把基督的身体和忠心的信徒结合在一起。①

　　为了统一对《圣经》的不同解释,规范信徒对《圣经》的理解,也为了避免信徒在诠释《圣经》上陷入混乱以及走向异端,并为他们提供一个正确的参考框架,以便他们能够更容易把握《圣经》,新教领导人采取了三种措施。② 第一,编写旨在教育新教信徒并向他们灌输基督宗教的实质的"教义问答"(catechism),对教徒阅读圣经进行指导。针对普通信徒,路德编写了《基督教大教义问答》和《基督教小教义问答》,就基督教所必须掌握的知识,例如十诫、使徒信经、主祷文以及圣餐礼,给予了清楚明晰的阐释。加尔文对路德的《教义小问答》推崇备至,以之为典范,而他自己编写的《基督教要义》内容清晰,在《圣经》引用上非常娴熟而且富于说服力,使得读者感到只要有了它和《圣经》这两本书就能了解基督教和改革宗教义的全貌。第二,通过召开会议达成有关《圣经》的解释和教义的决议。新教运动开始之际,并不主张以会议决议的方式来处理《圣经》的问题,可是由于《圣经》诠释上的分歧越来越严重,人们不得不召开会议来解决《圣经》诠释上的争端。1523 年,苏黎世市议会举行公开的辩论会,讨论茨温利的"六十七条结论"。此次会议开了新教通过会议决议的方式来决定某种对《圣经》的解释是否符合圣经的先河。第三,对教徒阅读《圣经》和解释《圣经》的范围加以限制。由于担心文化程度低的人在解释《圣经》时会出现偏差,而且带来严重的社会和政治后果,所以新教领

---

　　① 参见奥尔森:《基督教神学思想史》,吴瑞诚等译,北京大学出版社 2003 年版,第446 页。
　　② 参见张庆熊:《基督教神学范畴——历史的和文化比较的考察》,上海人民出版社 2003年版,第110—112 页。

袖主张,一般的教徒甚至无须阅读《圣经》,只需要看看教义问答之类的书籍便可,即便要阅读《圣经》,也要以教义问答为指导。

新教的这三大措施其实是回到了天主教的传统。本来以《圣经》的权威反对教皇和天主教大公会议的教义,现在也召开会议制定教义。本来主张以对上帝的直接信仰来反对教士解释《圣经》的垄断权力,现在也编写解释《圣经》的指导手册。天主教以托马斯·阿奎那的《神学大全》为《圣经》解释的规范读本,新教的路德派便以路德的《教义问答》为指导,加尔文派则以加尔文的《基督教要义》为根据。这样一来,"惟独圣经"的口号变成了惟独路德或加尔文的解释,堕入了新教所反对的天主教的独断,走向了宗教改革所倡导的个人自由诠释圣经的反面。

值得注意的是,路德虽然提出了"惟独信仰",可是这并不意味着他像德尔图良那样主张信仰主义,反对对信仰进行解释。路德所谓的"惟独信仰",针对的是信徒的得救问题,是他对保罗的"因信称义"的重新发现。也就是说,信徒要在上帝面前称义,必须依靠内心对上帝的虔诚信仰,而不是依靠罗马天主教会所说的购买赎罪券等外在事功。实际上,路德本人撰写了大小教义问答以及《施马加登信条》等材料来阐释他的信仰,以规范信徒的信仰。

与路德相类似,新教各派的教会为了阐明本教派的信仰主张,与其他教派划清界限,纷纷制定了属于本教派的信经。信经就是阐述基督教信仰的核心内容的条文。新教运动中出现了很多信经,如路德派起草的《奥格斯堡信纲》(1530),英国的圣公会在伊丽莎白一世临朝之时规定的《三十九条信纲》(1563),以及英国内战期间加尔文派所制定的《威斯敏斯特信条》(1647)。宗教改革时期大量信经的出现有很多原因。一方面,为了回应天主教的挑战,新教各派必须阐释本派的信仰,拟定简明的信仰规范,以便证明新教信仰并不只是内心的虔敬,也能够以命题的形式阐释出来,而且还可以对之进行推理论证。另一方面,新教各派的教会大多成为国家教会,所以有必要为本国信徒确立信仰的基本内容,明确信仰的标准,同时维护本教会在教义上的一致性,更有利于区分其他教派。

　　除此以外,信经的大量出现还和加尔文有很大的关系。在《基督教要义》中,加尔文批判了中世纪的"隐性信仰"(Implicit Faith,即默信),主张"显性信仰"(Explicit Faith)。他指出,中世纪的神职人员大都认为三一论的教义过于复杂和神秘,并不能为所有的教徒所理解,于是他们鼓励在智识上存在局限的广大信众去相信教父们关于教义的阐释。在他看来,中世纪的信仰是"隐性信仰",在本质上是指对教父提出的教义的信仰,即对神学家的信仰的信仰。加尔文否认了这种对作为上帝和人之间的中保的教会的信仰,主张真正的信仰就是信上帝和基督。然而,在实际的宗教生活中,这种对上帝和基督的"显性信仰"却渐渐蜕变为对某种信经或告白的信仰。这些教义问答和信经的出现表明,基督教信仰的对象逐渐被客观化。人们在相信圣经的同时,还把他们的信仰对象固化为一套教义体系。

　　2. 主观意义上的信仰:从信靠到相信

　　除了信仰的客观对象发生变化之外,信仰在主观意义上也发生了变化,逐渐重视正确的信仰,并从强调拯救意义上的信靠转向强调认识论意义上的相信。

　　路德曾经用坐船过海的比喻说明认识论意义上的信仰和拯救意义上的信仰,更强调后者。和路德一样,加尔文认为信仰是坚定的信念,能够使人得救。然而和路德不同的是,加尔文明确地提出信仰应该寻求理解,并鼓励教徒对上帝的意志和良善有明白确定的认识,而不是盲目地"默信"自己不了解和不研究的事情。在《基督教要义》第三卷第二章中,加尔文专门对信仰的含义和性质进行了界定。他说:"信仰不在于无知,而在于知识,不仅是关于上帝的知识,也是对神圣意志的知识。"信仰和理解联系在一起"。"信仰是对神的仁爱的一种不变而确实的知识,这知识是以基督那白白应许的真实为根据,并藉着圣灵向我们的思想所启示,在我们心中所证实的。"①

加尔文强调信仰是对上帝和基督的知识,但是这种知识依然是拯救意义上的,不是认识论意义上的知识,也并不意味着信仰是人的理性认识的对象。虽然在当时的宗教信仰实践中,由于上文所提及的种种原因,这种作为知识的信仰已经逐渐转化为对信经的信仰,信经所规定的正确信仰却不是独立无依的理性认识的客观对象。首先,作为知识的信仰是关于上帝的意志的知识的信仰,而上帝的意志是人无法揣度的,所以人需要在上帝白白赐予的礼物的援助之下,才能获得令人得救的知识和确信。其次,按照加尔文主义的全然败坏说,人的理性能力已经遭到玷污,有所亏欠,所以人无法认识上帝的意志。这一点在新教的信经中有充分的体现。例如,《三十九条信纲》中第十八条说:"若有人胆敢说:无论人信甚么理,奉甚么教,只要他能按着所信的理,和自然之光奋勉而行,就可以得救;那么说这话便该受谴责,因为《圣经》上明白指示,人惟靠耶稣基督之名,才可以得救。"②所以,加尔文所说的"信仰即知识",并不是指认识论意义上的知识,更不是指相信或接受某套信仰定则就能使人自动被拣选从而得救。

不过,加尔文神学体系中的内在矛盾以及阿明里乌对加尔文的观点的批判和纠正,促使信仰成为客观的认识,而不再停留于主观的体验。随着阿明里乌派对加尔文的败坏说和预定论的反驳,这些"使人得救的知识"不再只是上帝采取主动并且早已预定某些被拣选之人所能获得的知识,而是开始进入了人的理解范围。③阿明里乌指出,加尔文主义中的全然败坏和有限救赎,存在着内在的矛盾。如果上帝事先已经预定了谁将得救,谁将下地狱,那么人的自由意志就在人的得救过程中毫无用处。这

---

① Calvin, John, *Institutes of the Christian Religion.* Louisville: Westminster John Knox Press, 2005.

② 《历代基督教信条》,(香港)基督教文艺出版社 1999 年版,第 219 页。

③ See Harrison, Peter, "*Religion*" *and the* "*Religions*" *in the English Enlightenment*, Cambridge: Cambridge University Press, 1990, p. 30.

意味着人自身的道德责任就被勾销了,而上帝将承担所有的道德罪恶的沉重责任。这样一来,上帝的预定与上帝的良善和正义便发生了矛盾。加尔文还强调有限救赎,认为耶稣只为被拣选之人而死。然而《新约》中很清楚地写着,耶稣为众人而死,这与有限救赎说存在着明显的矛盾。此外,加尔文强调"神恩独作论",认为世人的救赎完全取决于上帝的恩典,救恩不是人可以自由选择或接受的恩赐,也就是说人不可能凭借积极自由的认识上帝的活动而获得救赎。可是,"按照加尔文的思维模式,唯有罪人接受救恩的方式并非自由和积极的选择,而是无条件与不可抗拒的授予,才是真正借着恩典得到的救恩。并且,唯有事先预定并在永恒里命定的,才是真正的救恩。"①因此,如果有人认为可以通过积极地表现而获得救赎,这在加尔文看来便是剥夺了上帝的至高主权,使得上帝对人的救赎取决于人的自由行动。

针对于此,阿明里乌提出"有条件的预定"和"先行的恩典"两个重要概念,既让人在得救过程中起到一定的作用,又避免完全靠事功得救的佩拉纠主义。"有条件的预定"是指上帝的永恒目的就是拯救所有相信耶稣基督的人。正如"阿明里乌信经"第一条所言:"上帝用那在他儿子耶稣基督里永恒不变的旨意,在创立世界以前,便已在基督里面,为基督的缘故,并且借着基督,从堕落和有罪的人类中,决定拯救那些因圣灵的恩赐,而相信他儿子耶稣,并在这个信和信的顺服中恒忍到底的人。"②"先行的恩典"是指神提供给所有人的恩典,也是罪人获得救赎所不可或缺的恩典。由于是先行的恩典,所以恩典是可以抗拒的。但是,只要人不抗拒,借着信心让它在生命中运行,这个恩典才能使人称义。这里的"不抗拒"不是道德上的善行,而是单纯的接受,是人对某些教义表示同意和接

---

① 奥尔森:《基督教神学思想史》,吴瑞诚等译,北京大学出版社2003年版,第503页。
② 《历代基督教信条》,(香港)基督教文艺出版社1999年版,第305页。

受。① 这种同意和接受正是认识论意义上的相信,而有了这种相信,上帝就被免除了让人遭受永罚的尴尬,人也不需要为了得救而不得不在道德实践上建立事功。由此,阿明里乌的阐释将加尔文严苛的"神恩独作论"变成了"神人合作说",获救不再完全依靠不可理解的上帝,而是部分取决于人的客观认识和同意。在阿明里乌去世以后,他的跟随者们在1610年把他的观点总结为"五大信条",并称自己为"抗辩派"(Remonstrant)。虽然多特会议(1619)把所有的抗辩派分子视为异端,但是仍然无法阻止他们对欧洲产生重大影响。在英国克伦威尔引导的清教革命之后,加尔文主义渐渐式微,而阿明里乌主义慢慢成为英国新教神学的主流。

　　质言之,阿明里乌的"神人合作说"导致得救的真理不是上帝和选民之间不可言说的神秘交往,而是成为了可以谈论、可以承认也可以否认的命题,而且只要同意和接受这些命题,便可以得救。正如哈里森所言,"信仰从此不再是"同意"(assensus)和"信靠"(fiducia)之间不可捉摸的平衡:"同意"战胜了"信靠"②。关于这一点,我们可以从17世纪出现了的不绝如缕的对信仰命题或者定则的讨论中明显看出。自然神论者赫伯特提出宗教的五大"共同观念",认为这五大观念才是信徒得救的信仰原则。1658年,托马斯·罗杰斯的《英国信条》的第二版出版。在这本关于《三十九条信纲》的评注中,作者把英国的信仰、教义和宗教解释为"以命题形式分析出来"的信条。同一年,加尔文派的著作者理查德·扬出版了《通往恩典和救赎的简短确定之路》,旨在简化和澄清宗教问题。他列举了三条基督教信仰的基本原则,认为这就是信徒必须相信的核心教义,可以让成百万的人逃脱地狱。最合适的例子应该是英国哲学家洛克。他对于各种神学教义和体系深为不满,于是亲自仔细阅读《圣经》,以便弄

---

　　① See Harrison, Peter. *"Religion" and the "Religions" in the English Enlightenment*. Cambridge:Cambridge University Press,1990,p. 23.

　　② See Harrison, Peter. *"Religion" and the "Religions" in the English Enlightenment*. Cambridge:Cambridge University Press,1990,p. 24.

清楚什么才是得救所必须相信的基本命题。1695 年,洛克在《基督教的合理性》一书中明确提出,从《圣经》的福音书来看,要成为基督徒,只需要同意和相信耶稣是弥赛亚这唯一的命题原则,如果加上实践上的忏悔,他便可以得到永生。到了洛克这里,以命题形式出现的宗教信仰准则的数目已经降低到了最低限度。当宗教信仰不仅仅是内心的虔诚或宗教的神秘体验,而是体现为对一套确定的教义体系的认识和同意的时候,宗教的认识论转向就算最终完成了。

路德和加尔文都将《圣经》奉为权威,主张信徒直接阅读《圣经》以获得信仰,极力推崇拯救意义上的信仰。他们的这种具有神秘主义色彩的信仰主张在某种意义上唤醒了个人探索宗教真理的自我意识和自信,但是信仰却不能只是停留于个人的宗教体验,而是仍然要寻求被表达和客观化。因此,信仰的认识论意义仍然不可避免地在实际信仰生活中显现出来,信仰的对象逐渐成为某种客观的信仰命题或定则,信仰则变成了对这些命题的认识和同意。

二、神学家论理性和信仰

宗教改革运动之后,新教否认了罗马教皇和教会的权威,惟独尊崇《圣经》,可是由于《圣经》的意义远非明晰确定,所以对《圣经》的不同诠释导致了新教内部在教义上四分五裂。于是天主教的护教者再次声称,只有以天主教为基督信仰的唯一权威,才能避免宗教混乱。新教不甘落后,又提出"内在的确信",认为"内在的确信"是神圣启示的标记。"内在的确信"把对上帝的信仰由对教会的外在信仰转变为对心灵的内部信仰,意味着个人心灵和意识的觉醒,对于整个欧洲社会都具有深远的影响。但是,作为一种信仰标准,新教的"内在的确信"仍然和罗马天主教一样要求信仰的"绝对无误性"。与此不同的是,17 世纪英国的神学家们虽崇奉理性宗教,却普遍坚持"合理性"的宗教,否认信仰可以达到"绝对无误性"。英国国教的神学家们大都在四个方向上坚持信仰的合理性。
第一,强调并发展了阿奎那的自然神学传统,主张理性可以在启示之外独
立发现某些宗教真理,例如上帝的存在和属性,以及人的灵魂不朽。在
17 世纪后期,随着科学的发展和反对无神论的必需,神学家们开始从自
然的和谐和秩序中证明上帝的存在。这就是设计论证明和自然神学。第
二,在启示神学上,他们不遗余力地发展了设计论证明(自然神学)和具
有强烈证据主义色彩的以奇迹和预言来证明启示的论证。第三,他们还
清醒地看到,坚持"绝对无误性"作为宗教真理的判断标准,只会带来宗
教上的独断论并由此会引起宗教迫害和社会动荡。所以,他们提出以
"道德上的确定性"取而代之,主张或然性的判断也具有一定的真实性。
第四,宗教信仰的合理性并非只是通过理性来发现充足的证据来证明正
确的教义,或者在没有绝对无误性的证据时依据"道德上的确定性"给予
同意,还在于道德上的践履。基督教之所以是"合理性"的,正是在于它
能够促进人们道德上的完善。

1. 自然神学

剑桥柏拉图学派是第一批在新教传统内构建系统的自然神学的神学
家。和胡克与齐林沃斯着眼于教会建制不同,他们主要是从神学角度来
阐释上帝的存在和属性以及人的灵魂不朽性。卫齐科特把宗教真理分为
两类:"第一次镌刻"和"后来的启示"。第一类是自然的、永恒的和必然
的真理,是上帝在创世之初在自然和人心之上留下的,包括上帝存在,我
们应该荣耀他,以及"己所不欲,勿施于人",等等。第二类是启示的、历
史和偶然的真理,包括原罪和透过耶稣的救赎。第一类是自然神学的
对象,是理性独立无依便可以发现和推论出来的。第二类是上帝的意志
的结果,是启示的对象,并非理性的发明,只能在权威或历史证据的基础
上相信。不过,理性和启示之间并不是内容上的不同,只是同一宗教真理
传达的不同方式。以理性为认识途径的"第一次镌刻"是通达启示的准
备,自然知识先于信仰。既然信仰是相信某物具有神的权威,那么必然预

设对上帝存在的相信,我们也只能以自然理性先确证上帝的存在。在卫齐科特看来,基督教的核心教义是罪人通过耶稣得到救赎,而理性可以证明这个教义。其证据有三:第一,我们都是罪人;第二,我们都需要被宽恕;第三,上帝会因为我们的忏悔而宽恕我们。这些证据都可以从《圣经》中得以确立。不过,理性虽然能够证明启示真理,却无法自主地发现启示真理。

关于启示,卫齐科特认为,上帝的自我启示并未在使徒时代以后完全停止,其形式也不只是局限于《圣经》。对于那些过着理性生活的人而言,上帝才是启示的真正来源。《圣经》的作用不过是印证和辨认出哪些人通过理性所发现的真理。他说:"上帝的文字既不是关于人的职责的第一次揭示,也不是唯一的揭示。它只是把那些散落四方并为人忽略的关于上帝创世的原则收集起来,加以重复和强化而已。"①不过,卫齐科特只是试图把理性和启示作为出自于同一来源的两类有效真理统一起来,从来没有打算让理性超越启示。

秉承着剑桥柏拉图学派的传统,英国安立甘宗自由派继续发展自然神学。提洛特森把宗教归结为几条自然原则:(1)有一个上帝存在;(2)他要求人过有德的生活;(3)上帝将赏善罚恶。不过与此同时,他又不无谨慎地强调,自然宗教必然需要启示的补充。正如提洛特森所言:"自然宗教是一切启示宗教的基础,启示被设计出来,只是为了确定自然宗教的职责。"②安立甘宗自由派通常先构建一套合乎理性的信仰体系,然后证明这套信仰体系实际上和启示传统保持一致。理性建立的体系由于和启示完全相同,所以自然宗教的合法性得以确立,而同时启示宗教也因为自然宗教的证据而得以维护。这种自然宗教观离廷得尔的自然神论只有一

---

① Tulloch:*Rational Theology and Christian Philosophy*. Vol. II,100,in Basil Willey: *The Seventeenth-century Background*,London:Chatto & Windus,1934,p. 126.

② 提洛特森:《讲道集》第 1 卷,转引自利文斯顿:《现代基督教思想》,何光沪译,四川人民出版社 1999 年版,第 26 页。

步之遥。

2. 设计论证明和从奇迹、预言出发的论证

利文斯顿说:"18 世纪的护教学说集中在两个基本的有神论证明上,即从奇迹和预言出发的论证以及从设计出发的论证。"①实际上,设计论证明和从奇迹、预言出发的证明并不只限于 18 世纪,同时也是 17 世纪中期以后特别流行的论证方法,体现出证据主义的特色。在 17 世纪末、18 世纪初,安立甘宗自由派根据自然的秩序,还发展出了一种设计论论证,其表现形式是自然神学(Physico-theology)。约翰·雷(John Ray,1627—1705)的《受造物中上帝的智慧》(1691)就是其中非常有名的代表。雷是近代植物学和动物学的奠基人。他反对机械唯物论,认为物理世界的运动规律难以解释自然界中动植物的结构和发展以及它们对环境的适应能力。为了解释"生命的运动"和物种的存在和保全,雷提出"植物性的心灵"和"可塑自然"②,以解释自然中出现的"错误和拙劣",免去了上帝亲自动手事必躬亲的任务。针对动物世界中的种种奇观,例如蜂窝的构造、鸟类哺育幼雏的细致、动物中雌雄数目比例的平衡,他认为这不再是简单的"可塑自然",而是上帝的智慧的体现。因此,研究自然就是"通往神圣的准备工作"。无论是从显微镜下俯察一滴水的运动,还是仰观雄伟的高山,无不让人感受到神圣创造者的伟大和智慧。上帝已经把人放在了这个"辽阔齐备的世界",而这个世界不再是烈怒的上帝在惩罚了人之后留下的废墟,而是所有世界当中最好的一个。另外一部著作则是威廉·杜尔姆(William Derham,1657—1735)的《自然神学》(1713)。杜尔姆既是一个牧师,也是皇家科学会的会员。他的这本书以简单清晰的形式证明了上帝的存在,在半个世纪之内印刷 12 版。该书主要列举了地球地貌

---

① 利文斯顿:《现代基督教思想》,何光沪译,四川人民出版社 1999 年版,第 105 页。

② "可塑自然"(Plastic Nature)先是被赫伯特提出来,后来又被剑桥柏拉图学派用来解释上帝对自然界的运动的控制。约翰·雷也采用了"可塑自然"的概念,"可塑自然"是上帝的代理,虽不是上帝本人,却是上帝的精神受造物,既维持物质的存在,又控制其运动。这个概念不仅突出了精神的重要作用,又将万物融为有机整体。

的特点和生物,夹杂了许多虔诚的赞叹。"地球之伟大,任何比上帝更渺小的人都难以创造出来。"从亚里士多德到西德尼,无不认为自然劣于人工或艺术,可是在 18 世纪,这个观念被倒转过来,"让我们环顾四方……它们无不是那无限的工匠的最佳见证。它们大大超过了所有人间的技艺,与它们相比,最高超的艺术家的最为精美的作品都只不过是拙劣粗俗的作品。"①

　　在 17—18 世纪,利用奇迹和预言来作为基督教启示的证据是非常普遍的。乌斯特主教斯第林弗利特(Edward Stillingfleet)经常诉诸理性来捍卫启示,并用纯理性的方法来证明启示概念的可信性。他认为,摩西历史之所以是真实的,是因为它是合理的。在他看来,上帝在创世之初便已经显明了他的计划和意愿。对于上帝的启示,虽然理性可以给予支持,却无法凭着事物的本质来证明这些启示内容的真伪。那么,如何确保我们不被欺骗呢? 只能通过奇迹。摩西在宣布上帝的律法的时候,他行的奇迹可以证明这些律法确实源自于上帝。提洛特森在"论基督教的确证中造成的奇迹"的布道文中,对于奇迹在何种限度内可以证明教义的真理性和神圣性进行了分析。他说:

　　　　使人因一种宗教乃出于上帝而心满意足的,必然是两件事情的共同作用。其一是,宣布该宗教的那个人是否为自己的神圣权威性提出了证明,就是说,是否证明了他是为此目的而受上帝派遣和委托的。其二是,在他所宣布的宗教当中,是否不包含任何与上帝性质显然不符的东西。……因为,即使一种教义自身前所未有地合理,也不能因此而肯定证明它出自上帝,除非对之有来自天上的证据;因为它也可能是人类的理性和论说的结果与产物。而且,即便一种教义已

---

　　① Willey, Basil. *The Eighteenth-century Background: Studies on the Idea of Nature in the Thought of the Period.* Harmondsworth: Penguin, 1962, p. 72.

为奇迹所证实,它的内容仍然可能是如此地不合理和荒谬……以致任何奇迹也不足以确证它……

因此,提洛特森的奇迹证明就在于,如果某奇迹带有"神的权威之证明",而且无内在矛盾,那么奇迹就可以作为外部证据来证明一项教义。①

3."道德上的确定性"

齐林沃斯在 17 世纪 30 年代提出了许多重要的宗教观念,使得宗教信仰的认识维度得到加强。齐林沃斯运用传统的经院哲学区分了三类范畴:知识、信仰和意见。知识或者科学包括数学证明和形而上的公理,通常都是正确的,所以人不得不表示信服。信仰则与知识不同,因为人们对某个信仰的信服,取决于证据,缺乏像知识那样让人们不得不信服的力量。不过对于意见与信仰,齐林沃斯并没有进行严格区分,只是指出意见具有比信仰更少的证据。

接下来,齐林沃斯考察这三类范畴的确定性问题。他认为,确定性分为三类:第一类是"绝对的绝对无误性",唯有上帝才能获得;第二类是"有条件的绝对无误性",这是人类所能达到的最好情况,通常只有在数学推理和形而上公理中才能实现,即知识;第三类是"道德上的确定性",关涉那些只能相信却无法知道的事情,指有理智的人在思考问题时所作出的分析,还包括法庭审理、历史、商人的决策以及宗教等。齐林沃斯引用亚里士多德在《尼各马可伦理学》中的一句话作证:"受过教育的人的标志是在各类事情中寻找该事物本性所能允许的精确性。"②所以,我们不能期待从每件事情中都获得数学上的确定性,而是应该承认每门学科具有不同程度的确定性。在他看来,怀疑论的缺点就是要求每件事情都要具备同等程度的确定性,如果发现它不能达到这种确定性,便对之全盘

① 参见利文斯顿:《现代基督教思想》,何光沪译,四川人民出版社 1999 年版,第 27 页。
② Aristotle, *Nichomachean Ethics*, Book I, Chap. 3, 1094b, in Barbara Shapiro. *Probability and Certainty in Seventeenth-Century England*. Princeton:Princeton University Press,1983,p. 81.

否定。所以,我们要拒绝绝对无误性,满足于事物本身所允许的确定性。另外,我们之所以相信某事物,主要是因为它是有用的,有利于实现我们的目的,并不一定需要它具备充足的证据。由此,对某事物的相信从两个方面上看是合乎理性的:第一,有足够的证据来证明它是真理;第二,它是我们实现某个目的的必要途径。因此,宗教信仰和其他日常事务一样,并不具备绝对无误的确定性,只能以证据为基础获得"道德上的确定性"。

　　关于《圣经》的诠释就只能获得道德上的确定性。在他看来,对《圣经》的信仰就是根据启示者的权威对神圣启示的同意。① 这种信仰并不等同于知识,缺乏数学或科学的确定性,只是一种"意见",所以就像所有的意见一样,其立论的强弱和有效性取决于证据。② 齐林沃斯并不否认神圣恩典可以带来比理性更高的确定性,但是在小心翼翼地维护新教教义的同时,他认为恩典只是上帝给信徒的奖赏,这和上帝对所有人的要求是完全不同的。上帝只是要求信徒在信仰问题上根据理性而定。齐林沃斯认为,对《圣经》的理解无须权威性的解释,即便人们在《圣经》理解上分歧倍出,这些不同的理解都属于"意见"的范畴,不会造成太大危害。和任何一本书籍相同,《圣经》是"既聋又哑,毫无生命"③。人类对《圣经》的理解与法官对案件的审理十分类似。法官在宣布判决以前,需要倾听对立双方的不同意见并作出自己的分析。个人对于《圣经》的判断也是如此,需要调动所有的推理能力,以证据为标准来进行判断。因此,人在追寻宗教真理时必须充分利用理性能力,并且到最后只能接受与理性相契的信仰原则,即便偶尔犯错,也无关紧要。这就是说,宗教的本质不在于个人选择信仰什么教条,而是在于选择如何去信仰。个人成为了宗教权威的来源,只要是在运用了思考的能力以后真诚地去相信自己

---

① 此处理解与洛克在《人类理解论》中对启示的理解非常相同。

② See Chillingworth: *Religion of Protestant*, I, i, 7-8, in Frederick C. Beiser: *The Sovereignty of Reason*. Princeton: Princeton University Press, 1996, p. 126.

③ Chillingworth: *Religion of Protestant*, I, i, 7-8, in Frederick C. Beiser: *The Sovereignty of Reason*. Princeton: Princeton University Press, 1996, p. 126.

的结论,无论这个结论是否正确,都无关紧要。上帝不会因为我们未能抵达真理而惩罚我们。他只是要求我们在信仰问题上付出探索真理的努力。

安立甘宗自由派也否认了"绝对无误"的真理观。他们反对独断论和怀疑论以绝对无误性作为信仰的基础。在他们看来,真正的信仰并不具有绝对无误的确定性。只有上帝才能达到绝对无误性,而人在宗教信仰中以比较可靠的或然性判断为基础是完全合适的。即便是信仰和启示也只能具有"道德上的确定性",正如提洛特森所说:"如果有人主张,人在世俗事务中固然只能依据道德的确定性前进,却应该在追寻天国避免地狱时具有更大的确定性,这在我看来是非常不合理性的。"[1]

4.道德主义

17 世纪英国的理性主义神学普遍表现出对 16 世纪新教各派之间教义争论的厌倦和反感。他们认为宗教信仰不能单单停留于对上帝属性的抽象思辨,这种苦思冥想对于崇拜上帝而言是徒劳无益的。真正的信仰应该是尽人所能地去模仿上帝,把上帝的善活出来。

在作为剑桥柏拉图学派代表的卫齐科特看来,宗教的本质在于过正直有德的生活。基督不过只是让我们获得道德完善的方式,获救的状态就是道德上的德行。为了获得对上帝的认识,就必须过上帝所要求的生活。安立甘宗自由派对教义争论毫无兴趣,却强调道德上的践履。对于他们而言,基督教只是"关于耶稣基督的生命和奇迹的一个简单故事,关于他如何死在十字架上、又死而复活、升入天国,以及一些简明的生活准则"[2]。和剑桥柏拉图学派一样,自由派区分了宗教中的基本内容和非基本内容。宗教的基本内容就是基督教的本质要义,如上段所提及提洛特

---

① Burns, R. M. *The Great Debate on Miracles: From Joseph Glanvill to David Hume*. London: Bucknell University Press, 1981, p. 40.

② Sullivan, Robert E. *John Toland and the Deist Controversy: a Study in Adaptations*. Cambridge: London: Harvard University Press, 1982, p. 57.

森的三条自然原则,主要在于道德实践,要过"虔诚的生活并且忏悔"。那些非基本内容包括礼仪典制、祷告方式,以及大多数引起争论的教义。他们的逻辑就是既然这些教义曾经引起人们的纷争和不一致的意见,那么不可能是基本要义,也就是说对于得救并不是必需。自由派大大扩大了非基本内容的范围,以至于基本内容就只剩下了自然宗教的原则和道德原则。以这种约减主义的区分为基础,他们认为基本要义就是基督徒所必须相信的具有确定性的内容,而非基本内容属于意见的范畴,所以对于这些意见进行神学争论是可以允许的,也应该给予一定的宽容,却断不能因为彼此的不同而进行宗教迫害。另外,基督在他们看来也是一个道德模范,毫无人性的弱点和不完美,是众人效法的榜样。

三、自然科学家论理性和信仰

在英国,17世纪下半叶是近代科学早期发展最为重要的时期。自认为站在巨人肩膀上的牛顿综合了开普勒、伽利略、波义耳(1627—1691)等科学家的先前研究成果,澄清了许多模糊的物理概念,并于1686年在其《自然哲学的数学原理》中提出了万有引力学说,只用一个简单的原理就把大到日月星辰的运行小到苹果坠地的大千自然世界,统统纳入了一个可以用数学公式加以定量分析的和谐体系中。自然世界的齐一性和规律性全部呈现在了人类面前。以牛顿为代表的17世纪自然科学家普遍相信机械论自然观,认为自然是一架大机器,按照一定的规律运转。从逻辑上看,机械自然观必定和上帝对世界的干预(例如启示和奇迹)发生冲突,那么那些具有科学头脑并信奉科学的17世纪英国自然科学家们,似乎必然会反对超自然的启示和奇迹。可是很奇怪的是,我们发现,牛顿的代言人克拉克在和莱布尼兹的论战中却分明强调上帝对世界的时时干预。作为皇家科学会的秘书的托马斯·斯普拉特(Thomas Sprat)声称,自然科学家可以用自己的方式来证明基督教的启示,"如果耶稣的出现没有被万能的上帝那不可否认的标记①所强化,就不会有任何人感到必须相信他。他在宣讲真理时所行的奇迹,我可以大胆地称为上帝的神圣实验。"波义耳也认为奇迹是基督教的"三大证明之一"。② 由此看来,这些科学家们不仅不反对启示和奇迹,反而予以支持。那么 17 世纪的自然科学家们究竟是如何理解理性和信仰的? 他们是出于什么原因并不因为自然规律而排斥违背自然规律的启示和奇迹,反而成为启示和奇迹的辩护者呢?

1. 机械自然观与上帝对自然的干预

17 世纪英国的自然科学家们普遍认为,自然是一架机器,由盲目无意识的物质构成,受机械外力的支配。这种机械论自然观的典型代表是波义耳。他一生撰写了许多著作,阐释他的机械自然观假说,堪称"英国最有影响的机械论哲学宣传者"③。受 1547 年建成的法国斯特拉斯堡大教堂的天文钟的启发,波义耳经常使用钟表的类比来解释自然,并使之成为广为流传的形象比喻。在波义耳看来,自然就像这架大钟,虽然由不能运动、无生命的物质构成,却能够分秒不爽、很有规律地自动运转。如同钟表一样的自然显然预设了一个钟表匠的上帝。波义耳曾经设想过一个人看到一块精巧复杂的钟表时的情景。这个人一定不会认为这块表是一些铁块偶然凑拢而形成的,而是会得出这块表出自某个高超的钟表匠之手的结论。因此,自然证明了自然的创造者的存在。

机械论自然观证明了上帝的存在,这令许多神学家为之欣喜,因为科学发现以具有强大说服力的证据印证了对上帝的信仰。然而,任何一个类比都不是完美无缺的。在钟表的类比中,钟表的滴答行走是由钟表匠

---

① 此处指奇迹或特别启示。

② See Burns, R. M. *The Great Debate on Miracles: From Joseph Glanvill to David Hume.* London: Bucknell University Press, 1981, p. 18.

③ Westfall, Richard S. *Science and Religion in 17ᵗʰ-century England.* New Haven: Yale University Press, 1958, p. 73.

预先设定的,无须他时时调整和矫正。这一点和上帝的神圣旨意并不完全符合。在基督教传统教义中,上帝的旨意(Divine Providence)包括普遍旨意和特殊旨意两种:前者是指上帝对宇宙秩序的创造和看顾,后者则指上帝以父的慈爱照看他的每类受造物,给予滋养、保护并实施奖惩。因此,上帝的旨意不仅涉及灵魂的福祉和得救(指后者),而且还隐含着上帝在物理世界中的频繁活动,例如《圣经》中所记载的那些奇迹和预言的实现等。然而,按照机械论自然观,自然永远按照静止不变的法则自行运转,因果必然律在被上帝赋予自然之后会自动产生作用。因此,上帝的旨意与机械论自然观相矛盾的地方,显然无关乎上帝在精神和灵魂上的工作,而在于他是否对个别受造物进行物质上的管理和干预。

　　关于上帝在创世之后是否继续插手物质自然界的问题,曾经在莱布尼兹和维护牛顿立场的克拉克之间引起一场论战。莱布尼兹认为,世界是由"单子"构成,而单子是不可再分的单纯精神实体。它和灵魂一样具有"知觉"和"欲望",在本性上具有"力"。此外,单子"没有可供事物出入的窗户",所以单子之间彼此独立而且互不影响。但是,由于上帝的预先安排,每一单子各按自己的前定本性发展,又彼此之间产生和谐的关系。这种预定的和谐才充分证明了上帝的智慧。基于此,莱布尼兹批评牛顿的机械论自然观"对上帝的智慧和能力有一种非常卑下的观念",因为如果一个钟表匠时常需要把钟表重新拨一拨和矫正一下,这只能表明他是个坏的钟表匠。① 在答复中,克拉克竭力维护牛顿的立场,认为牛顿的自然观"说一切事物无不在上帝的继续不断的统治和监察之下作成,这不是对他的技艺的贬低而是真正的颂扬",继而驳斥莱布尼兹的前定和谐学说实际上要把上帝排除在世界之外。② 论战双方的宗教立场在争论中真正明朗化了。莱布尼兹否认了上帝在自然中的存在和特殊旨意,

----

① 参见《莱布尼兹与克拉克论战书信集》,陈修斋译,商务印书馆1996年版,第2、1页。
② 参见《莱布尼兹与克拉克论战书信集》,陈修斋译,商务印书馆1996年版,第5页。

却承认上帝作为一个造物主的伟大智慧,从另外一个方面证明了上帝创世这个最大的奇迹。克拉克固然坚持上帝在自然中的存在,但是认为上帝只是在重要的场合才会干预自然界的规律,以温和的方式协调了机械论自然观和奇迹之间的矛盾。究其实质,莱布尼兹和克拉克都是在尽量调和机械论自然观和上帝的特殊旨意之间的矛盾。

自然的机械运转不仅威胁到上帝在自然界中的存在,还可能将人的精神和灵魂排除在自然世界之外。虽然人的精神可以观察和赞叹宇宙的秩序,时常可以对某些物质起到一定的推动作用,但是人已经不再是这个世界的不可或缺的一部分。如同机器一般的自然界可以独立于人之外而运转,无论人存在与否,自然始终运转如常。总之,这种自然观使得物质世界失去了迷人的感性,变成了一个机械和僵化的抽象世界,一个可以通过简单的数学原理来加以精确描述和计算的非人的对象。同样面对着一个机械的世界,莱布尼兹的协调方法是重新诠释上帝的旨意,把神圣旨意解释为上帝在原初创世的仁慈和智慧,而不是上帝对自然的直接干预,也就是说以普遍旨意代替了特殊旨意。牛顿和其他英国科学家则是维护上帝在自然界的插手和统治。虽然他们之间在上帝插手自然的具体形式和方法上有所不同,但是他们的主要目的无不是要强调上帝的存在和智慧,维护特殊旨意的存在以及精神对物质的优先性,而且坚持上帝并不是时时刻刻都要去插手,而是在非常重要的、偶尔的场合才会去干预。

和牛顿以及克拉克一样,许多17世纪英国的自然科学家一方面在自然科学领域内讨论具有严整齐一性的自然规律和不可逆转的自然秩序,另一方面却在自然科学与上帝干预自然之间发生矛盾时,不愿意严格推理下去,坚持上帝对自然的偶尔修正,竭力为上帝的启示保留一定的空间。那么接下来不可避免的问题便是,究竟是什么导致了他们采取这样的方法来调和自然规律和上帝干预这种逻辑上的明显矛盾?或许他们只是出于宗教的虔诚,或许在那个特定的年代,他们还没有像现代人这样迷信科学从而以科学标准来判断一切,或许这只是近代的人试图将自然和人重新统一起来的努力,"体现了自然科学家作为一个人面对机械的、数学的非人的世界图景所感到的'寂寥',以及想把精神的、能动的和美的东西和这个抽象的自然对象统一起来的努力"①。更或许,我们需要注意引导这些自然科学家在自然探索中取得巨大成功从而推动科学繁荣发展的对理性的理解和认识论。

2. 温和经验论与理性

伯恩斯(R. M. Burns)认为,皇家科学会成员的科学方法中隐藏着一系列重要的哲学认识论的预设,并称之为"温和经验论"②。他把这些科学家的认识论立场总结为五条:第一,在怀疑论和独断论之间开辟出一条中间路线。第二,强调或然性判断的价值,主张逐渐向真理迈进。第三,对或然性判断的强调旨在肯定日常认识过程的可靠性和有效性的肯定,当然它也存在很大的局限和缺陷。第四,反对先验方法论,反对把科学研究看做是按照严格规则推理的过程。科学认识的过程中充满创造性的跳跃、发现和发明,所以在本质上并不具有规则性。在某种意义上,他们反对唯理性主义(rationalism),而是主张合理性(reasonableness)。第五,强调科学活动的公有性(communality),应该积极评价他人的报告。③

这种温和的经验认识论反对独断论和怀疑论。斯普拉特曾经在《皇家科学会的历史》(1667)这部被视为皇家科学会的宣言的著作中,写道:"科学会的会员们一方面小心翼翼地避免在因果律上作出独断的推论,另一方面又千方百计不堕入思辨的怀疑论。"这里的独断论是指传统的经院哲学和笛卡尔的唯理论,它们都把先验假设带入经验的探究中,对探索自然的过程起到干扰和破坏作用。独断论的错误根源在于过分相信人

① 陈修斋主编:《欧洲哲学史上的经验主义和理性主义》,人民出版社 1986 年版,第 20 页。

② Burns, R. M. *The Great Debate on Miracles: From Joseph Glanvill to David Hume.* London: Bucknell University Press, 1981, p. 19.

③ See Burns, R. M. *The Great Debate on Miracles: From Joseph Glanvill to David Hume.* London: Bucknell University Press, 1981, pp. 31–32.

的智力和能力,故而导致把偏见看做是理性的成果,而且在对某理论进行实验和经验的论证之前便仓促地加以接受。怀疑论者和独断论者有着共同的前提,即认为一切真知识都是绝对清楚、毋庸置疑的。怀疑论者与认为真知识必然存在的独断论者相反,认为我们永远也不可能获得确定可靠的知识,并且主张悬置认知和判断。对于怀疑论者而言,既然感官认识经常是错误的,那么我们就无法肯定我们在某种情况下的感官认识是否是正确的。即便是数学推理也不能免于错误,我们常常在进行错误的数学推算时对于自己的错误毫不知情。所以人类永远也不能知道自己是否正确。不过,怀疑论和独断论虽然互相对立,却也两极统一。笛卡尔的独断论正是建立在怀疑论的基础之上。他把怀疑贯彻到底,找到了无可怀疑的自我意识,并以此为基础建立了清楚明白的知识大厦。

自然科学家们要在独断论和怀疑论之间找到一条认识论的中间路线。与独断论相反,他们强调理性的软弱和局限。波义耳常常在对理性大加赞美的时候,又不断流露出对理性缺乏自信。他总是提到"我们昏暗和狭隘的知识",认为我们的智力是受限的。[1] 与怀疑论相对,他们肯定人的理性认识的可靠性,高扬理性的作用。这种中间路线使得科学家们一方面有信心对自然进行永无休止的探索和发现,另一方面又令他们提醒自己知识和理性能力的有限,从而不断进行小心的自我批评;一方面避免了独断论的自负狂妄,另一方面避免了怀疑论的理智瘫痪。

在保持理性探索和自我怀疑的平衡上,自然科学家们不是像独断论和怀疑论那样要求绝对无误的真理观,而是肯定"或然性的判断",主张逐渐向真理靠近。他们认为,由于人的理性的有限,我们不可能在任何事情上都达到数学上的确定性,所以应该满足于或然性判断,而这也并不是什么羞愧的事情。波义耳说:"既然许多真理,如历史真理和政治真理,

---

① See Burns, R. M. *The Great Debate on Miracles*: *From Joseph Glanvill to David Hume*. London: Bucknell University Press, 1981, p. 21.

就其本质而言,明显无法达到数学或形而上的证明,却依然是真理,那么我们就应该对它们表示同意。"①这种或然性的判断带来的虽不是绝对的确定性,却可以获得"道德上的确定性"。关于这种确定性的认识的系统表达,反映在第一任皇家科学会主席约翰·威尔金斯的《论自然宗教的原则和责任》(1675)中。他按照同意的不同程度区分了三类确定性。"物理上的确定性"(physical certainty)取决于感官所获得的直接证据,"数学上的确定性"(mathematical certainty)取决于无误的公理。低于这两类确定性的则是"道德上的确定性"(moral certainty),因为它是对缺乏绝对无误证据的事物的同意。这三类确定性都是平等的,不同的事物要求不同的确定性。对于某个历史人物的存在,不能要求物理意义上的确定性,但是他的存在是和我们凭感官直接观察到的某个人的存在同样是不可置疑的。② 同样,我们也不能要求每件事情都具有数学的确定性。如果在最好的情况下只能提供道德的证据,那么也只能满足于此。他写道:"若是因为某物不能通过那类某物就其自身性质而言所无法达到的证据而得以证明,便怀疑或否认该事物的真理,那这是再缺乏理性不过了。一个人完全可以因为听不见光线或颜色,就否认光线或颜色的存在。"③

在他看来,信仰上的证据便属于"道德上的确定性"。如果人类在宗教问题上只能获得低一级的确定性,而这又关涉人类的得救问题,那么即便有可能会产生错误,那么也不应该不给予同意。在威尔金斯看来,要求信仰获得前两种确定性是不明智的,而在信仰未能获得绝对无误的确定性的时候选择信仰,才是真正的品德。他对上帝的存在所进行的自然神

---

① Burns, R. M. *The Great Debate on Miracles: From Joseph Glanvill to David Hume*. London: Bucknell University Press, 1981, p. 24.

② See Westfall, Richard S. *Science and Religion in 17th-century England*. New Haven: Yale University Press, 1958, p. 164.

③ Burns, R. M. *The Great Debate on Miracles: From Joseph Glanvill to David Hume*. London: Bucknell University Press, 1981, p. 26.

学证明,也进一步证明了这个观点。在他看来,有四个证据足以证明上帝的存在:所有时间和地方的人的普遍同意,自然世界从无到有的过程,自然世界的精美结构,以及上帝管理世界的工作。这些证据的确定性不是物理意义上的,因为人无论如何也不可能对一个无形体的上帝的存在有直接的感官证据。这些证据的确定性更不是数学意义上的,绝非是绝对无误的。实际上,这些证明还有循环论证之嫌,并不是确定无疑的证据,因为世界从无到有本来是上帝存在的结果,却反过来又被用做是证明上帝存在的原因。但是,即便这些证据不足,也应该为了自身的利益来相信上帝存在这条对于人而言至关重要的命题。

在对待他人的证据(human testimony)问题上,温和经验论与独断论和怀疑论的区别就更为明显。怀疑论者通常会认为他人的证据并不可靠。他们的推理就是,既然经常不可靠,那么就永远不会可靠,故而他们认为,不应该相信他人的证据。独断论也认为他人的报告不符合绝对无误的标准,故而不应该给予信任。这种对他人的不信任,导致了怀疑论和独断论的"自我中心的困难"。可是,皇家科学会的科学家们却否认这一说法。他们认为,人类对于自然的探索具有公有性质。既然人类的理性有限,那么谁也不能贬低任何个人独立得出的结论,而只有所有人齐心协力才能获得充足的知识并促进科学的进步。这正是他们建立皇家科学会的初衷。当然他们并不是对于他人的报告全盘接受,而是反对缩回自我认识和判断的蜗牛壳,主张拿出一个能够有效地判断他人的认识的可行性标准。[1]

总的来看,在对待理性的态度上,自然科学家们既反对独断论的无所不知,也反对怀疑论的一无所知,而是认为我们不可能获得绝对可靠的知识,却不会陷入对理性的悲观,而是对理性保持着一种清醒、低调但是活跃的信任。在对于知识的判断标准问题上,他们反对怀疑论和独断论的

---

[1]　See Burns, R. M. *The Great Debate on Miracles: From Joseph Glanvill to David Hume*. London: Bucknell University Press, 1981, p. 30.

共同前设,即绝对无误的判断标志,积极评价或然性判断。在对待他人的报告或证据上,他们基本认可他人的报告的有效性和可靠性,但主张对之进行经验的考察和证明。关于信仰,他们认为,应该满足于"道德上的确定性"或者或然性的证据,不应该要求绝对无误性。因此,他们和英国神学家们一样,在理性和信仰的问题上,充分体现了"英国人的审慎",追求"合理性",而不是"唯理性"。

第三节　洛克论理性和信仰

作为英国经验论的集大成者,英国哲学家约翰·洛克对理性和信仰之关系的理解比同时代的自然科学家和自由派神学家往前推进了一步。一般说来,洛克的哲学主要分为经验论哲学和政治哲学。在培根讲出了"知识就是力量"之后,洛克进一步在《人类理解论》中阐述了人的心灵如何获得知识以及人的知识的性质和限度等重要的哲学命题。在《政府论》中,他驳斥"君权神授"说,分析了政府的起源,提出了三权分立的思想。此外,他在《论宗教宽容》中提出政教分离和信仰自由的观念。在他的哲学思想体系中,他关于宗教信仰的思考贯穿始终,占有很大分量。洛克研究的专家约翰·邓恩在分析洛克的神学观对他的政治学的极大影响时指出,"洛克论述中有极大的比例与一系列的神学信仰密切相关"[1]。理查德·阿什克拉夫特认为,在《人类理解论》这部哲学著作中,洛克主要关注的其实是基督教信仰的某些原则,应在这一背景下去理解洛克的哲学观点。[2]

---

[1]　Dunn, John, *The Political Thought of John Locke*. Cambridge: Cambridge University Press, 1969, pp. x–xi.

[2]　See Ashcraft, Richard, "Faith and Knowledge in Lock's Philosophy", in *Problems and Perspectives: a Collection of New Essays*, John Yolton ed. London: Cambridge University Press, 1969, p. 194.

　　洛克关于理性和信仰之关系的论述主要集中于《人类理解论》（尤其是第四卷第 16 章至第 19 章）、《基督教的合理性》以及收录在《洛克全集》中的《论奇迹》。《人类理解论》酝酿于复辟时期，出版于 1690 年，是洛克的认识论哲学代表作。不过，据洛克称，这部著作起源于他和五六个朋友关于"道德和启示宗教的原则"的一场讨论。在这部著作中，洛克主要以认识论为框架探讨了理性和信仰的关系，强调信仰必须以理性为引导和基础，将宗教建立在理性的基础之上，竭力反对宗教以狂热和权威为诉求。《基督教的合理性》（1695）在诠释《新约》的基础上提出了更为明确的启示的概念，说明了启示的内容以及如何确认的问题，进一步澄清了理性和启示的关系，探讨了基督教的"合理性"而非"唯理性"。洛克认为，基督教的基本信仰超越理性之上，带有奇迹和已得到验证的预言的双重证据，可以在道德领域中发挥重要的作用。《论奇迹》创作于洛克生前的最后几年，针对当时一篇关于奇迹的文章继续探讨了奇迹的问题。接下来，将主要以这三篇著述为基础来探讨洛克关于理性和信仰的理解。

　　从洛克的论述来看，理性和信仰是互相独立又互相补充的关系，大致延续了托马斯·阿奎那的神学传统。出于对宗教中的狂热和妄诞的防范，洛克主张把信仰和理性的范围区分开来，从信仰当中为理性划出地盘，因为二者界限不明是导致各种宗教纷争和谬误产生的重要原因。凡是在理性能够提供确定知识的地方，信仰都不要干预，但是对于自然理性所不能确定、且与理性知识本身并不相违的那些命题，就只能求助于启示和信仰。宗教应该建立在理性的基础之上，不能违背明白清楚的理性真理。但是与此同时，洛克也为启示真理进行辩护，因为启示也是真理的来源之一，只会促进理性。总的来说，洛克一方面坚持理性的权威，另一方面也保留了信仰的独立性。

　　首先来看洛克对理性的理解。在《人类理解论》中，洛克认为，人类的认识来源于外部感官和内部反思，是人心对于观念之间的契合或违背的一种感知。但是，由于感官认识和内部知觉行之不远，所以在此之外，还需要理性能力来扩大我们的知识。以通过感官经验所得到的观念为基础,人心可以通过中间概念推断任何两个观念之间是否契合或相违以及这种契合或相违是具有确定性或概然性。人心的这种推论能力便是理性。① 在第四卷第十七章中,洛克着重区分了理性与经院哲学家推崇的三段论式推理。他认为,理性作用的对象是特殊的对象所引起的具体观念,目的是为了给出证明和发现新知识,而三段论只是关于知识的诡辩,无法带来新知识,在论证和概然性方面毫无用处。另外,洛克还区分了理性和直觉,认为直觉直接明白两个观念是否契合,无须证明,也不能加以证明,具有最高的确定性。在这种意义上,理性是一种推论能力,与直觉相对,甚至依赖于直觉所发现的确定性定理。②

　　洛克对理性推崇备至,认为理性"可以透入深海和厚地,把我们的思想提到和星宿一样高,可以领导我们在大宇宙的广厦阔屋中游行"。但是,洛克同时也承认,理性在运用于物质事物时不能穷形尽相,并且人运用理性能力所获得的确定性的知识的范围很狭窄。洛克把知识分为三类:第一类是直觉的知识,第二类是证明的知识,第三类是感觉的知识。直觉的知识具有最高的确定性,指人心不需要借助中间观念就能直接觉察两个观念间的契合或相违。例如,白非黑,三比二多,就属于这类知识。证明的知识是次一级的知识,指通过中间观念推出两个观念是否契合。三段论的推理就是这样进行的。和直觉的知识相比,证明的知识要更为困难,也不如前者清楚明白,但仍具有确定性。感性的知识是通过感觉和反省得到的经验知识,其对象是"外界特殊的有限存在",即可以感知的具体的自然事物,不具有确定性,只具有概然性。在《人类理解论》第十五章讨论概然性时,洛克明确地说,具有确定性的知识的范围狭隘而稀少,我们所奉行的大多数命题都不具备确定性。它们虽然接近确定性,但

①　参见洛克:《人类理解论》,关文运译,商务印书馆1981年版,第666页。

②　See Locke,John. *An Essay Concerning Human Understanding*. Alexander C. Fraser(ed.). New York:Dover Publications Inc. ,1959,p.385.

我们也不怀疑它们,却坚信它们,好像它们是无误地证明出来的。在我们缺乏知识时,概然性的命题可以补充缺陷,甚至指导我们。确定性知识和概然性知识各自范围的巨大差异,暴露了洛克对于理性能力的怀疑。阿什克拉夫特甚至认为,这构成了洛克论证启示的必要性的重要前提。他说:"我们只能对我们自身的存在、上帝的存在和数学定理有确定的知识,但是除此以外,就知之甚少了。在确定性这个狭窄小岛之外延伸着概然性的汪洋大海,而我们大概随时可以预见到上帝的启示把这片汪洋大海分开来。"①

在讨论了理性和知识的确定性和概然性之后,洛克提出了关于信仰和启示的看法。他指出,信仰就是对概然性命题的同意。狭义的知识包括直觉的知识和证明的知识两类,而这两类知识稀少而贫乏。与狭义的知识相对的,则是信仰或意见。后来,在《人类理解论》第四卷第十八章,洛克又以理性和信仰之间的对立为基础明确地提出了关于信仰的定义。他说:"理性的作用是在于发现人心由各观念所演绎出的各种命题或真理的确实性或概然性……信仰则是根据说教者的信用,而对任何命题所给予的同意;这里的命题不是由理性演绎出的,而是以特殊的传达方法由上帝来的。这种向人暴露真理的途径,就叫做启示。"②理性是人心通过自然的官能即感觉或反省得来各种观念,并且演绎出各种命题和真理,并检验它们的确实性或概然性;而信仰却是"以特殊的方式从上帝而来的",对于那些不是依据理性的演绎、而是根据上帝的特殊启示得来的命题的同意。由此看来,理性和信仰的区别在于信仰的命题只有概然性,理性的知识具有确定性,而且还在于二者获得真理的途径不同。关于启示,洛克指的不是普遍启示,或关于自然的秩序和谐的普遍启示,而是指特殊启示,即包含着上帝之道的某些命题或《圣经》。对于特殊启示,洛克进

---

① Ashcraft, Richard. "Faith and Knowledge in Lock's Philosophy", in *Problems and Perspectives: a Collection of New Essays*, John Yolton ed. London: Cambridge University Press, 1969, p. 217.

② 洛克:《人类理解论》,关文运译,商务印书馆 1981 年版,第 689 页。

一步区分为"原始的启示"和"传说的启示"。前者是指上帝在人心上直接印入的印象,毫无界限可言;后者是指用文字语言向他人所传的那些印象。"原始的启示"只能是私密性质的,无论包含什么"人眼所不曾见,耳所不曾闻,心所不曾想的"事物,都是无法言传的。"传说的启示"则是通过平常互相传达思想的途径向别人进行传播。洛克在讨论理性与启示的关系时,通常指的是"传说的启示"。

那么,理性和信仰与启示之间究竟有着怎样的关系呢? 一些学者认为洛克关于这个问题的探讨含糊不清,不甚明了。本书却认为,虽然洛克的相关分析的确不够明确,但是结合《人类理解论》、《基督教的合理性》和《论奇迹》来看,洛克在解决这个问题的努力至少表现为三个方面。

首先,虽然理性在经验范围内所能获得的确定性知识稀少而狭窄,但是却能获得关于上帝的存在的确定的知识,而且后者的确定性甚至等同于数学知识。在《人类理解论》第四卷第十章,洛克论证说,关于上帝存在这个命题,我们可以从自身的存在出发通过推理而得出来。人首先确切地知道自己的存在,而且还凭借直觉毫不怀疑虚无不能产生一个存在物,所以推论出一个自始至终永恒存在的存在者。① 此外,以这个观念为基础,我们还能进一步演绎出这个永恒存在者全能和全知的特性。不仅如此,理性还可以通过感官经验发现自然法。在早年发表的《论自然法》中,洛克证明了人如何通过理性发现上帝,然后推导出立法者的观念,并且得出普遍的道德法则的观念。

其次,洛克为理性和信仰的范围划界。以理性为标准,洛克把命题分为三类:

　　　(一)合乎理性的各种命题,我们可以凭考察自己的感觉观念和反省观念来发现它们的真理,并且可以借自然的演绎知道它们是正

---

① 参见洛克:《人类理解论》,关文运译,商务印书馆 1981 年版,第 615—616 页。

确的,或可靠的。(二)超乎理性的各种命题,我们并不能凭理性由
那些原则推知它们的真理或概然性。(三)反乎理性的各种命题,是
与我们那些清晰明白的观念相冲突,相矛盾的。就如唯一上帝的存
在是与理性相合的。两个以上的上帝的存在是反乎理性;死者的复
活是超乎理性的。①

关于这三类命题,洛克的态度非常明确。第一类命题具有最为可靠的真
理性,因为它的根基是理性,即上帝赋予我们心灵的光明和能力。第二类
命题是启示真理,建立在上帝的外在启示之上,所涉及的内容超越自然理
性的能力之上,但又不违背理性,所以这一类命题仍然具有真理性。第三
类命题与理性直接违背,所以无论它们如何借用启示的名义,仍然不能当
做真理来接受。②

从这三类命题出发,洛克进一步确立了启示或信仰与理性的关系,即
启示不能违背理性但是超越理性之上。首先,理性是判断某一启示是否
是来自于上帝的神圣启示的唯一标准,"理性如果能够供给确定的知识,
则我们应该听从理性"。洛克在《人类理解论》的很多地方反复强调这一
点。他说:"任何命题只要和我们的明白的直觉的知识相冲突,则我们便
不能把它作为神圣的启示……各种命题如果抵触了我们所明白观察到的
观念间的契合或相违,则我们万不能说它们是属于信仰的事情。它们不
论借启示的名义,或借任何别的名义,都不能引动我们的同意。"③这就是
说,宗教应该以理性为基础,启示不能违背我们的确定无疑的知识。这是
洛克在讨论理性和信仰之间的关系时处处强调的底线。和笛卡尔一样,
洛克认为,人类的知识应该以确定明白的观念为出发点,并在基础上建立

① 洛克:《人类理解论》,关文运译,商务印书馆 1981 年版,第 686 页。
② 参见赵林:《中译本导言》,见《洛克宗教著作选集》,王爱菊、周玄毅译,(香港)道风书
社 2008 年版,第 xxxi 页。
③ 洛克:《人类理解论》,关文运译,商务印书馆 1981 年版,第 691—692 页。

可靠的知识大厦。在笛卡尔看来,这个基础是从我在怀疑这个无可怀疑的事实所推出的我的存在。对于洛克来说,这个基础就是我的感官经验和内部反省。以感官经验和内部反省为基础,人类便可以形成清楚的观念,然后通过直觉或推理感知两个观念之间的契合或相违。如果信仰违背了这个标准,那么"真理和虚妄的差异便泯灭了,信仰和怀疑的界限就消除了"①。如果以信仰为由来任意干预理性的范围,就会导致各种宗教狂热,而狂热的结果便是两败俱伤,既排除了理性,也使得启示落空,只剩下无稽的幻想和危险的热情。②

值得注意的是,根据洛克的论述,理性在判定某一启示是否为神圣启示时,虽然强调启示不能违背理性的清楚明白的知识,但是他更多的是强调理性的作用只是从外在证据上去甄别启示是否来自于上帝。某个关于某个命题为启示的声称并不能仅仅因为有人相信就成其为启示,但是"如果与理性的原则相契合,或与上帝的文字语言(就是证明过的启示)相契合,则我们的理性会保证它"③。也就是说,理性不仅要找出各种证据来确认启示的来源确是出自上帝,而且还要论证该命题在语言上没有前后矛盾。正如洛克所言:"它究竟是否是神圣的启示,则只有理性能来判断"④。虽然洛克一再重申理性必须确认某个命题是否为启示,但是他并没有清楚地说明应该怎样去确认,只是提到可以利用外在的事件例如奇迹这样的标记来证明。例如,摩西在去埃及之前不仅仅只在心中感到冲动,还有外在的标记,如他看到了着火却不曾烧毁的灌木,他有能力让杖变成蛇。有了这些外在的奇迹,才能证明自己的内在信念确是从上帝而来。在《论奇迹》中,洛克对奇迹的定义和如何证明启示做了进一步的说明。他说:"奇迹是一种可被感知的作为,超出了见证者的理解能力,

---

① 洛克:《人类理解论》,关文运译,商务印书馆1981年版,第691页。
② 参见赵林:《中译本导言》,见《洛克宗教著作选集》,王爱菊、周玄毅译,(香港)道风书社2008年版,第xxxii页。
③ 洛克:《人类理解论》,关文运译,商务印书馆1981年版,第705页。
④ 洛克:《人类理解论》,关文运译,商务印书馆1981年版,第695页。

在他的观念中与既定的自然过程冲突,从而被看做是神圣的东西。"①奇迹是超越了因果法则的超自然现象,也超越了我们的自然理解能力,但是,理性的任务不是去试图理解奇迹的内容,而是找到充足的理由来证明任何非凡的作为是一个奇迹。理性如何对奇迹和启示加以判断呢? 洛克指出,某个奇迹之所以为神圣,一定带有某个标记,而这个标记比那些似乎在反对它的东西更为强大的力量。如埃及的巫师和摩西一样都变出了蛇、血和青蛙,但是摩西的蛇却吞吃了他们变出来的蛇,这显然说明了摩西宣扬的道具有确定的神圣性。另外,耶稣在宣传教义时的奇迹形态各异,强大有力,彰显出非凡的神力,这些奇迹也因此证明他的启示来自于上帝。

　　但是,启示一旦为理性确定为神圣之后,对于启示的命题的内容,理性不必加以判断。在《狂热》这一章中,洛克在提出"必须以理性为最后的判官和指导"之后,马上加以澄清,说自己的意思是要借助理性来考察那个命题是否是由上帝而来的启示,而不是要求助于理性,来考察"上帝所启示的命题是否可以为自然原则所证明,而且在不能证明时,我们就当排斥了它"②。虽然以不违背理性为前提,启示同时也是超越理性能力的事物。对于那些"我们对它们只能有极不完善的知识,或者毫无知识的东西"③,我们的理性不能判断,或者仅能有或然性的判断,那么它是超乎理性的,则我们应当听从启示。例如,死者复活这一类的命题。在洛克看来,理性的范围十分狭窄,通过直觉和推论获得的确定性的知识毕竟有限,而要想补充这种狭窄的范围,我们只有根据概然性的推论来进行判断。如果理性的原则不能证明该命题的真伪,那么应该由启示来决定,因为"启示也正是另一条真理的原则和同意的根据"④。

---

① 《洛克宗教著作选集》,王爱菊、周玄毅译,(香港)道风书社 2008 年版,第 489 页。
② 洛克:《人类理解论》,关文运译,商务印书馆 1981 年版,第 705 页。
③ 洛克:《人类理解论》,关文运译,商务印书馆 1981 年版,第 693 页。
④ 洛克:《人类理解论》,关文运译,商务印书馆 1981 年版,第 695 页。

　　虽然洛克把信仰和理性区分开来,但是同时也坚持二者并行不悖。他甚至说:"理性乃是自然的启示,永恒的光的天父,和一切知识的泉源,就借理性把人类的自然官能所能达到的一部分真理传达给他们";"启示乃是自然的理性,理性在这里,只是为上帝所直接传来的一套新发现所扩大,不过这些新发现仍待理性来证实其为真实,就是理性要借各种证据来证明它们是由上帝来的。"①此后在同一小节中,他又说,取消理性来为启示让路,无异于拔掉眼睛而用望远镜来观察遥远的星体。眼睛和望远镜的类比似乎可以说明,理性是基础,而启示或信仰则是理性的延伸,不会损毁或搅扰理性,只会扶助和促进理性。

　　不难看出,洛克在《人类理解论》中是在认识论的范围内讨论超越理性认识的信仰。信仰被看做是一种"同意",对启示命题的同意,应该以理性为基础。不过,洛克关于理性限度之内的信仰的讨论暴露出了内在的矛盾。一方面,他从经验论出发,将信仰看成是与理性认识相似的认知行为,并主张特别启示不可能产生新的简单观念,故而不可能超越理性认知的范围。他还坚持以理性为标准否认那些反理性的启示命题,认为我们的信念确认不能超过我们的知识。但是,另一方面,对于理性无法判断其确定性或概然性的命题,也就是说超乎理性之外的命题,理性却要认定它为启示,并承认它是真理。②此外,洛克主要是在认识论的意义上探讨理性和信仰的关系,可是有时候他显然认为信仰独立于理性认识之外。难怪有学者感慨地说,"洛克在《人类理解论》快要结束的时候引入了一种新的发现真理的方法,而且这种方法通常不在认识论的范围内加以探究"③。

---

　　① 洛克:《人类理解论》,关文运译,商务印书馆1981年版,第698页。

　　② See Helm, Paul. "Locke on Faith and Knowledge", in *Philosophical Quarterly*, Vol. 23, No. 90, 1973, p. 53.

　　③ Ashcraft, Richard. "Faith and Knowledge in Lock's Philosophy", in *Problems and Perspectives: a Collection of New Essays*, John Yolton ed. London: Cambridge University Press, 1969, p. 215.

　　到了《基督教的合理性》中,洛克转而在道德的领域中对启示的内容及其必要性给予了充足的证明。在这本著作里,洛克把确定明白的理性原则继续运用于对基督教教义的研究。他沿袭了新教的传统,仔细阅读《圣经》,尤其是福音书,希望以此发现一个简单明了、容易理解的核心教义,并且证明基督作为上帝的最大启示的合理性。他认为,基督教信仰的本质在于相信拿撒勒的耶稣是上帝为了救赎我们而派遣来的弥赛亚或救世主。只有相信这个信条,并且进行必要的忏悔,我们才可以得到救赎。

　　在论证基督作为一个最大的启示时,洛克不仅表明了基督有许多外在的证据,例如他本人所表明的预言的实现以及他所行的许多奇迹等,而且还用理性主义的路线分析了与他同时代的人所关注的一个问题,即耶稣为什么没有直接宣称自己就是弥赛亚。在洛克看来,这恰恰是一个绝妙的理性计划。耶稣在人世间的任务是为了启示一个真理,即他就是上帝预言过的弥赛亚。但是,耶稣的启示必须通过他的循序渐进的布道和奇迹,在他死而复活之后才能为人们的理性所认识。洛克解释说,如果耶稣一开始就表明自己的身份,犹太人可能会推举他为世俗领袖并发动起义。更何况犹太人未必会相信他这个木匠的儿子真是他们期盼的弥赛亚,他们很可能会立刻把他出卖给罗马总督彼拉多,导致他过早被处死,从而无法完成他的圣职或者他那周密的理性计划——向世人昭示复活永生的福音和拯救他们的灵魂。洛克认为,福音书所描述的耶稣如何布道、遭到背叛和处死的整个过程,隐藏着理性的方案,体现了卓越的智慧。

　　除了证明基督的启示的合理性,洛克还提出了启示在道德实践上的五大优势,同时也证明了自然理性在道德实践上的不足和缺陷。这五大合理性总是通过和希腊异教徒的理性发现的比较而得以说明,其中有三点值得注意。

　　第一,关于唯一真神的存在,神迹以无可辩驳的证据证明耶稣是唯一真神上帝派来的。有些古希腊的哲学家虽然在理性的指引之下发现了唯一、至尊的上帝的存在,却由于祭司的威压而不敢公之于众。因此,"尽管理性对具有智慧和品德的人发出最为清晰的召唤,它从来没有足够的权柄去劝服众人,让人类社会相信,只存在一位上帝,而唯有他才是他们应该承认并敬拜的。"①与此相反,耶稣给人类带来清楚的启示,以确凿的证据和强大的力量让世人知道"唯一不可见的真神",拨开了异教徒在看待真神的问题上的迷雾。

第二,关于人自身对于上帝的职责的认识。在基督之前,异教哲学家的言论中当然不乏关于道德准则的嘉言良语。但是,无论是古希腊的苏格拉底还是中国的孔子,虽然他们按照自然理性并通过复杂冗长的推理演绎出一套道德体系,可是这些道德准则并不完备,而且过于烦琐,所以对于缺乏闲暇、能力和教育的大众而言,既不容易明白,也缺乏约束力。因此,"单凭理性自身,它实在难以担当起让道德全面地、真正牢固地建立起来并散发出清明显赫的光明的重任"。②与此相比,由上帝派来的耶稣的启示不仅完备、清楚,而且具有要求遵从的法律效力。洛克在证明了启示的确定性和可理解性之后,不禁反问道:"要是有一个人从天上降临,带着上帝的权柄,以神迹作完全清楚地证明,向世人颁布直接清楚的道德法则,要求世人遵从,试问,照这样去启发人类大众,让他们知道应有的职责,督促他们一一履行,这岂不是比凭着人类理性的一般观念和原理,去和他们推理说明更好吗?"③

第三,关于人的道德实践。古希腊哲学家在论证道德时,出发点往往是品德的优越性,落脚点也局限于使人性得到提升,故而在道德实践中无法达到实质的效果。而基督用明白的启示和人从死里复活的奇迹,以及他本人的复活和升天给了人们一个确切的保证,担保人在奉行美德之后会得到来世的幸福。于是,这种关于来世的希望为人们实践道德提供了足够牢固的基础和动机。

---

① 洛克:《基督教的合理性》,王爱菊译,武汉大学出版社2006年版,第129页。
② 洛克:《基督教的合理性》,王爱菊译,武汉大学出版社2006年版,第133、134页。
③ 洛克:《基督教的合理性》,王爱菊译,武汉大学出版社2006年版,第140页。

在《人类理解论》中,洛克竭力坚持理性的唯一裁判者的作用,认为理性应该成为信仰的坚实基础,凡是与理性相矛盾的信仰或启示都是虚假的。在《基督教的合理性》中,他却高扬信仰和启示对自然理性的优越性。如果说在《人类理解论》中,他从认识论的角度充分肯定了理性在宗教中的基础作用,似乎只是给信仰留下了狭窄的空间,那么在《基督教的合理性》中他则从道德实践的领域充分证明了信仰的优先性和优越性。从这两部著作来看,洛克对待理性和信仰的关系似乎前后矛盾。但是正如皮尔森所指出的,这种不一致只是表面的,在本质上二者却是一致的,都是"以一种合理的、令人信服的方式来为信仰构建一个基础,并且与此同时并不危害信仰的独立性、重要性和终极意义"①。由此看出,洛克和阿奎那一样,虽然维护理性和信仰的平衡,但同时还要维护信仰对于理性的优越性。这主要体现在两个方面:其一,人类凭借理性可以独立无依地发现神圣真理,但是相比较而言,启示仍然是更为确定和可靠的途径;其二,即便理性可以证明启示真理,我们也不能证明这些真理是理性首先发现的,因为理性只是在对我们早已认识的真理进行确证而已。这说明,洛克致力于追求的仍是"合理性"的基督教,而不是"唯理性"的基督教。

从洛克的上述观点来看,他并不是一个自然神论者。但是,他是英国自然神论发展过程中一个必不可少的、非常重要的中间环节。他的宗教思想倾向,如强调基督教信仰的理性基础和道德色彩,和自然神论者如出一辙。他的经验认识论,不仅是托兰德批判基督教信仰中的神秘因素的重要思想武器,也是柯林斯提倡自由思想和宗教宽容的基础。他关于自然法的理解,还是廷得尔构建自然神论思想的理论框架。他在《人类理解论》中简单提到的"理性是自然的启示"和"启示是自然的理性"分别在托兰德和廷得尔那里得到了更为具体的阐释和延伸。

---

① Pearson, Samuel C. "The Religion of John Locke and the Character of His Thought", in *Journal of Religion*, Vol. 58, No. 3, 1978, p. 256.

第三章　赫伯特的理性观和启示观

　　爱德华·赫伯特（Edward Herbert，1583—1648），即雪堡的赫伯特勋爵，出生于威尔士塞汶河上的艾顿，是威尔士最为古老和最有名望的赫伯特家族的世家子弟。赫伯特可谓是文艺复兴时期"完人"的代表，既是骑士、军人、外交家，也是诗人、人文主义者、历史学家和哲学家。以1624年为界限，可以把赫伯特的一生划分为两个部分。在1624年之前，他出征作战，力逞豪侠之气，并一度跻身宫廷而且为皇室所重用。1603年，赫伯特被登基不久的詹姆斯一世授予巴思骑士勋章，后来又被国王派往巴黎任英国驻法大使。在出任驻法大使期间，他不仅投身公共事务，而且勤勉于学问。在当时的法国，天主教占据主流，但是，于1598年颁布的《南特敕令》允许胡格诺派信教的自由，所以新教依然很活跃。赫伯特在法国所观察的英法之间在宗教上的不同很可能促使他开始思考宗教迫害以及宗教教义和真理之间的区分。在法国，赫伯特遇到了法国大学者卡索邦，并与之有过交流。卡索邦是天主教派和胡格诺派竞相争取的对象，但是他却一心钻研希腊文献，对于宗教党派之争毫无属意。后来，卡索邦为了摆脱宗教迫害来到英国，发现安立甘宗的信仰颇为合乎他的心意，便在英国度过余生。卡索邦在两个方面对赫伯特产生了巨大的影响：其一，他具有不为党派之争所动的"独立之精神"；其二，他虽然研究古希腊，对古典权威推崇备至，但是他对古典权威的服膺是自由地运用自己的理性的结果，并非出于外在的强加。到了1624年，赫伯特由于与国王对西班牙的外交政策存在分歧，便被国王召回，从此不再受皇室擢用。在后半生，他逐渐淡出公共事务,潜心案头研究工作,在出版了《论真理》之后,还写下历史著作《白金汉公爵瑞岛远征记》、《亨利八世王朝史》,宗教著作《论异教信仰》、《论平信徒的宗教》、《师生对谈录》等。另外,他还擅长器乐,编辑了一本竖琴的乐谱。

在很多评论家眼里,赫伯特是一位堂吉诃德式的人物。在青年时代,赫伯特与人有过多次决斗,堪称是英国的堂吉诃德。在英国著名文学评论家贝瑟·威利看来,爱德华·赫伯特是"骑士品质和新理性主义"、"堂吉诃德精神和自然神论"的结合。① 恰如赫伯特所生活的 17 世纪一样,他身上融合着中世纪和近代的特征,一方面体现了落后于时代的骑士理想,另一方面却提出了兆示着时代精神的理性思想。有趣的是,这两方面虽然矛盾,却在赫伯特身上并行不悖。当赫伯特在现实生活中为捍卫贵妇名媛的名誉而与人决斗时,他在《论真理》等作品中也像骑士一般运用理性来捍卫真理。正如伯得福特所言,这两种形式的捍卫都带有堂吉诃德的风格,显得脾气暴躁,英勇有余,而沉稳不足。② 或许正是有了这种维护正义时不顾一切的骁勇,赫伯特才能直面他那个时代的宗教问题,并超脱一切的实际困难,提出了建立简单的、具有普遍性的宗教对策,成为 17 世纪英国从认识论的角度讨论宗教真理的判断标准的第一人。在此种意义上讲,赫伯特恰好可以被看做是"精神上的堂吉诃德"。

赫伯特还被称做是"英国自然神论之父"。约翰·利兰德(John Leland)在《主要自然神论著作者一览》(1754)这本关于自然神论的经典著作中,将这位英国贵族称为"最为卓越的自然神论著作者",因为在他看来,赫伯特"论证了自然宗教的自足性、普遍性和绝对完美性"③,堪称是

---

① See Willey, Basil. *Lord Herbert of Cherbury: a Spiritual Quixote of the Seventeenth Century.* Oxford: Clarendon Press, 1942, p. 23.

② See Bedford, R. D. *The Defense of Truth: Herbert of Cherbury and the 17th Century.* Manchester: Manchester University Press, 1979, p. 11.

③ Leland, John. *A View of the Principal Deistical Writers*, Vol. 1. London, 1754, p. 4.

最早建立自然神论理论体系的人物。然而,当代英国学者佩林却对赫伯特的"英国自然神论之父"这个称号提出质疑。他指出,从时间上看,赫伯特于 1648 年去世,而大多数自然神论著作出版的时间是 17 世纪末和 18 世纪初,彼此相隔甚久。第二,赫伯特之后的自然神论者极少提到赫伯特,而且他们探讨宗教的方法与赫伯特差别较大。唯一提到赫伯特的是查尔斯·布朗特,不过布朗特在剽窃赫伯特的许多段落的同时,也借用了几位其他的著作者。这并不足以证明赫伯特对于布朗特有着重要影响。[①] 虽然如此,但是毋庸置疑的是,赫伯特所提出的五大"宗教的共同观念",阐述了一种较启示宗教更加具有合理性和确定性的宗教信仰,并证明这种信仰是所有宗教的特点,也是判断其他宗教真理的标准。这五大观念简单明了,代表着后来基督教教义简约化和理性化的倾向,也昭示着比较宗教学的开端。赫伯特对美德和虔诚作为宗教生活中的最重要内容的强调在后来的自然神论者和其他理性宗教观中得到不同程度的响应和发展。此外,赫伯特关于启示的理论在托兰德和廷得尔的著作中得到了进一步的发展。他提出的"共同观念"或"普遍同意",虽然受到了洛克的批判,但是在廷得尔那里,我们可以明显看到对具有普遍性的宗教观念和自然宗教的继续坚持。以赫伯特为基础,后来的自然神论者对于基督宗教中的不合理性,如对启示和奇迹的盲目信仰等,进行了猛烈的抨击,不过他们大多止于批判,虽然从正面提出了一些观点,但是除了廷得尔以外,很少有人能超出这五大原则的框架以外。

赫伯特的五大宗教原则比较具体地体现了赫伯特在宗教上的观点,但是它们只是在《论真理》临近结尾之时将共同观念运用于宗教领域的实例,而在此之前,该书的大部分篇幅是在阐述认识论和真理观。所以,要确切地理解赫伯特对宗教信仰、理性和启示的看法,我们需要探讨他的

---

① See David Pailin:"Herbert of Cherbury and the Deists", in *The Expository Times*, Vol. 94, p. 983; Bedford: *The Defense of Truth: Herbert of Cherbury and the 17th Century*. Manchester: Manchester University Press, 1979.

认识论和真理观。

第一节　赫伯特的认识论和真理观

赫伯特所处的时代背景主要有三个方面。第一,如本书在第二章中所提到的,近代基督教信仰发生了认识论上的转向,新教的神学逐渐将信仰内容客观化为某些命题或信经,英国安立甘宗将理性接纳入宗教信仰,试图从认识论的角度来解释信仰。第二,在宗教问题上,以天主教和新教为代表的独断论者各执己见,争论不休,而以蒙田为代表的怀疑论者则莫衷一是,拒绝对信仰进行判断。第三,中世纪以来统一的基督教王国分裂为天主教和新教两大阵营,新教内部也是四分五裂。每个教派都各自奉行自己的宗教权威,认为超出本教派之外的人都要遭受永罚。除了教义上的分歧造成的混乱,在实际生活中,各教派甚至不顾常识和理性,互相进行宗教迫害。正是在这些情况之下,赫伯特开始关注宗教上的认识论。当与赫伯特同时代的人都竞相忙于告诉别人什么是宗教真理的时候,他却追问我们是否能够和怎样才能获得宗教真理,以及判断真理的标准是什么。

在《论真理》的开篇,赫伯特明确地反对独断论和怀疑论这两种倾向。他说:"在任何一个时代都始终存在着一类不合时宜,有悖于常理的学者。他们以相等的热情与信心来同时鼓吹这样的两种理论:一种认为我们能够知道一切,另一种则认为我们对什么都无法了解。后一类人说,真理隐藏在一眼深井之中,我们只知道一件事情,那就是我们一无所知;……前一类人则一直以惊人的胆量宣称宇宙的法则能够从思想的原则之中推论出来。"①赫伯特认为,前者"完全摒弃理性,试图将其学说建

———————
① 赫伯特:《论真理》,周玄毅译,武汉大学出版社 2006 年版,第 67 页。

立在一种不言自明的信仰之上"，而后者错误地认为他们知道自己一无所知，"发表了许多毫无价值、似是而非的论点"。① 而他将试图探索"一条独立自主的道路"②，并希望沿着这条道路去发现具有确定性和普遍性的真理。赫伯特不愿意陷入怀疑的泥淖，而是肯定人心虽然容易犯错误，但是在条件具备时能够认识某些事物并获得比较准确的真理，但同时，也不愿像独断论者那样妄称他认为什么才是真理，而是在宣称"真理存在"之后，采取客观的认识论的方法，仔细分析真理的一般条件、定义以及检验真理的标准。

处于 16、17 世纪交替之际的英国哲学家大多都对经院哲学十分反感。在对经院哲学的批判上，赫伯特和培根是一致的。他们是同时代的人，但培根比赫伯特年长一些，恰好在《论真理》出版的那一年（1624）去世。他们都攻击经院哲学的方法，提出了在他们看来与经院哲学十分不同的新思想。培根认为，经院哲学只是对问题的无意义重复，不能产生果实和作品，③而自然才是人类知识的模式和基础。他在《新工具》中提出以经验归纳法来替代经院哲学的烦琐论证。赫伯特和培根一样，也指出要以自然为基础来反对经院哲学，但是他对自然的理解与培根十分不同。培根受当时自然科学的发展的影响更大，他所说的自然是指感性的外部自然世界。赫伯特似乎不太关心当时在天文学、数学和机械创造上的发展，而是在柏拉图主义的影响下，将自然理解为普遍的人性和人的直觉认识的本能。在方法上，赫伯特与培根也有明显不同之处。培根主张先观察自然，然后用三表法对观察到的自然数据进行筛选和排序，最后逐步上升为解释自然规律的普遍原则。赫伯特在方法上却似乎并未找到一条新的出路，仍然受限于陈旧的经院哲学的方法。正如伯得福特所言，赫伯特

---

① 赫伯特：《论真理》，周玄毅译，武汉大学出版社 2006 年版，第 67 页。
② 赫伯特：《论真理》，周玄毅译，武汉大学出版社 2006 年版，第 66 页。
③ 参见《十六——十八世纪西欧各国哲学》，北京大学哲学系编译，三联书店 1958 年版，第 2 页。

的《论真理》是按照一系列的命题,分命题和逻辑范畴来安排的,其实是在用经院哲学的方法来攻击经院哲学的观点。① 他的考查方法集中体现在他对推理性思考的对象的分析,即存在、实质、性质、数量、关系、形式、时间、处所、起源和目的这十大范畴。②

培根关注的是如何对事物进行细致有序的观察,赫伯特关心的却是超出于感官感觉之外的更深刻的形而上问题,即知识的性质以及真理的定义和条件。③ 在这一点上,赫伯特更接近于笛卡尔。笛卡尔从怀疑出发,然后找到一个无可怀疑的"我",然后在此基础上,指出清楚明白本身才是判断真理的标准,并进一步探讨怎样才能做到清楚明白。与笛卡尔相比,赫伯特的出发点是"自然本能",不过他在找到了"共同观念"或"普遍同意"作为判断真理的标准以后,却无法继续思考主客观如何才能达到普遍同意,而是简单地将这个问题归因于上帝,认为这是上帝的神意安排。

赫伯特和笛卡尔之间的不同取决于他们在世界观和本体论上的不同。笛卡尔持有二元对立论,认为现实世界存在两种实体:精神实体和物质实体;精神实体的唯一本质是思想,物质实体的本质是广延,而思想没有广延,广延的东西不能思想,故而精神和物质完全独立,不能相互作用。赫伯特却受文艺复兴时期的新柏拉图主义的影响很大,认为人和自然统一于上帝。他认为,世界上存在着三种相似性:上帝与人类之间的相似性,人与事物之间的相似性,以及事物之间的相似性。人是宇宙的缩影,他的身体和精神构成一个微观世界,而这个微观世界是和外在自然与宇宙原则或上帝是相互一致的。正如赫伯特所说:"我们的精神显然与上

① See Bedford, R. D. *The Defense of Truth: Herbert of Cherbury and the 17th Century.* Manchester: Manchester University Press,1979,p. 65.

② 参见赫伯特:《论真理》,周玄毅译,武汉大学出版社 2006 年版,第 264 页。

③ See Sorley, W. R. "The Philosophy of Herbert of Cherbury", in *Mind*, Vol. 3, No. 12,1894, p. 493.

帝相一致,而我们的身体则是清楚明白地与世界相适应的,世间万殊的原则都在人的身上有所体现。""我们身上既有与上帝一致的能力,也有与尘世相一致的能力。我把前者归于精神,把后者归于肉体。"①精神在平静与安宁之中被认识,肉体通过粗鄙而且混乱无序的感觉来认识它们。精神是主动的,而不是完全被动地接受物质的刺激。物质虽独立于精神而存在,但是可以对主观能力造成影响,所以主客互相作用,产生知觉。二者如何产生一致呢? 主动去符合的主观能力提供一种与外物相一致的形式,被符合的对象则进入主观能力的视域,并与之相符合。如果二者不相匹配,即对象没有发现与之相适宜的主观能力,便会产生错误。人和自然的一致以及人和上帝之间的一致导致了主体客体之间的一致、精神和物质之间的一致。

下面来看赫伯特怎样建立起他的认识论和真理观。赫伯特认为,真理就是"一个对象与能力之间的一致性的问题"②,而在某些特定的条件下,每一种能力都能与其相对的对象相符合。由此看来,所有的真理都涉及三个因素:第一是客观对象。客观对象独立于精神之外,作用于人的心灵,以引起或者唤醒主观能力。第二是主观能力。人的主观能力从来都不是被动地接受刺激,而是具有先天的形式,必然包含客观对象,可以主动把握对象。人有三种活动方式。一是将外物及其形式或印象保存在记忆之中。二是人体内的四种体液,而这些体液的活动方式是按照外物的模式构成的,所以可以与外在宇宙保持一致和协调。三是人的心灵的活动是积极的。但是人的主观能力仍然需要外物的出现来被唤醒。赫伯特说:"我们既不能设想没有相应能力的对象,也不能设想没有相应对象的能力。"③有多少种外部物体,便有多少种相应的主观能力。只有二者共同存在,共同作用,才有可能产生一致性。第三是二者产生一致性所必需

---

① 赫伯特:《论真理》,周玄毅译,武汉大学出版社 2006 年版,第 155 页。
② 赫伯特:《论真理》,周玄毅译,武汉大学出版社 2006 年版,第 69 页。
③ 赫伯特:《论真理》,周玄毅译,武汉大学出版社 2006 年版,第 110 页。

的条件和规律。这些条件按照真理的不同类别有所不同。

赫伯特认为,真理可以分为四类:事物的真理、表象的真理、观念的真理和智性的真理。这四类真理是从低级到高级的上升过程。事物的真理是事物本身的内在一致性,要求对象必须具有合适的大小,区别于其他事物的特性,以及相关于某种能力。表象的真理是事物之间的有条件的一致性,要求对象持续的时间足够长,具备合适的媒介,如视觉能力需要光才能辨认事物,还要有合适的距离和位置。观念的真理是主观能力与如其所现的事物之间有条件的一致性,强调主观的能力,如感官要完好无损,具有一定的注意力以及类比的能力等。智性的真理则是前三类一致性之间的一致性。① 这四类真理的获得依赖于四类主观能力:推理理性(discusus)、外在感觉、内在感觉和自然本能(natural instinct)。这四类主观能力似乎是按照它们各自在受造物中的普遍性来进行划分的。赫伯特说:"我把自然本能看做是首要的能力,是因为它表现在自然因素、无机物以及植物之类的事物之中。紧随其后的是这个第二位的动力,因为在珊瑚虫、甲壳类动物等身上都可以找到它,而对于这些东西来说似乎不存在明显地运用外在器官的情况。"② 由此可以看出,推理能力之所以位于最末的位置,是因为它是人所特有的能力,也是整个被创造的世界中最不普遍的。

自然本能是天赋的能力,追求的对象是永恒幸福。内在感官属于一般意义上的自然本能,只是它涉及的对象是特殊的善,如爱、希望和良知的对象,而不是像自然本能那样涉及的是普遍性的抽象对象。外在感觉的对象是外在相似性,即人与外在事物之间的相似性,但要实现这个过程,必须以某种内在感觉形式为引导,还要借助于自然本能,在总体上是指视听嗅触闻这五种感官;推理理性是指人类所特有的推理能力,但极其

_____

① 参见赫伯特:《论真理》,周玄毅译,武汉大学出版社 2006 年版,第 79 页。
② 赫伯特:《论真理》,周玄毅译,武汉大学出版社 2006 年版,第 133 页。

容易出错误,比其他三类能力更为低劣。只要能够由前三类能力获得的知识,便不需要推理理性的帮助。不过它一旦正确理解和运用,便是非常有用的工具。只有当这四类主观能力与其合适的客观对象相符合时,才能发现真理。

既然真理在于主观能力和客观事物之间的符合关系,那么真理的判断标准就落在二者之外,只有独立于主观官能和客观事物之外的事物才能判断它们之间是否符合。赫伯特找到的这个标准就是"共同观念"。共同观念先于经验和反思,不能从其他任何原则中演绎而来,具有确定性,是一种直觉,也是自然本能与其精神对象之间的直接符合。这种普遍的赞同不只是存在于文字的阐述之中,"我认为在我们的精神内部就印刻着某种使这些真理得以实现一致性的内在能力。"①检验真理的唯一标准是普遍同意或者说是共同观念。共同观念作为不容置疑的神圣原则,来源于上帝,由上帝自始至终镌刻于人心之上,并将其作为其神圣的普遍意志的媒介。通过这些共同观念,自然本能便不必依靠推论理性而实现一致性。其实,赫伯特在对二者进行了一番晦涩不清的阐释之后,干脆说"共同观念和自然本能在这里是同一个意思。"②这就是说,自然本能一方面是一种主观能力,另一方面还指这种主观能力已经实现了的一致性的体现,即共同观念。

赫伯特的真理观总体上是主客观的符合论,但是这种真理观有一些前后不一致的地方。例如推理理性所产生的真理是事物的真理,即"事物内在的一致性,或者事物与自身相一致的原因"。每一个事物都有一个内在的真理,由此事物的真理似乎并不涉及主观的认识,而仅仅只要具有区分于他物的存在即可。另外,自然本能不涉及经验,不以感官印象为基础。它是理智的直觉,并非逐步推理而来,所以它所追求的真理是理智

①　赫伯特:《论真理》,周玄毅译,武汉大学出版社 2006 年版,第 108 页。
②　赫伯特:《论真理》,周玄毅译,武汉大学出版社 2006 年版,第 112 页。

本身的真理,无关于外部世界,所以在这类真理之中,主客观之间的一致性也被取消了。

不难看出,赫伯特的真理观存在着某些朴素经验主义的因素。他注意到认识真理过程中的客观的感觉因素,并承认这种感觉是外物引起的。外在感觉和推论理性的对象就是独立于精神之外的客观事物,而"不管你是否留意,是否感觉到寒冷,火总是热的;不管你怎么想,石头总是硬的;而形体如果不能保持一致性,连我们自己的存在都是不可想象的"①。但是从认识的来源、认识的过程和判断真理的标准来看,赫伯特的认识论和当时的英国经验论哲学都有着很大的区别。

就认识的来源而言,经验论认为,我们的一切知识和观念起源于感性世界和后天经验。"凡是在理智之中的,无不先在感觉中。"洛克认为人心是一张白纸,知识不过只是对感性世界的模仿。在《人类理解论》中,洛克明确反对"天赋观念",并且后来还对赫伯特所提出的"共同观念"逐条进行驳斥。不过,已有相当多的研究证据表明,虽然洛克提到赫伯特的名字,但是他后来却指出,他在阅读《论真理》之前就已经得出了自己的"白板说"结论。洛克的传记作者阿伦也认为,洛克的攻击对象并不是赫伯特,也不是同样持有天赋观念的剑桥柏拉图学派,而是笛卡尔主义者。② 如果说洛克在主观上无意批判赫伯特,那么从他在《人类理解论》中对"天赋观念"的实际批判来看,他似乎也并不是针对赫伯特而发。洛克在考察直觉的知识时,就是典型的赫伯特主义者。洛克说:"人心有时不借别的观念为媒介的就能直接看到它的两个观念间的契合或相违这种知识,我想可以叫做直觉的知识。因为在这方面,人心并不用费力来证明,来考察,就能瞥见真理"。③ 这与赫伯特的自然本能基本无异。只不

---

① 赫伯特:《论真理》,周玄毅译,武汉大学出版社 2006 年版,第 198 页。
② See Aaron, R. I. *John Locke*, 1955, 84—88, in R. D. Bedford, *The Defense of Truth: Herbert of Cherbury and the 17th Century*. Manchester: Manchester University Press, 1979, p. 78.
③ 洛克:《人类理解论》,关文运译,商务印书馆 1981 年版,第 520—521 页。

过,"洛克的直觉是对最终来源于感觉和反思的观念之间关系的感知,所以直觉的对象总是具体给定的事物",这些例子包括黑不是白、三大于二等。① 事实上,赫伯特认为,天赋的不是观念,而是思考能力、思维模式或者思维过程。在《论真理》中,赫伯特则是明确反对"白纸"说。他说:"让那种认为人心是一张白纸的理论到此为止吧,它似乎认为我们处理对象的能力是从对象本身得来的。因为虽然我们可以在心灵不向对象开放这个意义上,把它想象为一本关起来的书但却不能把它叫做一张白纸,正如意识的要求,也就是对关于对象的最终标准所表明的那样。"②在赫伯特看来,我们认识的来源不仅仅限于感官经验。外在的感官能力虽然能对外物得出表象或印象,但是这些表象或印象还必须交给已经刻写在我们心灵之上的永恒原则即共同观念来加以联系、比较和分析,然后才能得出具有普遍性的知识。这也就是说,普遍性的知识并非来源于具体事物,而毋宁说是普遍性的知识先于具体事物。所以,赫伯特的认识论并非是一个模仿的过程,而是先天形式的演绎过程。③ 正如赫伯特所言,对共同观念的沉思才是我们认识的起点和终点。"我们不应该把共同观念看做是经验的结果,而要把它们当成是任何经验得以产生的首要原则。"④

其次,虽然经验论和赫伯特的认识论都是符合论,但是前者所主张的符合主要在于对象对认识主体的决定作用。由于人的心灵是一张白纸,所以心中的观念是由对象作用于感官而引起的,观念只是消极地反映对象。赫伯特却认为主观能力并非完全是被动地接受客观对象的作用。正如卡瑞(Carre)在"导言"中所言⑤,赫伯特所持的符合论不是指观念应该

① See Bedford, R. D. *The Defense of Truth: Herbert of Cherbury and the 17ᵗʰ Century*. Manchester: Manchester University Press, 1979, p. 79.

② 赫伯特:《论真理》,周玄毅译,武汉大学出版社 2006 年版,第 121 页。

③ See Bedford, R. D. *The Defense of Truth: Herbert of Cherbury and the 17ᵗʰ Century*. Manchester: Manchester University Press, 1979, p. 91.

④ 赫伯特:《论真理》,周玄毅译,武汉大学出版社 2006 年版,第 121 页。

⑤ 赫伯特:《论真理》,周玄毅译,武汉大学出版社 2006 年版,第 19 页。

再现或者复制客观对象,而是说二者共同作用,最后在一定条件下达到一致性。赫伯特认为,我们的精神与生俱来拥有多种层次、不同类别的能力,只要接触到相应的对象,这些能力就会唤醒。这种被唤醒的方式越是直接和自动,其真理的级别就越高。譬如说自然本能或者直觉所得出的真理就比推论理性所得出的真理要更为确定。错误之所以产生,并不是因为我们没有如其所是地去反映和摹写客观事物,而是因为我们将不同类型的能力运用于对象,或者缺乏相应类别的真理所需要的条件。

在判断标准上,二者也完全不同。在经验论那里,判断真理的标准在于我们的观念是否正确地摹写了客观对象,或者说思维是否与存在保持一致。而在《论真理》中,赫伯特反复强调"普遍同意是检验真理的最终标准"。也就是说,判断真理的标准既不在于考察观念是否真实地摹写了对象,也不在于考察观念本身是否清楚明白,而是一种所有时代的所有人的认同。这种普遍赞同是人凭借自然本能或者本性就能直接认识到的,故而无须证明。另外,由于"这种普遍的赞同就是自然本能的教导,并且从根本上来说要归于上帝的意志"[1],故而不证自明。哪怕是推论理性所证明的真理也不能令人信服,只有获得自然本能的支持和引导,才能得到认可。

在赫伯特的真理观中,上帝占据着至关重要的地位。第一,我们的自然本能来自于上帝,自然本能所得出的共同观念也是上帝置于我们心中的,体现了他的神圣意志,成为我们判断其他真理的标准。在我们获得了事物的真理、表象的真理以及观念的真理以后,还需要共同观念来判定我们主观能力对事实的认识是否正确。通过这些"一切常人之中的共同观念,我们的心智就像是受到了来自天国的感召一样,具有了对发生在世界舞台上的事件作出决断的能力"。但是这个神圣的判断标准并非来自于经验或者观察,而是决定着经验或者观察,"如果不是已经被赋予了共同

_____

[1]　赫伯特:《论真理》,周玄毅译,武汉大学出版社 2006 年版,第 107 页。

观念,说到底,我们就永远都不可能对事物进行区分,也不会理解任何的一般本性。"①第二,上帝还赋予人一些能够获得普遍同意的共同观念,以此作为人用来判断知识的标准。赫伯特认为,能够得到普遍同意的东西一定受到了普遍神意的影响,即便是没有理性依据的时候,也应该对其表示完全的依赖。

　　总的说来,赫伯特的真理观保留着文艺复兴时期哲学的朴素性,缺乏系统性和前后一贯性。在他的真理观中,精神和物质、存在和意识仍然只是一种模糊的、尚未区分的状态。故而他不可能像英国经验论和大陆唯理论那样对认识的起源和性质作出明确细致的讨论,更不可能说明人如何由感性认识上升为理性认识的。在他的真理观中,上帝以及上帝所预定的和谐一致占据了非常重要的地位,上帝是维系主观世界和客观世界统一性的第一因。上帝创造了世界,将相同的自然能力赋予人,还将真理的判断标准——共同观念——作为上帝的神圣意志刻写在每一个的心灵之上,从而保证人类能够获得真理。所以,无论是真理的认识能力,还是真理的标准都来源于上帝。这一点导致了赫伯特不可能对思维过程进行细致深入的分析。

第二节　赫伯特的理性观

　　赫伯特对于理性并没有进行严格的定义,但是从上下文来看,他对理性的理解体现于他对人的主观能力的分类之中。如前所言,赫伯特将主观能力分为四类,其中两类是外在感觉和内在感觉,另外两类是自然本能(instinctus)和推理理性(distinctus)。自然本能是上帝镌刻在每一个人心中的天赋能力,以直觉的方式获得知识,其对象是"永恒的幸福"。所以

――――――――――

①　赫伯特:《论真理》,周玄毅译,武汉大学出版社 2006 年版,第 95 页。

自然本能获得的知识是天赋的,不可能会有误解或谬误。推理理性却是最为低级的主观能力,对象是事物之间的关系。如果缺乏自然本能的引导,便极容易犯错。

按照赫伯特的解释,自然本能是自然界中贯穿在动植物和人身上的一种普遍深入的冲动,具体表现为自我保全。但是在人类身上,自我保全采取了一种更高的形式,表现为寻求拯救的冲动。[①] 这种能力是天赋的本能,是上帝按照最初的设计赋予人类的。故而自然本能从不依靠逻辑推理,只是以直觉的形式表现出来,故而是"非理性的",并且往往无法为理性所理解。[②] 自然本能所发现的真理是天赋真理,无须逻辑推理,也不取决于后天的经验,而是超越经验,具有直接性和无可置疑性。自然本能有两层意思,既指一种主观能力,又指已经实现了的认识状态,即共同观念。另外,自然本能不仅获得知识的观念,而且还获得道德原则。从自然本能的对象上,我们也可以较为清楚地看到这一点。自然本能作为一种理智,要使其他主观能力所获得的程度各异的一致性保持一致。正如所有的善都将永恒的福祉当做是最终的目的,所以所有的主观能力都要隶属于以永恒的福祉为目标的自然本能。

推理理性所考虑的对象是具体事物的存在、本质和性质等十大范畴,通过逻辑上的探究来对这些范畴进行综合或分离,循序渐进地发现事物之间的类比,所以有很多条件限制。逻辑推理仅凭自身难以保证结论的正确性,而只有服从更高的官能即自然本能才能是正确的。在四种认识方式之中,逻辑推理是最不值得信任的,由于它"更具有人为刻意的因素,在它们之中的地位也最低"。[③] 而当我们拥有某种共同观念,或者当内在经验或者外在经验可以对事件进行评判时,推论性的思考便是多余的。所以推理理性就是尽可能地将共同观念付诸实践的过程,并且只能

---

① 参见赫伯特:《论真理》,周玄毅译,武汉大学出版社 2006 年版,"导言"第 26 页。
② 赫伯特在这里把"理性"理解为他反感的经院哲学的"逻辑推理"。
③ 赫伯特:《论真理》,周玄毅译,武汉大学出版社 2006 年版,第 215 页。

依赖共同观念。从这个意义上讲,理性并不是终极权威,也不是成为确定性的保证,只是一个普通的推理过程。赫伯特大为批判的经院主义便是这样一种只是依赖推理逻辑的反例。在《论真理》中,赫伯特反复指出,经院主义的方法是错误的,总是以权威为庇护所而去运用理性,而不是在自然本能的引导下运用理性。

自然本能具有优先性、独立性、普遍性、确定性和必然性,而推理理性则恰是前者的反面。它必须在自然本能的指导之下才能得出正确的结论,非常依赖于前提条件。推论性的思考是任性的,"具有一种强烈的犯错倾向,犹如自由意志容易导致罪恶一般"①。它非常容易受到自我偏见和他人成见的影响,无法进行自由和直率的思考。除此以外,推理理性还具有破坏性,因为它容易利用自己的力量,不顾一切地破坏和批判所有的共同观念,以及任何与内在和外在感觉相关的东西,堪称是"众多矛盾冲突与愚蠢谬论的来源"。②

赫伯特的这种区分类似于托马斯·阿奎那对理性的区分。阿奎那认为,理性可以分为低级理性和高级理性两种。前者的对象是世俗事物,依靠感觉数据,通过推理达到偶然性真理;后者思考的是永恒事物,无须经过推理过程便能直接获得知识。后者可以对前者起到指导作用,前者却不可能上升为后者。赫伯特对于理性的理解,和后来的唯理论和经验论都不相同,可以说是包含了两者。唯理论认为真理来源于先天的直觉,其确定性取决于先天的理解力,经验论则否认天赋知识,认为知识来源于后天的经验和反思,取决于对感官材料的正确分类、比较和观察。赫伯特将理性分为自然本能和逻辑推理,刚好涵盖了这两种认识过程。与剑桥柏拉图学派相比,赫伯特视自然本能为人的最高原则或神圣本质,极其类似于他们对于理性的理解。对于柏拉图学派而言,理性是人心中关于真理

①　赫伯特:《论真理》,周玄毅译,武汉大学出版社 2006 年版,第 218 页。
②　赫伯特:《论真理》,周玄毅译,武汉大学出版社 2006 年版,第 217 页。

的自然倾向,所以遵从理性就是遵从上帝,亵渎理性就是亵渎上帝本身。但是理性并不是可以简约为逻辑推理。赫伯特也对自然本能持有类似的想法。在他看来,唯有自然本能是探索宗教真理的工具,逻辑证明或者推理都无法凭借自身来发现宗教真理。

从表面上看,赫伯特对自然本能或者直觉的强调在很大程度上具有反理性和神秘主义色彩。他说:"必须牢记,自然本能的天性就是以非理性的,也就是说不假深谋远虑的方式实现其自身。因为那些没有远见或理性之迹象的自然元素、无机物以及植物,也都拥有特别适用于其自身保全的认识。因而,正如常言所说的那样,人应当相信某些超越其自身理解能力的事物,这句话非常在理。"①此外,他对于人的推理理性的贬低和不信任也似乎是反理性的。另外,还有学者指出,赫伯特并不是一个理性主义的思想家,而是一个人文主义者。其人文主义的表现为坚持人性的良善和永恒不变,否认全然败坏说;坚持上帝的永恒不变的良善,一定会将得救的手段赐予所有人;坚持将宗教置于一个可靠的基础上。②

那么,赫伯特对理性的理解是否是反理性主义的呢?在对待人的推理理性上,赫伯特的确持有贬抑的见解,可是需要指出的是,赫伯特之所以如此,是因为他把推理理性与17世纪初期成为众矢之的的经院哲学等同起来。实际上,他并不否认,自然将推理理性赋予人类,说明推理理性并不是一无用处。推理理性也拥有它所特有的真理,虽然这种真理十分有限和模糊不清。我们运用推理理性可以从共同原则里推导出结论,并将它们联系在一起。另外,推理理性还可以将对象的真理与谬误区分开来。最后,我们可以通过逻辑上的分析与综合探讨事物之间的相似性或普遍联系,可以从言词的疑云中找出共同的概念。推理理性在辨别对象

① 赫伯特:《论真理》,周玄毅译,武汉大学出版社2006年版,第120页。
② See Byrne,Peter. *Natural Religion and the Nature of Religion:the Legacy of Deism.* London:Routledge,1989,pp.22-23.

的一般性质时运用分析的方法,在针对具体的特性时则运用综合的方法。如果在自然本能的引导下,推理理性则会发生很大的作用。

　　另外,还需要注意的是,赫伯特对自然本能的理解接近于"正当理性"(Right Reason)。在 17 世纪初,"正当理性"仍然是一个流行的词语。无论是剑桥柏拉图学派,还是提罗特森,甚至包括托兰德和廷得尔,都曾经在著作中提到过"正当理性"。据胡普斯(Hoopes)考证,正当理性既是一个理性概念、道德原则,也是人类的官能;既是认识的方式、行为的方法,还是存在的条件。他还引用他人的定义来界定正当理性:"正当理性不仅仅是道德中立的研究工具……也不仅仅是宗教良心。它是一种理性和哲学的良心,使得人与动物区别开来,并让人和人、人和神联系起来。上帝在所有人心之中都种植了这种能力,无论是基督徒还是异教徒,以指导他们探索真理和行为处事。"①由此,如果说自然理性是指人心在自然哲学和自然神学等领域中发现事物之间的联系的推理能力,与启示所揭示的关于上帝的知识以及道德伦理相对,那么正当理性则是指只有基督徒才有的用来认识上帝的目的以及他们此世的职责的能力。自然理性和正当理性的区别在于,自然理性是纯粹的理性,普通的逻辑推演,没有启示的援助,在道德上处于中立;而正当理性则旨在寻求绝对的真理,与道德密切相关。赫伯特所说的"自然本能"启示与"正当理性"并无太大区别。从这个意义上讲,他根本不是反理性主义的。当然,赫伯特对理性的理解与后来的自然神论者托兰德不太一样,因为托兰德强调的正是赫伯特所反对的推理理性或者经验理性。但是在理性的理解上,赫伯特倒是与廷得尔有不谋而合之处。他们都强调人有认识上帝和人的职责的本能,而且这种本能是普遍存在而且永恒不变的理性。

---

①　Hoopes,Robert. *Right Reason in the English Renaissance*. Cambridge:Harvard University Press,1962,pp. 1-3.

第三节　赫伯特论信仰和启示

毫无疑问,赫伯特对认识论和理性的探讨有着神学的目的。正如佩林所言,无论在《论真理》中,还是在《论平信徒的宗教》、《论异教信仰》和《师生对谈录》中,赫伯特有着三个方面的意图:针对怀疑论和独断论,找到一个确立宗教真理的方法;针对宗教事务中所谓的神圣权威,为饱受复杂教理和教义纷争之苦的平信徒确立一个普遍、简单和容易理解的宗教内容;针对加尔文主义的"全然败坏"说和"有限救赎"说,表明人人都有可能获得上帝的神意和救赎。① 因此,如果说新教神学是通过救赎论来思考"得救的知识",那么赫伯特则是试图通过认识论来获得"得救的知识"。②

一、宗教上的五大"共同观念"

赫伯特的宗教思想中最为关键的概念就是"共同观念"。共同观念是人类理解必须遵守的无可置疑的最高原则,也是上帝确保每一个人能够获得"关于此生和来世的知识"的具有普遍性和确定性的手段。"共同观念"是人性和神性的连接,是一切宗教的基础,如果没有它们,"就不可能在启示甚至是在宗教中确立任何的标准或者区别。"③但是,并不是每个人都能获得共同观念,而只有当人在合适的条件下运用自然本能才能有所认识。如果不以"共同观念"为标准,就会产生错误的信仰。例如,

---

① See Pailin, David. "Herbert of Cherbury and the Deists", in *The Expository Times*, Vol. 94, 1983, p. 198.

② Harrison, Peter. *"Religion" and the Religions in the English Enlightenment*. Cambridge: Cambridge University Press, 1990, p. 62.

③ 赫伯特:《论真理》,周玄毅译,武汉大学出版社 2006 年版,第 269 页。

抛弃理性为信仰腾出空间,服从绝对无误的教会所规定的崇拜上帝的方式,完全相信牧师的宣道,因为这些权威虽然可以为正确的信仰提供支持,也"可以建立起一种错误的宗教"①。所以,"要依靠普遍的智慧来为宗教确立根基,以使任何真正来自于信仰之命令的东西,都能够建立在此基础之上。"②

在《论真理》临到结尾的时候,赫伯特以认识论为基础提出了他最为人知的宗教上的五大"共同观念"。在他看来,这五大原则就是判断宗教教义和实践的唯一具有确定性的基础。

第一,存在着一个至高无上的上帝。无论是过去的一切宗教,还是将来的宗教,都承认在某些神灵之中存在着一个至高无上的神。这个最高的神在不同地方具有不同的名字,甚至还因为他的不同属性被当做多个神灵来敬拜。尽管如此,人们普遍认为存在着一个至高无上的神,并且认为他具有良善、正义、智慧、万能等属性。

第二,至高无上的神应该被崇拜。人类不仅在心中存有对神的信仰,而且还通过宗教活动来表示对他的崇拜。"呼告、祈祷、献祭以及感恩的行为都源自于此,神殿与圣所也是以此为目的建立起来的,而最终,祭司、先知、预言家、主教以及各种各样的神职人员也都是为了这个目的而出现的。"不过对于祭司等人,赫伯特十分不满,并指出他们是狡诈奸猾、贪得无厌的人,败坏、玷污和滥用了宗教的清白名誉。③ 他认为,后来的现实宗教就是自然宗教被神职人员败坏的结果。

第三,美德和虔诚的结合是宗教活动中最为重要的组成部分。虽然关于宗教礼仪和仪式和传统,人们没有统一的意见,但他们却一致同意,人类应该以美德和虔诚侍奉神。美德最大的敌人便是来自于肉体的"动物本性",它会把我们引向虚荣、迷信和罪恶。赫伯特对美德的理解是典

①　赫伯特:《论真理》,周玄毅译,武汉大学出版社 2006 年版,第 269 页。
②　赫伯特:《论真理》,周玄毅译,武汉大学出版社 2006 年版,第 270 页。
③　参见赫伯特:《论真理》,周玄毅译,武汉大学出版社 2006 年版,第 274 页。

型的柏拉图主义:"由于自然永不停歇地努力,想把灵魂从它的肉体负担中解放出来,所以说自然本身给人们逐渐灌输了一种隐秘的信念,即认为对于让我们的精神逐渐从身体里面分离和解放出来,进入其所适宜的领域而言,美德构成了最有效的手段。"①

第四,我们必须通过悔改来赎罪。赫伯特认为,上帝已经毫无区别地将可以为他悦纳的方式赐予了每一个人,因为"更能让人接受的设想是,所有人自始至终都有机会通过悔改来实现与上帝的和解"。赫伯特证明,在忏悔的必要性上人类存在普遍同意;另外,人们还同意"真诚的悔过能够洗脱我们的罪"。② 这种具有阿明里乌主义性质的救赎论具有双重含义,不仅反对改革派对于人凭借事功得救的理论,而且因为主张人单凭悔改就能和上帝和好,似乎在暗示耶稣作为中保的多余。

第五,此生之后会有赏罚。赫伯特对于这一点并没有详尽说明,只是说在关于来世赏罚的"本性、性质、程度以及形式的观点上",人类还存在着很大分歧。

这五条基本原则是自明无误的真理,是上帝镌刻在所有人的心灵之上的原则,就是"教会的大公真理",是一切宗教的共同根基,是评判一切宗教真理的标准,也是一切真正的基督徒所应该持有的基本信仰。赫伯特本人对他建立的这五大宗教原则非常满意。他在后来的几本著作里,如《论异教信仰》、《论平信徒的信仰》和《师生对谈录》中反复提及并解释这几条原则,在某种意义上,甚至可以说赫伯特写作这三部著作的目的就是在于进一步证明和阐释这五大宗教原则。如果说《论真理》是这五大原则的认识论基础,那么《论异教信仰》则以历史的眼光来证实这五大原则和上帝神意的普遍性,《师生对谈录》进一步表明它们在实际宗教生

① 赫伯特:《论真理》,周玄毅译,武汉大学出版社 2006 年版,第 277 页。
② 赫伯特:《论真理》,周玄毅译,武汉大学出版社 2006 年版,第 278 页。

活中的必要性。① 在《论平信徒的宗教》中,赫伯特指出,当平信徒面对各种不同的信仰时,应该参照这五条原则来找到"最好的宗教",而不是按照所谓的权威、传统或者启示。在说明什么是最好的宗教时,他再次将这五条原则总结为四大信条:即"热爱和敬畏上帝,对邻人仁爱,忏悔并盼望更好的生活",并认为只有遵守这四条基本信条,宗教纷争才会被普遍和平所取代。②

　　赫伯特的五大宗教原则③具有一定的独创性。它们明确规定了能够确保得救的具体信仰条则,显然是新教神学将信仰对象客观化的进一步发展,和此前英国宗教改革时期所提出的《三十九条信纲》以及清教革命时期所提出的《威斯明斯特信仰告白》沿袭了同一路数。但是,天主教和新教各派囿于各自的信仰框架,制定信纲的目的是为了和异己的其他教派信仰划清界限,具有强烈的排他性,必然无法在这些最为基本的信条上取得一致意见。正如廷得尔在《基督教和创世同龄》中所指出的:

　　　　为达到使人盲目顺从和强行统一的目的,神职人员无所不尽其用,能想的办法都想到了。但是,他们还是没有遏制住基督徒四分五裂的趋势,甚至在他们所说的基要主义上面。就我所知,还没有哪一个教派敢于拿出一套完整的基要来,可是,所有的教派都一致认为,

---

　　① See Harrison, Peter, *"Religion" and the Religions in the English Enlightenment*. Cambridge: Cambridge University Press, 1990, p. 72.

　　② See Hutcheson, H. R. *Lord Herbert of Cherbury's De Religione Laici*. New Haven: Yale University Press, 1944, p. 12.

　　③ 后人对这五大原则的批判主要体现在三个方面:其一,这五大原则不是天赋的,如洛克的批判;其二,它们并不能得到普遍同意;其三,它们不足以令人得救。其实,如正文中所言,赫伯特并不是指这五个观念本身是人生而具有的,而是说它们是人运用自然本能在适宜的条件之下才能获得的。再者,五大原则的普遍性并不保证会得到所有人的同意。只有在人不受败坏的情况下,这五大观念才能浮现出来。实际上,历史上任何一个民族都不曾拥有这五大原则。对于理论上预见的五大原则与现实中的差别,赫伯特将之归结为教士诡诈,认为教士阶层阻碍了平信徒的自然本能的实现,把宗教变成了一个供他们谋取私利的体系。

基督徒的救赎不可缺少的东西,必须是极其简明易懂的,哪怕能力最不济的基督徒也应该能明白。[1]

与此对照,赫伯特超越了当时各个教派的狭隘立场,绕到所有宗教教派的背后,让宗教脱离当时的神学背景,找出各个宗教教派共同具备的基础观念,这种方法已经具有超出时代局限的独创意义。另外,他所提出的信条极其简略,不是为了排除异己,而是为了在最大程度上容纳所有的宗教教派,甚至包括非基督教世界的信仰。为了实现这一点,赫伯特甚至取消了那些被视为基督教的独特性的内容,如三位一体、道成肉身和基督的救赎作用等。[2] 但是从《论真理》的上下文来看,他似乎并不是说基督徒只应该相信这五条,或者基督教的其他教义都是虚假的,而是说这五条是真正大公的信仰基础,也是用来判断其他宗教真理或启示的标准。

另外,这五条原则在两个方面预示着后来英国理性宗教观发展的方向。第一,道德主义。五大原则内容简洁明了,涉及上帝的存在且应受崇拜,以及人在崇拜上帝时的职责,即美德和悔罪,充分体现出赫伯特对于宗教道德践履而不是复杂教义的看重。继赫伯特之后的剑桥柏拉图学派和圣公会自由派以及洛克无不强调道德实践。第二,将宗教内容分成基本要义和非基本要义。基本教义是所有人得救所必须相信的最为基本的信条,非基本教义则涉及宗教崇拜礼仪或其他并不至关重要的内容,所以应该反对教会权威为了私利而对基本信仰进行添加和扭曲。从此以后,无论是齐林沃斯主教,还是卫齐科特和提洛特森,都曾经提出过类似的区分。他们都认同,基本要义才是教会团结和个人得救的基础,非基本教义却容易引起争端或分歧,因而可以置于一旁而不顾。

---

[1] 廷得尔:《基督教与创世同龄》,李斯译,武汉大学出版社 2006 年版,第 201—202 页。引用译文中的"基要主义"和"基要"都是指"fundamental",即宗教的基本教义。

[2] See Harrison, Peter, *"Religion" and the Religions in the English Enlightenment*. Cambridge: Cambridge University Press, 1990, p. 64.

更重要的是,这两个方向都与后来的自然神论者产生关联。托兰德认为教士阶层故意把非基本教义添加基督教中,败坏了使徒时代原初的基督教。虽然我们无法确定廷得尔是否受到了赫伯特的影响,但是廷得尔的神学思路和赫伯特有着很大的相似性。他们都是绕到具体宗教的背后,找到一个具有普遍性和确定性的基础:赫伯特找到的是"共同观念",而廷得尔找到的则是"自然法"。廷得尔也明确区分出宗教中"无关紧要"的事情,反对神职人员将这些"无关紧要"的事情看成是得救所必需的。

二、赫伯特论启示

许多自然神论的研究者在探讨赫伯特对于启示的理解时,都感到困惑不已。既然自然神论在传统意义上是指坚持理性和拒斥启示,而赫伯特被称做是自然神论之父,那么赫伯特必定拒斥启示。可是恰恰相反,赫伯特不但不拒斥启示,反而笃信个人启示的作用。最典型的事例是赫伯特在《自传》中记述的一件事情。在出版《论真理》之前,他开始祷告,不久从空中传来温和却很响亮的声音。赫伯特认为这就是上帝赐予他的启示,示意他可以出版这本著作。另外,他还是一个虔诚的教徒,每天要祷告两次。在《论真理》中,赫伯特也多次提到沉思和祷告可以带来幸福和快乐。他说:"启示就是来源于我们心中的怜悯与喜悦的最初推动力。"①在基督教信仰中,无论是教会建制规定的教理,还是个人的信仰,其最终的来源是对启示的认可和接受。赫伯特处于宗教氛围十分浓郁的英国宗教改革后期,似乎不可能超出时代背景之外主张完全抛弃作为基督教信仰的核心内容的启示。于是,有学者便根据自然神论拒斥启示的传统理解对赫伯特是否是自然神论者产生了怀疑。在本书看来,更值得怀疑的

---

① 赫伯特:《论真理》,周玄毅译,武汉大学出版社 2006 年版,第 288 页。

不是赫伯特作为自然神论者的身份,而是关于自然神论的启示观的传统理解。

赫伯特关于启示的比较具体的阐释出现在《论真理》第十章中。首先,他指出,启示真理是存在的,但是启示真理的本质与他在前文所提到的认识论真理不同。二者的主要区别在于认识论真理取决于人自身的主观能力,而启示真理并不依赖于我们的主观能力,而是取决于启示者的权威。因此,赫伯特提醒说,世上可能会有虚假的启示,我们并不能因为他人包括牧师声称从上帝那里得到了启示,一定要承认和接受该启示。而为了辨别启示的真伪和充分地理解所启示的内容,我们都必须依靠自己的理性能力。

赫伯特将启示区分为两类:一类是个人与上帝之间的沟通,另一类是上帝在历史上的自我启示。无论是哪一类的启示,都需要具备一定的条件限制,并非所有关于启示的声称都是真启示。就个人启示而言,必须同时具备以下四个条件:我们主动运用了祈祷、誓愿、信仰或其他方式来吁求神的特殊旨意;该启示是直接赋予某个人的;启示所劝诫的,应该是善行;能够直接感受到圣灵的气息。① 从赫伯特对启示的限定条件来看,他特别强调个人启示的私密性质,即当我们承认某启示为真时,这并不意味着我们就有权力将该启示强加给任何其他人,因为这类私人启示对于他人并不是启示,而只是具有或然性的传统或者历史。启示在这里成为了纯粹个人的东西,由个人所接受和判断,并且其作用只限于某个个人,从而脱离了被教会和个人利用以便满足私利的可能性。在另一方面,只要满足了这些条件,就应该把启示看成是神圣的。即便该启示是我们凭借理性所无法理解的,我们也应该凭借启示者的权威去相信它。只要某个启示能被证明确实发生,而且不是"或然性、可能性或者谬误",那么尽管

---

① See Herbert. *De Veritate*, Meyrick H. Carre(trans). London: Routledge / Thoemmes Press, 1992, p. 309.

看上去与理性相矛盾,仍然可以将之理解为真启示。由此看来,对于启示的认定,如同认定现实中其他的事情一样,应该接受理性的裁决,处于理性的范围之内。从总体上看,赫伯特把个人启示看做是个人的良心和上帝之间的交往,根本不反对个人启示。不过,他同时也谨慎地指出,在认可个人启示之前,我们必须要调遣所有的心灵官能来判定该启示。

对于他人声称的启示或者神职人员宣讲的发生在先前时代的启示,同样也有几条标准可以加以判断:该启示毫无疑问是上帝赐予教士的;启示应该来自于上帝,确实是上帝在说话;该启示已由教士准确地记载下来,所以万一有任何添加更改,应该按照该记载对之进行修复还原;该启示相关于后世,而且已经成为一项信条。如果教士要求平信徒对该启示产生绝对的信任,那么平信徒有权力要求教士出示令人满意的证明,否则平信徒可以不相信这条启示。① 由此可以看出,赫伯特对关于启示的声称包括教士的声称是非常不信任的,并主张要对这些关于启示的声称进行理性的甄别。"我们应该继续小心翼翼地辨别什么才是被真正启示出来的内容",而不是简单的信仰。毋庸置疑,在这些不信任的背后,赫伯特对于真启示有着绝对的信任,所以赫伯特怀疑和否定的对象并不是真启示,而是某些不真实的启示。

按照中世纪神学关于自然和恩典的分类,赫伯特还区分了广义上的启示和狭义上的启示。上文所提到的个人启示就是狭义的启示,也可叫做上帝的恩典,因为启示就是"上天回应它们的祈祷,在迷失的灵魂遭受痛苦折磨的时候所施与的求助"②。从广义上来看,启示就是上帝的神意。自然就是上帝的普遍旨意,等同于共同观念。在宗教的共同观念或者神圣智慧的引导下,任何人都可以区分善恶,故而在犯错忏悔时,以祈祷的方式崇拜上帝,并且希望过虔诚道德的生活。③ 这便是上帝的普遍

---

① 参见赫伯特:《论真理》,周玄毅译,武汉大学出版社2006年版,第287页。
② 赫伯特:《论真理》,周玄毅译,武汉大学出版社2006年版,第288页。
③ 这里所提到的正是赫伯特所谓的五大原则中的第三条和第四条。

旨意,也就是与恩典相对的自然。

从上述分析来看,赫伯特并不是彻底拒斥启示,而是对启示有所保留。他所讨论的问题不是启示是否应该被接受和认同,而是如何区分真正的启示和教会或个人出于私利而宣称的启示。他之所以有所保留,主要是因为启示有时候只是宗教权威和传统的一种体现。启示并不能因为出自于某些宗教权威就必须被接受,而如果以权威之名义来把启示强加于人,便是违背了人类本性与尊严的强加。赫伯特认为,权威只是无知之人和褊狭之人的庇护所,毫无合理性,因为镌刻在人心之上的共同观念才是唯一的权威。宗教真理的判断标准不是以某个外在的宗教权威,而是内在于人的共同观念。

自宗教改革以来,批评教会和教士以精神权威自居已经成为流行。文学家乔叟在《坎特伯雷故事集》中对于教士有着辛辣的讽刺,培根、弥尔顿也都是如此。和他的同时代人一样,赫伯特对于僧侣阶层充满痛恨。在伯得福特看来,他们每个人在批判教会权威时都有不同的目的或者偏见,弥尔顿的着眼点是清教徒的独立,培根则是为了促进学问,而赫伯特对神职人员的批判却是着眼于让基督教重新团结的宏愿。[1] 在本书看来,除了想让各大教派在共同基础上建立宗教和平的目的之外,赫伯特对教会权威的批判还来自于他对普通信徒的精神得救的深深关切。在《论平信徒的信仰》中,赫伯特从一个平信徒的角度出发,思考当时人们普遍面临的一个问题,什么才是最好的宗教? 他以非常同情的口吻提及,那些"可怜的被吓坏的信众"被布道坛上牧师的充满谬误和空洞修辞的讲道弄得稀里糊涂,而且"虽然良知和内在良心表示抗议,却不得不相信牧师所说的凡在教派之外的人必遭永罚的说法"[2]。在赫伯特看来,平信徒在

---

① See Bedford, R. D. *The Defense of Truth: Herbert of Cherbury and the 17th Century*. Manchester: Manchester University Press, 1979, p. 137.

② Herbert, Edward. *De Religione Laici*. London; New Haven: Yale University Press, 1944, p. 309.

信仰上的混乱完全是神职人员造成的,因为他们不是通过合理的解释来令人信服地接受宗教信仰,而是以权威自居强迫信众接受。权威只是无知之人和偏见之人的庇护所,有恶劣的影响,却无合理的基础,所以以这样的方式形成的信仰只是以轻易相信权威为基础的盲信,而不是真正的宗教。真宗教必须是建立在普遍同意的共同观念之上的。因此,在《论真理》中,他反复呼吁:"查看你自己的能力吧","无论任何书在关于外物的真理上多么真实可信,你自己的真理必须由你自己得出来"。① 他主张平信徒,要运用自己的理性来"寻找类似于自己的内在官能的教义,然后再寻找那些为绝大多数人所同意的教义。"

总的来看,赫伯特是融合着中世纪和近代特征的神学思想家。在形而上学上,赫伯特受新柏拉图主义的影响,认为人与上帝、人与物之间存在着相似性,而上帝是这一切相似性的保证。在认识论上,赫伯特反对独断论和怀疑论,认为真理存在,人类能够通过主观能力的运用发现真理,并以人心普遍共有的共同观念作为判断真理的标准。在《论真理》中,他从心灵中的共同观念为基础来寻找区分真理和谬误的标准,还从人的心灵中发现上帝的存在,目标就是要在普遍一致的基础上建立理性主义神学,从而使宗教从信条的争论中解脱出来。他绕到教义和信仰告白的背后,甚至是基督教背后,找出来五条自然宗教的基本命题,以此作为平信徒得救的信条。在对待启示的态度上,他反对神职人员以权威自居强制平信徒接受他们所谓的启示,主张平信徒有能力通过自己的自然本能获得得救,而且也有权力要求神职人员对信仰和启示作出合理性的解释。在上帝和人的关系上,他坚定地认为,上帝得救的真理是所有的人都能获得的,而人凭借理性或共同观念必然都能获得"得救的知识"。

与胡克相比,赫伯特没有以托马斯主义神学为支撑,也没有构建教会

---

① Herbert, Edward. *De Veritate*. Meyrick H. Carre (trans.), London: Routledge/Thoemmes Press, 1992, pp. 209, 290.

的那套精致理论,但是更重要的是,在一个已经开始在教会中宣扬理性的时代,他不是像胡克等神学家那样止于倡导理性的重要性,而是脚踏实地地去探究和界定人的理性究竟可以发现什么宗教真理,并且宣扬理性地探究宗教问题不仅仅是教会教士的特权,也是所有人的权力。在对理性的理解上,赫伯特和同时期的剑桥柏拉图学派十分相近。他们都认为,知识并不来源于感官印象,而是来源于心灵对感官印象的加工。只有当感官印象经由已经刻写在心灵之上的思维模式加以判断的时候,才能形成知识,所以认识的过程并不是对现实的模仿,而是先天原则的演绎。关于道德在宗教生活中的重要性,赫伯特也与剑桥柏拉图学派保持一致。但是,后者只是强调道德先于教义,赫伯特却超拔出任何教派之外,提出了以具有自然宗教色彩的五大"共同观念"作为一切宗教的普遍基础。在这种意义上讲,赫伯特预示着将来作为自然神论最高发展的廷得尔的到来,因此他作为"自然神论之父"当之无愧。此外,虽然他在对理性的实质性理解上与托兰德和廷得尔都有很大差异,但是他们都坚持认为,具有普遍性和确定性的理性才是宗教的真正基础,并对所有人能够独立于神职人员之外获得关于上帝的真理抱有坚定的信念。

第四章　托兰德:启示理性化

　　约翰·托兰德(John Toland,1670—1722)出生于爱尔兰的一个罗马天主教家庭,原名 Junicus Janus,也有说法认为他是一个私生子或流浪儿。在 16 岁时,他改名叫约翰,并且改信新教。虽然家境贫寒,托兰德仍然在格拉斯哥大学和爱丁堡大学接受教育。在爱丁堡大学时,他师从讲授牛顿哲学的大卫·格列高利(David Gregory),还一度受教于后来因为被指控传播索齐尼主义和阿明里乌主义而被校方开除的孟罗(A. Monro)以及斯特拉丹(J. Strachan)。① 大学毕业后,托兰德前往伦敦,在神学上同情长老会,结识了长老会牧师丹尼尔·威廉斯(Daniel Williams),并在 1692—1693 年间接受威廉斯的资助去荷兰莱顿大学学习长老会教牧学。在莱顿大学,他认识了新教神学家勒·格勒克(Jean Le Clerc),阅读了大量书籍。等到托兰德 1693 年回到伦敦的时候,他已经成为一个自由思想者。通过荷兰的熟人,托兰德曾经投书给洛克,希望谋求一份家庭教师的差事,却没有任何结果。1694 年,托兰德来到牛津大学,和一群卓有见识的人交往,并开始撰写《基督教并不神秘》(*Christianity Not Mysterious*)。② 在给友人的一封信中,托兰德说自己正在撰写一本证明宗教中没有神秘的著作。研究表明,托兰德写作《基督教并不神秘》所针对的是罗伯特·绍斯(Robert South)在 1694 年发表的一篇题为"论基督教的神秘以及上

---

　　① See Jacob, Margaret, "John Toland and Newtonian Philosophy", in *Journal of the Warburg and Courtauld Institutes*, Vol. 32, 1969, p. 310.

　　② 详见张继安在《基督教并不神秘》的中文译本后附录的"托兰德的生平和著作年表"。

帝使之神秘的智慧"的布道文。①《基督教并不神秘》于1696年出版,比洛克的《基督教的合理性》晚一年。在1704年以后,托兰德出版了有着泛神论倾向的《致塞琳娜的信》(*Letters to Serena*)。此外,他还翻译了布鲁诺的《驱逐趾高气扬的野兽》和《论无限》等书,并在1720年出版了《泛神论者的神像》(*Pantheisticon*),成为使用"泛神论者"(pantheist)的第一人。托兰德终其一生并无固定的工作,不过在各种被委派的工作中,他结交甚广。在英国国内,他与洛克打过交道,然而洛克对他并无好感。由于有人指责洛克,说他的思想导致了托兰德的《基督教并不神秘》,洛克力求与托兰德保持距离。托兰德曾经将他出版的一本著作题献给另一位自然神论者安东尼·柯林斯。在受委派出使汉诺威和欧洲各地的时候,托兰德还与莱布尼兹有过交往,并与之有信函来往。

第一节 思想渊源

在关于自然神论的研究文献中,关于托兰德自然神论思想的论著占有非常大的比例。至今,已有数本关于托兰德的专著问世。② 很多著作和论文以托兰德为例分析了自然神论的思想渊源,并将其归结为三个方面:安立甘主义、索齐尼主义和洛克的思想。莱斯利·斯蒂芬(Leslie Stephen)注意到自然神论者的作品大都非常尊重圣公会大主教提洛特森,而且时常加以引用,便断定提洛特森驳斥天主教"变体说"的立场后来成为自然神论者(包括托兰德)攻击奇迹和所有启示的武器。莱斯利说,自

① See Sullivan, Robert. *John Toland and the Deist Controversy*, Cambridge; London: Harvard University Press, 1982, p. 51.

② 例如:Robert Sullivan: *John Toland and the Deist Controversy: A Study in Adaptions*, Cambridge: Harvard University Press, 1982; Stephen Daniel: *John Toland: His Methods, Manners, and Mind*. Kingston and Montreal: McGill-Queen's University Press, 1984; Margaret Jacob: *Radical Enlightenment: Pantheists, Freemasons and Republicans*, London: George Allen and Unwin, 1981。

然神论者所做的一切不过是把圣公会自由派反对天主教的论证拿过来，并调头对准所有启示而已。① 后来的学者沿袭这个思路，认为"自然神论可以被看做是来源于英国新教主义内部"②。

　　另外一种观点却认为托兰德的自然神论来源于索齐尼主义。在 17 世纪 90 年代的英国，在托兰德发表《基督教并不神秘》之前，忽然涌现了一大批讨论索齐尼主义的论著。索齐尼主义来源于欧洲大陆，因其代表人物约翰·比德尔（John Biddle，1615—1662）流放到英国才开始对英国产生影响。简单来说，索齐尼主义反对上帝的三一性，认为上帝只有一个位格；耶稣是上帝的儿子，是受造物，而不是永恒万能的上帝本身，并未以宝血救赎世人的罪过；圣灵是上帝的大能，却不是上帝本身。到 17 世纪 90 年代，比德尔的《论神一位的信仰》结集出版，他所倡导的宗教真理的简单易懂性逐渐演变为对教士阶层和宗教神秘的批判。③ 更重要的是，索齐尼主义在诠释《圣经》和宗教神秘上的神学方法论对传统造成很大冲击。索齐尼派主张以"简单的头脑、简单的良知"为原则理解《圣经》，认为只要依靠恩典和常识便能获得正确的理解。例如在理解曾经引起新教内部分裂的经文"这是我的身体"④时，索齐尼派认为不应该从字面意思将面包和耶稣的身体等同起来，因为这显然不符合人的自然常识。同时，他们拒绝参考教父派和教会的解释，认为《圣经》经文证明了上帝的一位论。他们还认为信仰就是人心中形成清楚的概念，既然人的得救取决于对福音的信仰，那么作为人的智慧和《圣经》的作者，上帝绝不会让人成为理性的动物却又让人的得救取决于超越人类理性的神秘启示。因

――――――――――

　　① See Stephen, Leslie. *The Eighteenth Century History of English Thought*. New York：P. Smith，1949，pp. 77-79.

　　② Mossner，Ernest Campbell. *Bishop Butler and the Age of Reason：a Study in the History of Thought*. New York：Macmillan，1936，p. 125.

　　③ See Reedy，Gerard. "Socinians，John Toland，and the Anglican Rationalists"，in *The Harvard Theological Review*. Vol. 70，No. 3/4，1977，p. 285.

　　④ 参见本书第二章第二节。

此他们要求重新修订《圣经》，使得《圣经》里面没有神秘或含混不清、前后矛盾的地方。当然索齐尼主义者并不是完全抛弃了神秘。对他们而言，基督教存在着三种神秘。第一，对于那些福音书中不愿相信的人来说，以寓言的形式出现的教义就是神秘；第二，对某些先知的特别启示是神秘；第三，上帝实现他的应许的方式是神秘。总之，他们认为上帝绝对不可能让人的获救取决于一个和我们的清楚明白的观念相矛盾的信仰。① 而在《基督教并不神秘》中，托兰德反对遮蔽《圣经》的简明性的经院术语，反对圣经启示超越于理性之上，反对在诠释《圣经》时完全遵照字面意义。此外，托兰德和索齐尼派一样，都否认基督教启示的神秘性。根据以上分析，芮迪（Gerard Reedy）认为托兰德主要运用了索齐尼派的圣经诠释方法，不过并不同意后者的唯一神论。萨里文（Sullivan）却把二者结合起来，认为托兰德的思想是圣公会自由派和索齐尼主义的结合。"他批判启示和经院哲学，遵从理性并将理性和推理等同起来，视基督教为自然宗教的再发布，将教会的作用降到最低限度，倾向于虔诚和道德而不是教理。这些都来自于安立甘宗的理性主义、阿明里乌派以及索齐尼派。"②

托兰德的《基督教并不神秘》出版以后，在当时引起轩然大波。许多神职人员著写文章，攻击托兰德。乌斯特主教斯第林弗利特（Edward Stilingfleet）认为托兰德的自然神论和洛克有着密不可分的联系，由此引发了洛克先后写下两份辩辞，和他展开论战。约翰·比德尔（John Biddle）也认为："托兰德的著作开头的观点，无论是在实质内容上，还是在语言用词上，都和洛克在《人类理解论》中的观点十分相似，所以托兰德对洛克的倚重几乎是无可怀疑的。"③他指出，洛克和托兰德之间有两个重要的

---

① See Reedy, Gerard. "Socinians, John Toland, and the Anglican Rationalists", in *The Harvard Theological Review*. Vol. 70, No. 3/4, 1977, pp. 292–294.

② Sullivan, Robert E. *John Toland and the Deist Controversy: a Study in Adaptations*. Cambridge; London: Harvard University Press, 1982, p. 139.

③ Biddle, John C. "Critique of Innate Principles and Toland's Deism", in *Journal of the History of Idea*, Vol. 37, 1976, p. 419.

共同点。其一,认识的来源。托兰德认为存在着四大"告知的方式":感觉的经验,人心的经验,人的启示和神的启示。洛克在《人类理解论》中也认为人的知识来源于感觉和反思,以及启示。托兰德和洛克都认为通过感官和内省获得的知识比权威得到的知识具有更高的可信度。不过,洛克认为,凡是不与理性矛盾的信仰,都是可以接受的。托兰德却坚持唯有与理性相符合的信仰才能为人所接受。其二,实体说。洛克认为,关于外物的性质的知识并不一定是关于它本质的了解。托兰德也认可这一点:"既然我们并不认识事物的所有性质,我们也绝不能设想世界上任何实体的本质。"①但是托兰德将实体不可知论运用到上帝的性质中,认为既然我们只能了解上帝的部分性质,那么我们对上帝的实体一无所知,故而上帝的三一性我们无从确认。在本书看来,无论是托兰德对理性的界定,还是对理性和启示的关系上的借鉴,以及运用实体学说对基督教神秘的驳斥,都可以明显见出托兰德对洛克的借鉴。托兰德与圣公会自由派和索齐尼派处于同一时代背景之下,必然有一些割舍不断的相似性,但是从理性和启示的关系这个角度来看,洛克对托兰德的影响更加明显。这将在下文进行解释。

第二节　托兰德的理性观

一、对偏见的批判

理性原则的确立离不开对其对立面的批判。在《基督教并不神秘》的"前言"中,托兰德指出并批判了偏见的普遍性和危害性。他认为,几乎没有人能够免于偏见,就个人而言,我们珍爱青年时代所学到的东西,

---

①　托兰德:《基督教并不神秘》,张继安译,商务印书馆1982年版,第48页。

我们的记忆或印象总是影响我们。就宗教而言,"不仅是少数人,而常常是整个社会,他们只是极表面地思考事物,根据道听途说就确定了事物的价值,仿佛它们就是整个宗教的真实本质。这些偏见尽管怎样错误和不当,可是谁敢于质问或拒绝就会被说成是危险的异端。"①应该指出的是,托兰德对于偏见的理解虽然类似于日常意义上的"不正确或片面的认识",但是他主要取偏见(prejudice)的原义,即"pre-judicium",即"在确定的知识形成之前的判断"。他认为,偏见意味着一切不是通过理性所获得的结论或者意见,包括内在的偏见,如情感、倾向、早期印象,对过去的无知,对现在的不确定,对将来的好奇和思虑不周便给予同意,等等;以及外在的偏见,指社会和教育机构的影响,如乳娘、学校和大学的影响等。后来被休谟所赞扬的作为人生之向导的习惯,也被托兰德视为堕落的理性,因为它"把有问题的命题看做公理,把老妇人的故事当做道德确定性,把人类的假冒当做神圣的启示"②。在《致塞琳娜的信》中,托兰德的第一封信便论述偏见的来源和强大力量,认为连塞琳娜这样的睿智之人也难免是偏见的囚徒。③

海里曼(Heinemann)认为托兰德一生行踪飘忽不定,大概遭遇了许多世俗的偏见,故而其经历是他痛恨和批判偏见的主要原因。托兰德的原名古怪难听,而且由于他早年是天主教徒,想必在生活中遭受不少偏见,故而才在后来改名为托兰德,并改信新教。如果说他起初是反抗个人遭受的偏见,那么后来则是反抗广泛意义上的偏见,即"迷信、教会、邪恶的教士、教皇制度和启示宗教",简言之,一切不是从理性所派生的或者声称高于理性的事物。④ 此种分析以托兰德的个人身世来解释他对偏见

---

① 托兰德:《基督教并不神秘》,张继安译,商务印书馆 1982 年版,第 4 页。

② Heinemann, F. H. "John Toland and the Age of Enlightenment", in *The Review of English Studies*, Vol. 20, No. 78, 1944, p. 130.

③ See Toland, John. *Letter to Serena*. London, 1704, p. 1.

④ See Heinemann, "John Toland and the Age of Enlightenment", in *The Review of English Studies*, Vol. 20, No. 78, 1944, p. 130.

的批判不免有些偏颇。实际上,任何一种方法论的确立都和破除已有的错误观念息息相关。托兰德只不过是在建立自己的理性观之前清扫一些障碍物而已,正如早在他之前的 17 世纪的哲学家一样。针对中世纪的经院哲学,培根提出要对自然进行经验主义归纳法以获得新知识,并强调只有破除扰乱人心的种种错误概念,才能实现理智的解放。在他看来,这些错误概念可以划分为四类"假象":"种族假象"(指人类共同易犯的错误)、"洞穴假象"(指由于个人特点所产生的错误)、"市场假象"(指不恰当地运用概念和术语的错误)和"剧场假象"(指盲目信仰传统哲学体系的权威)。笛卡尔和托兰德类似,也从自己的阅读和教育中,发现自己非但没有增长知识,反而为怀疑和错误所困扰,于是决心"不把任何我没有明确地认识其为真的东西当做真的加以接受",以普遍怀疑的方法考察人类的一切知识和科学尤其是经院哲学,尽力清除"仓促的判断和偏见"①,并由此确立了自我意识的存在作为不可怀疑的哲学第一原则。

托兰德相信,由于偏见只能带来杂多的意见,所以应该教育人学会正确使用理性,并以"自由和合理的方式为自己的行为立法"。他指出,反对理性或者不彻底地运用理性,是导致宗教上的教派纷争和混乱局面的主要原因。僧侣阶层逼迫人们相信对那些不可理解的事物的无法捉摸的说明,严格下令让人们遵守反理性的礼仪。为了在宗教争论中稳操胜券,学者们"用理性的权威来反对理性自身"②,即在理性有利于自己时,便极力推崇,而当理性反对自己时,便不予理睬。接受神学训练的人在自主地阅读《圣经》之前,必须研读冗长而且不得要领的著作,并遵守自己派别的一切解释。因此,正如牛顿在自然界用几条定律便将杂多的万物统一

---

① 《十六——十八世纪西欧各国哲学》,北京大学哲学系编译,三联书店 1953 年版,第 110 页。

② 托兰德:《基督教并不神秘》,张继安译,商务印书馆 1982 年版,第 3 页。

起来一样,托兰德宣称,"宗教总是同一个东西",①所有的不同教派只是一些字眼罢了,都属于一个自然宗教,只属于主耶稣基督。如果偏见将这个统一的宗教搅得四分五裂,那么理性则能将四分五裂的宗教重新统一起来。

二、理 性 观

如前所述,17 世纪的理性观经历了一个从"天赋观念"到"推理理性"的转变。赫伯特对理性的理解十分接近于"正当理性",不仅包含逻辑推论能力,而且更多的是指人的心灵的全部官能,包括深刻的体验能力和道德践履的能力。这种理性观认为,理性是人和上帝之间的共同点,所以通过理性活动,我们同时参与了神的本质,从而获得了超感觉的绝对真理。在赫伯特看来,理性从本质上看是先于经验的认识,是关于事物的绝对本质的"天赋观念"。通过这些具有确实性的先验认识,我们才能正确地认识经验现实,因此理性的确定性依赖于上帝的神圣心灵。这种理性观被剑桥柏拉图学派继承下来,一直延续到洛克之前。不过在复辟时代以后,虽然谈论人的灵魂中对上帝的天赋观念仍然很普遍,但是几乎没有人相信关于上帝的观念是我们与生俱来的,而是说上帝将人的心灵造成这个样子,所以人只要自由运用理性便能形成关于上帝的观念。②

但是,随着经验论逐渐深入人心,这种天赋理性观和经验论产生矛盾。经验论认为,心灵孤立地反观自身,并不足以让心灵认识到对上帝的隐性观念;心灵的自我反思还需要感官经验的外在刺激。于是就产生一个问题:如果我们关于上帝的知识是天赋的,并且一直要等到感官经验的刺激才能加以认识,那么这种观念如何能够区分于感官经验呢? 这个问

---

① 托兰德:《基督教并不神秘》,张继安译,商务印书馆 1982 年版,第 5 页。

② See Spurr, John. "'Rational Religion' in Restoration England", in *Journal of History of Ideas*, Vol. 49, No. 4, 1988, p. 573.

题直到洛克的《人类理解论》才被真正地解决了。在《人类理解论》的第一卷中,他首先批判笛卡尔的"天赋观念"和赫伯特的"普遍同意"。他认为根本不存在全人类普遍同意的天赋的思辨原则和实践原则。我们根本找不到任何全人类普遍同意的原则,即便有些原则为全人类所普遍同意,那也不一定是内在天赋的观念。另外,我们之所以发现某些具有普遍性的原则,既不靠天生的能力,也不是靠理性的运用,而是源自于后天的经验。这就是他倡导的"白板说",即认为心灵是一块白板,所有的观念都来自于外部感觉经验和内部反省经验。通过这两种方式,我们获得简单观念,包括对事物的"第一性质"和"第二性质"的感觉观念。心灵对感觉观念进行结合、并列和抽象,然后形成复杂观念和抽象观念。这就是理性认识的自然过程。在洛克看来,知识就是对观念之间的相契或相违的知觉,通过理性获得的知识是确定清楚的。质言之,对于洛克而言,理性是头脑的活动(mental operation),是头脑对源自于感官的材料进行分析、处理和判断,而不是天赋理性观所理解的心灵的官能(faculty of the soul)。[①]

洛克的经验论解释了人的理性认识在内在自然中的活动规律,而牛顿则揭示了人的理性认识在外在自然中的活动规律,这使得理性进一步成为认识经验世界的自然能力。在牛顿之前,伽利略和开普勒实际上已经从深度和广度上把握了自然规律。他们通过感性观察和精密测量发现了自由落体运动和天体运动的自然规律,而牛顿则是在此基础上提出了万有引力学说,将宇宙中各种特殊的自然现象统一起来。牛顿证明,在天空中循轨道庄严运行的月球和向地面坠落的苹果,是受同一种力的支配。这种通过数字和公式清晰、精确地描述自然真理的方式对于人们对自然和理性的认识具有深刻的意义。在中世纪,人和自然界统一为上帝的创

---

① See Sullivan, Robert E. *John Toland and the Deist Controversy:a Study in Adaptations*. Cambridge;London:Harvard University Press,1982,p.54.

造物,可是在近代,由于文艺复兴时期对人和自然的重新发现,以及近代科学对于自然的重新认识,自然逐渐褪去了原有的神秘和超自然色彩,人也在服从自然并征服自然的过程中发现了自己的理性精神的伟大和自律。自此,理性再也不是一种通过观察和分有神圣心灵的永恒真理来获得理解的方式,而是独立地对经验世界和自然世界进行探究的方式,是一种经验理性。这种经验理性不是笛卡尔式依偎在温暖的火炉旁对先验概念所进行的抽象思辨,不是对经验世界的超越,而是要对一个陌生感性的自然界进行实际的分析和实验,不再有确定的先验原则作为思维和行动的向导,只有一个探险者才会体验到的不确定和冒险性。

在《基督教并不神秘》中,托兰德对理性的理解与洛克大致相同。洛克将理性与直觉区分开来,认为知识是人类心灵对于不同观念之间的相契或相违的知觉。托兰德也同样指出,理性不是直觉。直觉是无须借助任何其他观念就能直接知觉到两个或更多观念之间的一致或不一致,例如 $2+2=4$、红色不等于开花等。这些自明的命题被称做是公理和定理,无须论述或验证,故而不是理性认识。理性认识是证明,需要借助一些中间观念来对观念的一致或者不一致进行比较。托兰德写道:"可以这样来给理性下定义:即心灵借助将其与明显已知的事物相比较的方法来发现任何可疑或不明的事物的确定性的那种能力。"①由此可以看出,理性就是洛克所说的推理的能力。托兰德还认为,理性既不是抽象思考的心灵,也不是事物之间的固有秩序,而是心灵根据事物的秩序所形成的关于事物的思想。和洛克相似,托兰德还认为,无论是感官对于色声香味的察觉,还是心灵形成知觉、意愿和否定之类的反省活动,都不是理性,因为它们都是心灵纯粹被动地接受观念进入人心。萨里文(Sullivan)把托兰德所理解的理性内涵概括为九大特征:(1)简单明白、易于理解;(2)并不神秘;(3)并不矛盾;(4)能够为经验所证明;(5)符合常识;(6)属于日常经

---

① 托兰德:《基督教并不神秘》,张继安译,商务印书馆 1982 年版,第 9 页。

验的范围;(7)是事实性的,而不是假设性的;(8)在理论上有可能性;(9)属于人的自然官能,或者指对这些官能的正确使用。① 这些特征很全面地概述了托兰德对于理性的认识。

理性的认识对象被称做是"告知的方式",包括经验和权威。经验就是洛克所说的外在感官和内在反省,前者提供感性对象的观念,后者帮助我们达到关于自己心灵活动的观念,二者是"我们一切认识的共同原料"。权威也包括两个方面:人的权威和神的权威。无论是人的还是神的权威,我们都不能未经考察便立刻同意。人的权威就是根据他人的说法来认识某个事物,譬如相信路德是一位宗教改革家。对于他人提及的某个命题,只有在被当时之人证实,又不断地为不同时代、不同民族和不同利益的人所谈到,而这些人既不能被认为受骗也没有正当的理由怀疑他们欺骗别人时,这个命题才能为我们所接受,才能被认作是确定无疑的。上帝的权威是"真理借助自身向他所不可能欺骗的人展示出来"②。二者的不同只在于,上帝不可能像人那样骗我,"我们盼望从上帝那里会得到和人那里同样程度的清晰,虽然从前者会比后者得到更大的确定性。"③因此,托兰德总结说,自然界的任何事物只有通过下列四种方法之一才能进入我们的认识领域:感觉的经验、人心的经验、人的启示和神的启示。不难看出,上帝的神圣启示已经不再具有绝对的权威性,而是和其他自然现象以及他人的理论一样成为了人的理性认识的普通对象。这就是启示理性化,即启示成为理性的普通对象。

由于我们心中只有观念而非外物自身,理性认识只有借助观念才能对外物进行判断。那么,观念能否真实反映对象的性质呢? 托兰德首先肯定了观念的客观存在和认识的可靠性。利用洛克的第一性质和第二性

① See Sullivan, Robert E. *John Toland and the Deist Controversy: a Study in Adaptations*. Cambridge; London: Harvard University Press, 1982, p. 124.

② 托兰德:《基督教并不神秘》,张继安译,商务印书馆 1982 年版,第 10 页。

③ 托兰德:《基督教并不神秘》,张继安译,商务印书馆 1982 年版,第 26 页。

质的概念,托兰德证明了感官认识的真实性。他说,关于一朵玫瑰花的观念真实反映了那朵花,因为这朵花的某些性质(第一性质)是被真实地揭示出来,有些性质(第二性质)是偶尔地被揭示出来。由于无不能产生性质,我也不能随意产生一些观念,所以,关于玫瑰花的观念一定不是我的幻想,而是来源于真实存在的那朵花。此外,根据笛卡尔式的怀疑,托兰德证明关于人心的内省活动的意识正好表明我们自身存在的不可怀疑性。如此确定的证据就是理性认识的原则。不过,证据的确定性的最终保证来自于上帝。智慧的上帝让所有的事情,包括他启示的真理,都符合理性。"上帝让我们能够知觉事物并形成对事物的判断,也赋予我们以不对任何不确定的东西作出判断的力量,以及除了清楚的知觉以外,绝不同意其他知觉的力量。"①如果我们形成了虚假的观念,只能归咎于我们自己的偏见和怠慢。清楚明白的观念具有要求人不得不接受的命令,我们必须在证据的光辉和威风面前屈膝,而如果有人仍然愿意选择虚假和错误,而不是真理和事实,那么这只是因为这些命题的构成还不够明白,因为我们自己还没有对"自己的思想进行彻底的分类,或是推理混乱,故而导致没有把事物说清楚"②。

托兰德坚持认为,理性具有普遍性、确定性和绝对无误。"正如莎夫兹博里相信人在自然道德感的引导下会形成完美的自然道德,莱布尼兹确信单子是一切可能的世界中最好的一个的完美体现,托兰德相信人的理性的完美无缺,并视之为无限和绝对无误。"③如果说罗马天主教视教会传统和教皇为绝对无误的权威,而路德和加尔文等新教改革家坚持"惟独圣经",以《圣经》取代前者作为绝对无误的权威,那么托兰德和其他自然神论者则以理性取代了《圣经》,并将以往的所有权威和现在的权

---

① 托兰德:《基督教并不神秘》,张继安译,商务印书馆1982年版,第13页。
② 托兰德:《基督教并不神秘》,张继安译,商务印书馆1982年版,第14页。
③ Heinemann. "John Toland and the Age of Enlightenment", in *The Review of English Studies*, Vol. 20, No. 78, 1944, p. 143.

威视为理性考察的对象。① 首先,他以平信徒的身份否认了教士阶层是解释基督教教义方面的权威,认为平信徒也有平等的理解权力。托兰德在《基督教并不神秘》的"前言"中,正是作为平信徒对当时的神学家、僧侣阶层和教会领袖提出了批判。一些头目人物杜撰出宗教的偏见,以便把清楚的事物弄得晦暗不清,并以此掩盖自己的无知。他们曲解《圣经》,以便和经院学派的莫明其妙的说法保持一致。自宗教改革以来,和僧侣阶层相对立的平信徒的地位逐渐上升。路德把所有信徒都提升到祭司的地位,认为他们都可以直接来到上帝的面前和神沟通。到 17 世纪末,英国有更多的平信徒参与到基督教教义的讨论中,试图对基督教进行纯粹化和约减化,使之还原为使徒时代的原初基督教。洛克和牛顿都是以平信徒的身份提出了他们的见解。在托兰德看来,平信徒出钱供养教士们的生活,期待他们讲出简单明白的道理,可他们进行研究却不是为了结束神学争论,而是为了拖长并搅混争论,根本不关心那些缺乏闲暇去推论的平信徒的福利。然而,平信徒也有资格成为"那些事物真正意义的判断者",并不应该盲目地接受他们武断的指示,正如学者虽然对制酒匠和面包师的手艺一窍不通,却根据自己的经验,而不是制酒匠和面包师的话来确定酒和面包的香甜一样。

其次,托兰德还挑战了古代的权威。17 世纪的宗教著作通常充斥着对于教父著作的引用②,可是与此形成对比的是,托兰德在《基督教并不神秘》中很少引经据典,只是以浅显的文字对所论主题进行清晰地阐述。教父们的著作被视为"不可超越的迷宫",与"理性的平坦大道"相对立。虽然他在论述神秘的意义时,引用奥涅金、德尔图良和克莱门特三位教父对神秘的理解,以此证明神秘并不是不可理解的教义,他也并不认为他们应该成为他人的真正准则。在引用三位古代教父之前,托兰德还声明自

① 后来,被自然神论者奉为绝对无误的权威的理性,又被宗教情感所代替。

② Cragg, G. R. *From Puritanism to the Age of Reason*, Cambridge: Cambridge University Press, 1950, p. 147.

己之所以要引用古代的权威,并非"出于对他们判断的某种敬意"①。他相信,今人由于具有更多的经验,所以应该比古人具有更为公正和可靠的意见,不过另一方面,他也不会因为古人能够佐证某观点而害怕承认该观点。通过对传统权威和现在权威的批判,托兰德充分表明了近代人摆脱传统和权威束缚的强烈愿望,以及个人以具有普遍性的理性为基础追求确定性真理的自信心。这一点是他和其他自然神论者所共有的特点。理性作为自由思想的方式,成为了个人的职责,正如柯林斯所言:"在有些问题上,人类被剥夺了自由思考的权力,但是我们有责任对之进行自由思想。"②克拉格(Cragg)提到了托兰德作为平信徒对宗教权威和作为后来之人对于古代权威的理性质疑,却没有注意到托兰德甚至还对上帝的权威进行了大胆的挑战。托兰德认为,上帝的启示都只是人获得理性认识的普通来源,并不因为来自上帝而具有特别的权威,理应接受人的理性的检查,而我们阅读《圣经》时也应该像是在读一本普通著作。

托兰德认为,理性作为"一切确定性的唯一基础",是获得和判断真理的唯一权威。这意味着上帝的启示并不具有类似的权威性,只能成为理性考察的普通对象,正如理性考察自然世界一样。理性的考察不仅仅关涉自然世界,还包括被视为神圣不可侵犯的宗教教义。这意味着,理性成为了宗教的唯一基础。在这一点上,自然神论者和洛克、提洛特森区分开来。洛克在对形而上学的批判和人的认识论上贯彻了这一原则,却在神学上进行了妥协,坚持启示超越理性之上。提洛特森并不反对理性作为证明《圣经》的神圣性的工具,却坚持理性并不足以认识所有的神学真理,反对以有限的理性来判断无限的上帝。然而,托兰德不仅让理性来判断"我们能够相信什么",而且还要判定"对于上帝而言什么才是可能的"③。

---

① 托兰德:《基督教并不神秘》,张继安译,商务印书馆1982年版,第66页。

② Collins, Anthony. *Discourse of Free Thinking*. New York; London: Garland, 1984, p. 10.

③ Clarke, Desmond M. "Toland on Faith and Reason", in *John Toland's Christianity not Mysterious*, Philips Mcguinness (ed.), Dublin: The Liliput Press, 1997, p. 297.

托兰德说:"当着我们说对上帝来说没有什么不可能的,或说他能做到一切的时候,我们是意味着任何自身是可能的东西(whatever is possible in itself)"。① 而"自身是可能的东西"显然是根据我们的理性来加以判断的。如果说洛克和提洛特森的理性宗教观坚持建立一种"合理性"的基督教(reasonable Christianity),那么托兰德则试图将理性在宗教中的运用贯彻到底,建立以理性为唯一基础的"唯理性"的基督教(rationalized Christianity)。前者坚持理性对于宗教信仰的工具性作用,旨在反对容易引起宗教纷争的狂热主义,并否认理性可以认识所有的宗教真理,与奥古斯丁和阿奎那所建立的基督教传统相似。自然神论者却要求理性对于信仰的本体性作用,让理性居高临下审视和判断一切宗教问题。

总之,托兰德将理性绝对化和神圣化了,其结果必然把人的有限的理性看做是无限的理性,并只把那些符合理性的事物视为真理,而凡是不符合理性的事情全都是迷信和偏见,因而是错误的。这种对待理性的不理性态度,终将导致启蒙运动后期对理性的反动和对情感的追求,以及休谟对理性的怀疑。

第三节　托兰德论启示和信仰

一、"信仰就是认识"

在"导论"部分关于信仰的界定中,曾经提到信仰作为主观行为可以分为"相信"和"信靠"两个方面。作为"相信"的信仰,以充足的证据为前提,而作为"信靠"的信仰,无须充足的依据。路德所提出的"惟独信仰",实际上指的是"惟独信靠",强调人作为罪人的绝对软弱和无能为

① 托兰德:《基督教并不神秘》,张继安译,商务印书馆1982年版,第24页。

力,只能完全依赖神的恩典和启示才能得救。可是,随着近代宗教在认识论上的转向,信仰中认识的维度逐渐加强,而到了托兰德,信仰完全等同于认识。他说:"如果所谓认识即是对于所相信的东西的了解,那么我同意这种看法,信仰就是认识:我始终坚持这种看法,而且信仰和认识这两个词语在《福音书》中是交互混用的。"①

首先,在托兰德看来,信仰就是相信或信服,包含人的信仰和神的信仰。与人的信仰相对,"神的信仰或者是指对上帝自己直接向我们讲的话,或者是指我们对于我们相信上帝向他们讲过话的那些人的言谈或著作的默认。"②由于我们现在的一切信仰,都是指的后一类,即对记载着上帝之言的著作《圣经》的信仰,因此必须完全建立在推理的基础之上。在考察《圣经》时,先要确定《圣经》的确是出自于某些作者之手,然后还要考察这些作者的外部表现,最后还要考察《圣经》的内容。

其次,信仰不是偏见、意见或者猜想,而是确证的信念。托兰德说:信仰就是"建筑在可靠推理基础之上的一种最坚定信念"③。德尔图良的"正因为其荒谬,我才相信",在托兰德看来,并不是真实的信仰或信服,因为人们如果相信无法设想的东西,只是一种鲁莽的臆想和偏见,只会引导人们成为狂热者或骗子。人们之所以会产生信仰上的软弱和动摇,那只是因为对自己的信仰缺乏充分的理由。故而对我们所相信的东西进行某种彻底的考察和检验,就能培养和建立我们的信念。

为了证明自己的观点,托兰德引用了《新约·希伯来书》中很著名的一句话:"信仰就是对所望之事的确信的盼望,就是对未见之事的确证。"④他断定,"未见之事"并不是不可理解的事,而是指创世说、死者复活等这类过去或未来的事实。这类事实眼睛固然看不见,知性的眼睛却

---

① 托兰德:《基督教并不神秘》,张继安译,商务印书馆1982年版,第80页。
② 托兰德:《基督教并不神秘》,张继安译,商务印书馆1982年版,第73页。
③ 托兰德:《基督教并不神秘》,张继安译,商务印书馆1982年版,第76页。
④ 托兰德:《基督教并不神秘》,张继安译,商务印书馆1982年版,第74页。

可以了解。他还进一步证明信仰的对象不能是自明的,而是应该是推理的。"见到的希望并不是希望,一个人为什么还要去希望他所看到的事呢? 但是如若我们希望我们看不见的东西,那么我们就必忍耐等候"。①托兰德继而根据《新约·希伯来书》第11章重新阐释了义人亚伯拉罕的信心,以证明他的信仰并不是盲目的。亚伯拉罕在决定按照上帝的旨意将独生子以撒为献祭的时候,并不是盲目地遵从,而是将上帝目前的诫命(将独生子献祭给上帝)和上帝先前的应许(上帝曾经应许亚伯拉罕,他的子孙将像天上的星星和海岸的沙粒那样多)之间的矛盾进行了调和。亚伯拉罕还进行了以下的推论:上帝既然能够使他和妻子撒拉在超过了生育年龄的时候生下以撒,那么也可以通过另外一个奇迹使以撒死而复活。因此,亚伯拉罕的信仰不外乎"根据经验、根据事物的可能性以及根据作出应许的上帝的力量、正义和不可动摇性而作出的极严格的推理"②。

将信仰作为建立在严格推理上的"最坚定信念"是托兰德和17世纪其他理性主义观的本质区别。齐林沃斯主教曾经把知识和信仰区分开来,认为知识的对象是数学定理和形而上学的原则,总是真实的,而信仰和意见类似,无法像知识那样具有让人们不得不信服的力量。宗教信仰和日常事务一样,都是我们根据一定的证据所给予的相信,只能获得"道德上的确定性"。为了反对罗马天主教的绝对无误的标准,齐林沃斯利用与之相对的"道德的确定性"来表明上帝并未赐予人或教会任何无误的向导,所以若在宗教中那样坚持有绝对无误的确定性(如天主教),或者因为无法找到这个"绝对无误性"进而完全否认信仰的确定性(如怀疑论者),都是错误的。我们应该满足于在信仰中所能找到的或然性的证

---

① 托兰德:《基督教并不神秘》,张继安译,商务印书馆1982年版,第75页。
② 托兰德:《基督教并不神秘》,张继安译,商务印书馆1982年版,第76页。

据,因为这种证据才是宗教信仰的合适的向导。① 皇家科学会第一任主席威尔金斯把知识区分为三类:感官知识、数学知识和道德知识。他认为,唯有上帝才具有绝对的无误性,我们通过感官知识知道感知事物的颜色和气味或数学推理只能具有一种"有条件的绝对无误性"。道德知识不是指伦理观,而是指来源于经验和他人的证据的知识。我们以经验为基础,便可相信日夜交替这个基本事实,也可根据某人的权威和诚实来相信耶稣曾经在这个世界上生活过。道德知识不能达到"无可怀疑的确定性",但在宗教信仰中,我们难以实现这种"无可怀疑的确定性",所以在最好的情况下也只能达到"非常有可能"(highly probable)的知识。不难看出,他们都认为不可能用数学证明或严格的推理来证明上帝,认为只能以一定的证据为基础,然后凭着对上帝的权威的信任来相信某个启示或教义。

这种对"道德上的确定性"的提倡呼应了 17 世纪下叶和 18 世纪上叶从奇迹和预言的实现出发来证明启示的神圣性的风潮。自复辟时代以后,"理性主义宗教"的呼声很高,安立甘宗的一位牧师就说:"这个时代的普遍特征就是理性宗教"②,并认为他周围的人都在对宗教进行理性的解释。可是实际上,他们对宗教的理性主义解释主要体现在两个方面:人类理性可以证明上帝的存在;理性能够解释和证明启示的神圣性、必要性和合理性。当时的圣公会护教者们发展了设计论证明,通过宇宙的创造和秩序来维护上帝的存在、神圣旨意、灵魂的不朽和来世的赏罚等内容。这就是理性对上帝存在的证明。在对启示进行证明时,他们只是利用理性来说明启示的必要性和合理性。他们的逻辑就是,如果理性能够证明《圣经》确实是上帝之言,那么包含在《圣经》里面的教义和事件便是真实

① See Shapiro, Barbara. *Probability and Certainty in the Seventeenth England*. Princeton: Princeton University Press, 1983, p. 80.

② Spurr, John. " 'Rational Religion' in Restoration England", in *Journal of the History of Ideas*. Vol. 49, No. 4, 1988, p. 563.

的。理性如何对《圣经》的真实性进行证明呢？首先，《圣经》中的教义是耶稣和摩西所教导的，而他们是上帝派来的先知，所以圣经教义是神圣的。再者，他们作为先知的身份，可以从他们所行的神迹中得以证明。这些神迹之所以为真实，就在于那些亲眼亲耳见证神迹的使徒可以作证。得了天启的使徒又将他们的所闻所见记录下来成为《圣经》，所以无论是耶稣和摩西的教导，还是关于神迹的见证，都通过《圣经》文本代代相传。这些证据无不确切地证实了《圣经》的神圣性质。既然我们无法亲自见证耶稣，也无法期盼更多的神迹，我们不能要求比这更高的确定性，只能以来自于他人的证据为基础相信《圣经》确为上帝之言。既然理性已经证明《圣经》是上帝之言，《圣经》的内容就一定是真理，故而理性继续探究《圣经》的教义内容便是毫无意义的。既然理性证据表明《圣经》是上帝之言，我们就有外在的义务和责任去相信上帝的一切告诫，而不再需要通过推理理性去证明《圣经》的内在一致性。如果非要在推理理性证明了事物的真理之后才去相信，那么这是科学，而不是信仰，或者说，这是"因为真理的缘故去相信上帝，而不是因为上帝的缘故去相信真理"①。在安立甘宗护教者进行理性证明的时候，他们同时还不断指出"在工具（这里指理性）和设计者之间，在侍奉和权威之间，存在着巨大的差别"②。

由此可见，安立甘宗护教者对信仰的理解是"合理性"的，与基督教传统类似，不仅是指以一定证据为基础的"相信"，而且还指仅凭上帝的权威而信赖他的"信靠"。与此不同，托兰德所推崇的信仰与理性推理并无区别。首先，信仰的对象与理性的对象完全一致。信仰不限于神圣的事物，还可以是世俗的事物，而且并不能因其神圣就可以超越理性的探究。另外，信仰的方式就是理性推理，即理性根据中间观念对两个观念是

---

① Spurr, John. "'Rational Religion' in Restoration England", in *Journal of the History of Ideas*. Vol. 49, No. 4, 1988, pp. 576-577.

② Spurr, John. "'Rational Religion' in Restoration England", in *Journal of the History of Ideas*, Vol. 49, No. 4, 1988, p. 569.

否一致进行判断。最后,信仰和理性推论都具有确定性。在确立了理性的绝对权威之后,托兰德开始对启示、《圣经》和奇迹这些被视为具有超自然色彩的事物进行分析。

二、启示理性化

托兰德对于启示和奇迹的理解在本质上类似于赫伯特。在《基督教并不神秘》中,托兰德并不否认启示存在的必要性,因为启示和自然事物一样是我们理性认识的来源之一。他也没有像后来的自然神论者那样去对启示进行激烈的批判。但是在他的理性主义目光之下,启示被高度理性化了,因而与正统的启示观有了很大的区别。洛克在《人类理解论》中曾经将所有的命题划分为"超乎理性、反乎理性和合乎理性"三类,并认为启示必不能违背理性,只能合乎理性或者超乎理性。然而托兰德却认为,启示既不可能违背理性,也不可能超越理性,只能合乎理性。

前文在讨论托兰德的理性观时,提过他把启示自然化为理性的普通对象,其途径是将启示与日常事物等量齐观,特殊启示与其他自然事物都是我们借以达到认识的方法,并不具备令人信服的权威,因为真正令人信服的不是启示者的权威,而是在于人们对启示者所讲的话形成了清楚的观念。启示并无超出其他自然事物的优越性,并不能因其来自上帝而必定得到人们的同意。在某种意义上,人也可以发布启示,正如托兰德大胆所言:"无论谁揭示任何事情,这就是说无论谁要告诉我们一些我们以前所不知道的事情,他讲的话必须是可以了解的,而且事情必须是可能的。只要这个规则得到遵守,就让上帝或人成为启示者吧。"①人的启示和神的启示的共同点在于所启示的事情都是既可以理解也有存在的可能性。但是人的启示在真理问题上可能进行欺骗,而上帝不会骗人,所以虽然人

___

① 托兰德:《基督教并不神秘》,张继安译,商务印书馆1982年版,第25页。

的启示和神的启示都具有同样的清晰度,上帝却具有更大的确定性。

另外,启示的内容必须符合理性,不能是人无法设想的东西。上帝并未在启示中赋予人新的理解能力,所以如果上帝所启示的东西与人们的一般见解不相一致,那么上帝就达不到向人们讲话的目的。人们一定要先对某个东西产生理解才能信仰它,譬如对一个叫 Blictri 的东西,如果某人并不知道这个 Blictri 究竟是什么,他如何能够相信它的存在呢?① 即便是《圣经》中的先知,也不是对启示毫不犹豫地信任。先知耶利米在监狱中得到了启示,说他叔叔的儿子将把地卖给他,可是他并没有断定这是主的话,直到他的堂弟来与他交涉。因此,先人也是"根据对事与物的清楚的和有力的理由,而不是根据盲从才信奉了上帝的启示"。②

上帝启示出来的圣言都记录在《圣经》中。托兰德承认《圣经》特别是《新约》的神圣性,并经常引用《圣经》经文来佐证自己的观点。但是他始终坚持认为《圣经》的权威和其他启示一样,必须接受理性的考察。"《圣经》自身中就存在着神圣性的最鲜明的品格,但是,却是靠理性来发现它们,检验它们,并且根据理性的原则来赞成它们和宣布它们是有根据的。"③《圣经》不可能包含有矛盾而违背理性,因为这样一来,我们对于《圣经》的教义便无法形成任何观念。

奇迹是证明启示神圣性的重要证据,但是奇迹也不能违背理性,任何违背理性的事情都不可能是奇迹。如果奇迹违背理性,那么只能是虚构的,例如舌头割下来还能讲话等。奇迹的活动方式是超自然的,因为"一种奇迹就是某种超越人力的活动,而且这种活动,自然规律凭借它通常的作用也不可能完成"。④ 尽管如此,奇迹的活动方式仍然是某种自身可以理解的、并且可能发生的事情。《旧约》记载尼布甲尼撒王将三位基督徒

① 参见托兰德:《基督教并不神秘》,张继安译,商务印书馆 1982 年版,第 74 页。
② 托兰德:《基督教并不神秘》,张继安译,商务印书馆 1982 年版,第 27 页
③ 托兰德:《基督教并不神秘》,张继安译,商务印书馆 1982 年版,第 20 页。
④ 托兰德:《基督教并不神秘》,张继安译,商务印书馆 1982 年版,第 83 页。

投入烈火中而三人竟然毫发无损的奇迹。托兰德在分析这个奇迹时认为，安全行走于烈火之中这件事情并不是不可设想的，只要找到一种可以排斥一个人四周的火焰和光热的物质即可。这个奇迹之所以被视为奇迹，只是因为这件事情不是来源于一种自然的技艺或运气，而是超自然力的直接结果。

不过，在谈论奇迹与自然规律的关系时，托兰德显得捉襟见肘。他一方面说，上帝不会胡乱制造奇迹，自然秩序若不是因为某种适用于神的智慧尊严的重大目的是不会改变、停止或前进的，即奇迹是对自然秩序的改变，可另一方面他又说奇迹是"按照自然规律产生的"，却"取得了超越自然规律通常的效果"。① 另外，托兰德对于奇迹的理性主义分析，故意避开了上帝道成肉身这个最重要的奇迹。《圣经》中的奇迹一般可以分为两类：自然界的奇迹，如变水为酒、医治众人、让死人复活等；道德意义上的奇迹，如道成肉身、预言实现等。托兰德在对奇迹进行自然化的解释时，主要考虑的是自然界中发生的奇迹，对于道成肉身的奇迹，却闭口不谈。

三、基督教中无神秘

托兰德首先对"神秘"一词的含义做了一番考据。古代异教徒用各种礼仪、献祭和虚饰把他们的宗教伪装起来，在履行最高的宗教崇拜活动时，不允许普通信徒参加，以保持其神秘性。异教徒的祭司还把持着向他人传授宗教神秘的特权。因此，"在那个时代人们把神秘理解为就其本身而言是可以理解的某物，但被别物完全掩盖了，因此若无特别的启示就不能被认识。"②而在通俗的意义上，神秘就是指那些秘密的事情，或者是

---

① 托兰德：《基督教并不神秘》，张继安译，商务印书馆1982年版，第86页。
② 托兰德：《基督教并不神秘》，张继安译，商务印书馆1982年版，第48页。

人们故意保持其神秘性,或者是由于偶尔的原因变得晦暗不明。

不过,许多人认为基督教的教义虽然被清楚地揭示出来,其自身仍然是不可设想的,是超越理性的。为了驳斥这一说法,托兰德回到《新约》继续进行考证。根据新约经文,他认为神秘就是指福音、基督教的神秘、上帝和耶稣的神秘。他承认,异教徒的哲学家无论多么有眼光,也不能预言基督的降临或肉体的复活,即便讲出了类似的真理,也只是碰巧。但是他很快便指出,就福音书而言,基督教的某些教义在被启示出来以前,对于异教徒的哲学家而言,确实是巨大的神秘,可是对我们而言,它们已经被揭示出来了,所以并不是神秘。托兰德因此得出结论:"在全部《新约全书》中,神秘决非指任何就其自身而言不可设想的东西,或指任何虽然清楚地被启示出来、但我们的普通见解和能力无法加以判断的任何东西;而且与此相反,难道神秘不总是指某些本来就是完全可以理解的东西吗;但是,这些东西或者被形象的词句和仪式深深地掩盖住了,或者完全停留在上帝独有的知识和法令中,以至若无特殊的启示便不能被发现。"①同时,他还影射批评教士阶层之所以坚持让平信徒相信他们所谓的神秘,并不是根据理性的力量来决定这些事物是神秘,而是"根据由此产生的利益"来这样做。

另外,根据洛克的"实体"学说以及"名义本质"和"实在本质"的区分,托兰德认为,并不能因为我们无法对事物形成恰当的观念或者无法设想某些事物的某些性质,便认定这些事物是神秘。按照洛克的理论,心灵通过感觉和反省获得大量的简单观念,但是这些简单观念不能独立存在,因此人们"惯于假定一个基质,作为它们的寄托,作为它们产生的原因,我们也就因此称这个基质为实体"②。这种作为简单观念集合体存在的东西,洛克称为"概括的实体"。概括的实体还包括物质实体和精神实

① 托兰德:《基督教并不神秘》,张继安译,商务印书馆1982年版,第63页。
② 《十六——十八世纪西欧各国哲学》,北京大学哲学系编译,三联书店1953年版,第257页。

体。我们把形相、运动、静止、颜色、声音等观念与不知究竟的物质实体联合起来,便得到了物质的观念。例如,在实体上加上灰白的颜色、硬度、韧性和可溶性等观念,便可以有了铅的概念。不过物质实体只是建立在假设基础之上的超验支撑,不存在于任何物质之中,所以我们不能对它进行感觉和反省,也不能对它形成任何清楚明白的观念。不过我们并不能因为对实体毫无所知,就因此断定它们不存在。关于"本质",洛克提出了"名义本质"和"实在本质":前者表现后者,后者支撑前者。名义本质(名称本质)是事物的具体性质,如蜂蜜的名义本质就在于其颜色、滋味等性质;实在本质是事物的内在结构,是此物一切性质的根据和承担者,我们虽然相信实体本质必然存在,但是对它一无所知。由此在认识论上,洛克认为实体和事物的实在本质是不可知的。

根据这种不可知论,托兰德进行归谬和推断,认为无法知道的事情不等于神秘的事情。如果凡事因为没有对其一切性质形成清楚的看法,便被说成是神秘,那么自然界中的任何一件事物都会成为某种神秘,因为我们对于任何事物都不会有完整无缺的概念。桌子是人们最为了解的,可是不能因为人们无法清楚地知道桌子可以分割成多少部分,就说这张桌子是超越人们的理性。"和任何一种天地万物一样",任何基督教的教义,"不能因为我们对任何属于它的东西没有一种恰当的或完全的观念,而被斥之为某种神秘"[1]。上帝和永恒也是如此。和对上帝的受造物的了解一样,我们只能了解上帝全能、全善、全知的属性,却无法了解他的本质。所以上帝并不能因此而有更多的理由成为神秘。尽管我们对上帝的理解有限,我们的宗教活动无不只是以对上帝的某些属性为指导,并不考虑上帝的有些本质未为我们所认识。托兰德似乎在暗示,上帝的神圣三一本质恐非我们所能理解,故而可以不必去理会。对于永恒,我们只能形成一个有限的或者否定性的观念,无法通过理性来穷尽对它的理解,可是

---

[1]　托兰德:《基督教并不神秘》,张继安译,商务印书馆1982年版,第47页。

这并不意味着永恒就是超越理性的。理性对一个可以设想的圆形和对不可设想的永恒都是在履行其作用，而"永恒并不因其不能设想就比一个圆形因其可以设想而超越理性"①。

托兰德将洛克学说中的不可知论偷换与简约为实际上的不必知道。洛克在认识论上的不可知论导致他在神学上为启示保留了很大的空间。对洛克而言，不可知便意味着超越理性，从而启示也是理性无法加以判断的。然而托兰德通过功用论阻断了这一可能。他说："既然我们对那不可知的东西不能有任何观念，那么它对我们也就无足轻重。"②我们在日常生活中，不知道一滴水由多少分子组成，却仍然使用水，可见有所不知并不会影响我们的实际生活和信仰。因此，我们应该满足于获得确实而且有用的知识，而不必去费劲思考那些虽被认识却无用，或者根本不可能被认识的东西。如果是像启示那样最有用和最必要的知识，上帝必定会让我们容易获得理解，就像我们对木头石块容易形成理解一样，而"无限的善不乐意启示给我们的东西，我们或者依靠自己就完全能够发现，或者根本没有必要去了解它"③。这样一来，宗教中那些无法认识的事情便成了无需认识的事情。

最后，托兰德还进一步解释了基督教的神秘的具体来源。在托兰德看来，耶稣和使徒时期的基督教保留着可贵的质朴。"耶稣基督来不是要废掉、而是要成全律法"，所以耶稣把以前法律只作出了含混不清的说明的地方进行了充分清楚的说明，教诲人如何进行合乎理性的礼拜和如何理解关于天国正义的教义。这样他就让真理变成了连智慧最低下的人都容易理解的东西，也就是说"剥掉了那些使真理难于被人们了解的外在形式和仪式"④。可是这种质朴性首先被异教徒的哲学和对神秘仪式

---

① 托兰德：《基督教并不神秘》，张继安译，商务印书馆 1982 年版，第 48 页。
② 托兰德：《基督教并不神秘》，张继安译，商务印书馆 1982 年版，第 46 页。
③ 托兰德：《基督教并不神秘》，张继安译，商务印书馆 1982 年版，第 51—52 页。
④ 托兰德：《基督教并不神秘》，张继安译，商务印书馆 1982 年版，第 87 页。

的推崇给损害了。古希腊的哲学家用哲学术语来解释基督教,把所有的教义都变得深奥难懂。早期基督徒为了争取异教徒,对他们富丽堂皇的宗教崇拜和拜神的神秘仪式加以让步,故而在基督教成为国教以后,这些弊病就被沿用下来,并进一步导致了教士们的富有、奢华和尊严。因此,"在基督诞生后的最初一百年或一个世纪里,神秘还不怎么流行;但是,在2—3世纪,靠着各种礼仪,它就开始确立了"①。早期的教士阶层为了自身利益恢复了各种神秘,并靠着各种礼仪和戒律典制来推行神秘,并最终垄断了对《圣经》的解释权。在托兰德看来,礼仪"以纯粹无端意义的神秘外衣来表达宗教"②,导致心灵脱离了宗教的本质。由此看来,托兰德不过是要证明,基督教本来是很简单质朴的,却因为教士出于私利将异教徒的神秘仪式继承下来,从而导致教义被遮蔽和模糊了。他主张清除基督教中的神秘,其实并不是要取消基督教中具有神秘色彩的三一论和死而复活等传统教义,而是试图将理性主义贯彻到底。

托兰德的理性观和启示观在总体上是比较温和的。在洛克的影响下,他将理性理解为来自于感官认识的经验理性,抛弃了原来理性所具有的天赋色彩。他用纯粹理性的方法去理解信仰和启示的内容,将信仰完全等同于理性认识,也导致启示失去了原来的神圣权威性质,成为理性认识的普通对象。他还进一步对奇迹的内容进行自然主义的解释,认为奇迹不过是按照自然规律借着超自然的力量形成的。他否认了基督教的神秘性,将基督教的神秘归结为教士对异教徒的礼仪的继承和滥用,但是他并没有否认启示和奇迹,反而认为它们在符合理性时也能起到一定作用。虽然他主张建立唯理性的宗教,反对一切宗教权威,包括上帝的权威,否认基督教中的神秘,但是这一切并不像看上去那样激进。托兰德始终是以基督教的忠实信徒的身份,站在拥护国教的立场上,宣称基督教中没有

---

① 托兰德:《基督教并不神秘》,张继安译,商务印书馆1982年版,第92页。
② 托兰德:《基督教并不神秘》,张继安译,商务印书馆1982年版,第94页。

神秘的事物,其修辞语气与一个新教徒反对罗马教皇制度的烦琐教会礼仪以及教士诡计差不多。托兰德的目的是使基督教去神秘化,尽量减少那些看上去不可理解的地方,让宗教完全能够为理性理解,试图将基督教牢固地建立在理性的基础之上。

第五章 廷得尔:理性启示化

第一节 从托兰德到廷得尔

当托兰德在 1696 年出版《基督教并不神秘》并引起喧嚣和骚动的时候,另一位自然神论者马修·廷得尔(1657—1733)却在牛津大学万灵学院的书斋中进行着平静的研究工作。根据相关传记资料来看,廷得尔一生衣食无忧,生活安定,与托兰德飘零不定的动荡一生形成鲜明对比。廷得尔 1657 年出生于英格兰德文郡,父亲是一位牧师,母亲出生于德文郡的绅士之家。1673 年,廷得尔进入牛津大学的林肯学院学习,并于 1676 年获得学士学位。两年后,他被举荐成为牛津大学万灵学院的法学生员(唯有父母双方均为绅士出身者才能获此资格),并从此在牛津度过终生。廷得尔精通法学,分别于 1679 年和 1685 年获得民法学学士学位和民法学博士学位,对于当时流行的自然法原则了如指掌,这为他后来以自然法为基础来阐释自然神论奠定了基础。除了在牛津大学授业解惑之外,廷得尔还在伦敦从事法律实践活动。1685 年,他成为伦敦民法协会的一名律师。他还担任过皇家舰队的助理法官,甚至参与了针对某位意大利贵族的审判。此外,他还是政府部长们在国际法问题上的法律顾问。根据史料,廷得尔因此享受每年 200 镑的皇家俸禄。

在基督教信仰上,廷得尔和齐林沃斯相似。他曾经在詹姆斯二世派来牛津大学的一些耶稣会士的影响下,于 1685 年由安立甘宗改信罗马天主教。可是,他很快就意识到了天主教的愚蠢,于是重新回归到安立甘宗。这段经历曾被廷得尔的敌人指责为政治投机主义,但是贝瑟尔·威利却认为这种指责不妥,其原因有二:第一,安立甘宗在神学上本来就很接近于天主教,所以在改信上十分方便;第二,廷得尔回归安立甘宗并不是发生在 1688 年光荣革命之后,而是在此之前。① 无论是出自何种原因,廷得尔的宗教立场是安立甘宗的低教派,在政治上同情辉格党,反对君权神授的专制思想。这些在《基督教与创世同龄》(1730)中都有充分的体现。

　　除了《基督教与创世同龄》这本被称做是"自然神论的圣经"以外,廷得尔还写过其他一些讨论法律、政治和宗教问题的论著。1694 年,廷得尔发表了《论国家的法律》,这是他公开出版的第一部论著。在这部论著成书之前,在 1688 年光荣革命中丢掉王位并流亡海外的英国国王詹姆斯二世雇佣了一些士兵去袭击英国船只。于是英国海军部下令,让时任海军部法官的欧迪斯博士起诉这些士兵为海盗。可是欧迪斯拒绝从命,随后被革除了职位。廷得尔很快取而代之,担任了这一政府职位,并且写下了《论国家的法律》,驳斥了欧迪斯的论证,坚持认为应该将那些士兵判为海盗。此后不久,廷得尔又写了《论对至尊权力的顺从和在一切革命中臣民的职责》,表达了对威廉国王的支持,对光荣革命之后的立宪君主制赞扬有加。1715—1727 年间,廷得尔发表了一系列论著,表达对政府的支持。除了这些论述之外,廷得尔更为知名的作品是《论基督教会的权力》(1706)。这本书攻击高教派的教职人员的权力,并宣称平信徒拥有崇拜上帝的自由权力。

　　在廷得尔之前的自然神论者,大都强调理性的作用,对基督教正统神学中与理性不一致的因素进行了批判。托兰德不反对启示、奇迹甚至超

---

① See Willey, Basil. *Christianity Past and Present*. Cambridge: Cambridge University Press, 1952, p. 88.

自然的作用本身,但是他反对基督教的神秘性和超越理性的启示,认为神秘是神职人员出于私利将异教徒仪式引入使徒时期的原始基督教的结果,其实并不神秘,而启示则是被揭开的神秘,是人的经验理性可以理解的。他用解释自然现象的经验理性来解释超自然的奇迹,认为奇迹也是以自然规律为基础的,只是产生了超自然的效果而已。

在托兰德和廷得尔之间的安东尼·柯林斯和托马斯·乌尔斯通分别对基督教护教体系赖以建立的两大证据,即以奇迹和预言为外在证据的论证进行了批判。① 在《论基督宗教的基础和理由》中,柯林斯指出,奇迹证明存在着谬误,因为关于奇迹的见证并不可靠。他说:"从福音计划来看,耶稣所行的奇迹绝对无法证明耶稣的弥赛亚身份,也无法证明基督教的真理。"②所以,预言的证明是基督教唯一的支撑,但是预言的证明要求对《圣经》通过寓意解经法来解释,而寓意诠释通常会受到诠释者的个人幻想的影响,所以也无法令人信服。如果基督宗教不能建基于奇迹和预言的证明之上,那么什么才是基督宗教的根基呢? 柯林斯给出的答案是理性。在《论理性之运用》中,柯林斯不仅举例说明了如何运用理性来诠释《圣经》这个最大的启示,而且指出,洛克所说的"超越理性的事物"往往成为神学家的借口,以便为宗教神秘保留一席之地,使之凌驾于理性的考察之上。在对六种"超越理性的事物"的理解进行分析之后,科林斯得出结论认为,这些事物要么是指"符合理性的事物",要么纯粹是指一些我们无法对之形成观念因而无法形成命题的事物。也就是说,事物要么符合理性,要么违背理性,根本不存在什么"超越理性的事物"。③

在 1727 年到 1730 年间,乌尔斯通陆续出版了六部关于耶稣所行的奇迹的著作,即《救主的神迹六论》。这部著作极尽挖苦讽刺之能事,分

---

① See Bard, William. *History of New Testament Research*. Minneapolis: Fortress Press, 2003, p. 43.

② Collins, Anthony. *A Discourse of the Grounds and Reasons of the Christian Religion*. New York & London: Garland, 1976, p. 37.

③ 柯林斯:《论自由思想》,王爱菊译,武汉大学出版社 2010 年版,第 3 页。

别对六位主教进行嘲讽。在第一篇里他表明,预言的证明是失败的,而通过奇迹来证明耶稣的弥赛亚身份也同样是谬误。他最惊人的观点就是:如果从字面意义上去理解奇迹,那么奇迹就是"完全不可能,毫无可信度,最为粗俗的荒谬,而且对于耶稣之名是极大的侮辱"。① 在乌尔斯通的这部著作里,《新约》中的奇迹变得可笑不堪,荒诞不经,连死而复活也成为一个笑柄。在《新约》里(《马太福音》9:30—32,《马可福音》5:11—13,《路加福音》8:23—22),耶稣曾经把魔鬼赶入一群猪,使得这群猪坠崖而死,从而给放猪的主人造成损失。乌尔斯通认为,在他本人所处的那个时代,如果有人做出同样的事情,法官就会判处鞭笞的惩罚。他还提到了耶稣因为无花果还未结果无法解除饥饿就诅咒无花果树的事情(《马太福音》21:18—19,《马可福音》11:12—14),认为这也是非常可笑的,因为那时还不是无花果结果的季节。若是有农夫以无花果不能在那个时候结出果实为由而将果树砍掉,那将成为一个笑柄。

　　廷得尔在《基督教与创世同龄》中对启示、《圣经》或奇迹的批判在深度和广度上超过了以往所有的自然神论者。廷得尔不仅批判了用奇迹证明启示的做法,揭示了教父们用寓意解经法诠释《圣经》经文所带来的可笑谬误,指出了《圣经》与自然法的矛盾,而且更重要的是,他颠覆了基督教神学中理性和启示、自然神学和启示神学的关系。自阿奎那以来,正统神学无不认为,自然神学是启示神学的基础,但启示神学包含自然神学无法获知的神的旨意,超越自然神学之上,弥补了自然神学的缺陷。廷得尔却认为,上帝在创世之初便将以事物的理性本质为基础的自然宗教赐予了人类,还赐予了人类理性以理解自然宗教,人类凭借理性完全可以明白自己对于上帝以及对彼此的职责。作为上帝自创世之初便建立起来的自然宗教是永恒不变的上帝律法,自然宗教先在于并优越于启示宗教,启示

---

① Woolston, Thomas. *A Discourse of the Miracles of our Savior*. New York & London: Garland, 1979, pp. 19–20.

宗教只是自然宗教的再发布和恢复。理性成为衡量《圣经》、奇迹和预言的绝对权威,凡是不符合理性的都不能视为宗教的一部分。正如廷得尔在《基督教与创世同龄》的最后一章关于基督教自然神者与基督徒的区别时所提到的那样,基督徒不敢审查《圣经》教理中的真理,而自然神论者"并不因为教理包含在《圣经》中就相信那些教理,而是因为教理本身而相信经文",他们"抱着批判的态度,运用理性来审查那些教理"。①

托兰德、柯林斯和乌尔斯通三位自然神论者对基督教中作为证据的神秘、奇迹、预言的批判,为廷得尔积极构建一个完全理性的基督教做好了准备。如果说这三位自然神论者以批判基督教正统为主,那么廷得尔则是在批判基督教正统的同时进行了建设性的工作。廷得尔要让基督宗教建立在绝对无误、普遍存在而且永恒不变的基础上,而这个基础在他看来就是理性和自然法。

第二节　理性启示化

一、廷得尔的自然法理论:与洛克之比较

前文提到,廷得尔熟谙法律理论,而且从事法律实践。因此,他选择从自然法的视角来理解和阐释理性、启示和自然宗教,这并不让人感到意外。不过,在关于英国自然神论的英语研究文献中,对廷得尔的自然法思想的探讨却屈指可数。摩斯那(E. C. Mossner)在讨论自然神论的来源时,曾经很简略地提到自然神论的基础是宗教领域之外的自然法理论。②加拿大的加乌西克(Kavcic)在他的硕士论文(1997)中考察了廷得尔早

---

① 廷得尔:《基督教与创世同龄》,李斯译,武汉大学出版社2006年版,第312页。
② See Mossner, E. C. *Bishop Butler and the Age of Reason*. New York: The Macmillan Company, 1936, p. 23.

期的几篇论著,探讨了廷得尔的自然法观点与格劳秀斯和洛克的自然法理论之间的相近,并指出,"自然法是廷得尔用来攻击基督教的一个基石,因此自然法传统应该被视为英国自然神论的思想来源之一。"①加乌西克只是研究了以廷得尔为代表的自然神论个案,并未考察其他自然神论者,而在自然神论者之中只有廷得尔明确体现出自然法思想,所以将自然法理论作为整个自然神论的思想来源的结论未免过于仓促。不过,摩斯那和加乌西克显然都意识到了自然法理论对于自然神论特别是廷得尔所代表的成熟自然神论的基础作用。本书赞同这一视角,因为在廷得尔的著作《基督教与创世同龄》中,自然法(the law of nature②)的字眼俯拾皆是,体现出浓郁的自然法精神。那么,廷得尔的自然法思想包含哪些内容,他又是如何以自然法的理论框架完成对自然神论的构建呢? 接下来,本书将先分析洛克及此前的自然法传统,然后以之为参照来比较区分廷得尔和洛克的差异,以此来凸显廷得尔的自然法思想。

"自然法"是指一套在自然中普遍存在、永恒不变的法律原则,所有人都可以通过理性或天赋能力加以认识。在西方思想史上,自然法的传统十分悠久,经历了古典自然法、中世纪宗教自然法、近代理性主义自然法和现代自然法等几种不同的形态。自然法可以追溯到古希腊哲学的斯多葛学派。该学派创始人芝诺认为,宇宙普遍的规律就是"正当理性",人的理性是宇宙普遍理性的一部分。这个支配宇宙及人的理性就是自然法。到了中世纪,托马斯·阿奎那极力调和理性与信仰、自然法与教义的矛盾,构建了以自然法思想为核心的基督教哲学体系。他指出,自然法的

---

　① Kavcic,John Andrew. *English Deism and Natural Law:The Case of Matthew Tindal*. University of Victoria,Master Thesis,1997,pp. 81–82.

　② 在廷得尔的《基督教与创世同龄》的英文原版中,the law of nature 这个英文词组出现非常频繁,与 natural law 可以交换使用。《基督教与创世同龄》的中文译本(李斯译,武汉大学出版社 2006 年版)中通常将该词组译为"自然法则"。不过,本书认为,考虑到廷得尔对基督教的理解基于他对自然法的理解,而他所强调的是人心自然拥有的道德律,即"自然法",而不是人在物理世界中所发现的自然规律或"自然法则",所以该词最好译为"自然法"。下文在引用该译本时将这个词语变更为"自然法"。

第一条原则是"趋善避恶"。在奥康的威廉之前,神学家们无不认为自然法独立于上帝之外,内在于宇宙的秩序之中,上帝不会运用意志让恶变成善。威廉却认为,善恶取决于上帝的意志。这就是说,某物之所以为善,并不是事物的内在本性,而是取决于上帝。上帝甚至还可以让看上去为恶的行为变成善。不过,威廉仍然认为,上帝虽然有能力随时改变善恶,却不会选择这样去做。在近代的英国,胡克在他的《教会政制法规》(*Of the Laws of Ecclesiastical Polity*)中加入了自然法的概念,强调合法的政府应该以被统治者的同意为基础。当然,胡克和许多基督教思想家一样,认为自然法的原则就体现在《圣经》之中,譬如耶稣的两条诫命:爱上帝和爱邻居。到了 17 世纪末和 18 世纪上叶,自然法精神已经深入人心。欧洲人普遍认为,上帝是理性的,人按照理性认识上帝的存在和属性,自然界按照既定的物理学—力学规律运行,社会组织和政治机构则按照自然法原则运行。

在 17 世纪,自然法在格劳秀斯和洛克那里得到重要的发展。格劳秀斯反对怀疑论者的善恶相对论,反对他们提出的善恶取决于个人利益观点,干脆把这种观点贯彻到底,承认人确实是出于个人利益才构建社会,所以自然法在内容上必须考虑社会存在。为了保证社会的存在,就必须在最低限度上保证"自我保全"和"不侵害他人"这两条原则。他还举出许多经验实证表明如果没有这两条原则,社会就无法存在。在这种意义上,上帝即便不存在,自然法的原则因其自明性、普遍性和确定性也具有命令人服从的效力。格劳秀斯否定《圣经》就是对自然法原则的阐释,发展了世俗化的自然法观念。

洛克进一步发展了格劳秀斯的自然法原则。在《政府论》(上篇)中,洛克反对菲尔麦的"君权神授"说。菲尔麦站在保皇党人的立场上,以自然法为国王的世袭权力辩护。他认为,国王对臣民的权力在性质上类似于父亲对孩子的权力。如果在自然法的意义上,父亲对于孩子拥有绝对的权力,那么国王也对臣民拥有绝对的权力。洛克针锋相对地说:父母对于儿女的权力只是暂时的,将随着儿女的成年而消失。另外,这种权力完全是为了儿女的利益,而不是"一种绝对的、专横的统辖权"①。洛克还从"自然状态"出发来分析自然法的内容。他认为:自然状态是"一种完备无缺的自由状态",人们在自然法的范围内,按照他们认为合适的方法,决定他们的行动和处理他们的财产和人身,无须得到任何人的许可或听命于任何人的意志。同时,自然状态也是一种平等状态。人人生来就享有自然的、同样的有利条件,不存在从属和受制的关系。不过,自然状态虽是自由的状态,却不是放任的状态。人具有处理他的人身或财产的无限自由,却没有豁免自身或他所占有的任何生物的自由。也就是说,保全生命是人的自然权利。除了自我保全以外,人还应该保护他人,"正因为每一个人必须保全自己,不能擅自改变他的地位,所以基于同样理由,当他保全自身不成问题时,他就应该尽其所能保全其余的人类,而除非为了惩罚一个罪犯,不应该夺去或损害另一个人的生命以及一切有助于另一个人的生命、自由、健康、肢体或物品的事务"②。对于格劳秀斯所提出的"不侵害他人"原则,即从消极意义上去理解个人和他人的关系,洛克不仅给以承认,而且进一步从正面指出,自然法原则还包括"保全他人"。以"自然状态"为基础,洛克还提出了政府或者国家的产生问题。人们在自然状态所享受的自然权利并不安全,也很不方便,随时随地都会遭到破坏,所以导致人们自愿放弃为了保护自己和别人的自然权利而单独执行自然法的权利,而在同意的基础上把部分权利转让给一个政府,由这个政府来解决冲突。这个政府的目的就是"为了人民的和平、安全和公众福利"③。他还认为,如果政府违背了人们的公共利益,人们有权利重新组织政府,因为"人民的福利是最高的法律"④。

---

① 洛克:《政府论》(下篇),叶启芳、瞿菊农译,商务印书馆 2004 年版,第 30—40 页。
② 洛克:《政府论》(下篇),叶启芳、瞿菊农译,商务印书馆 2004 年版,第 6—7 页。
③ 洛克:《政府论》(下篇),叶启芳、瞿菊农译,商务印书馆 2004 年版,第 80 页。
④ 洛克:《政府论》(下篇),叶启芳、瞿菊农译,商务印书馆 2004 年版,第 97 页。

自然法具有确定性,洛克反复强调这一点。洛克说:"自然状态有一种为人人所应遵守的自然法对它起着支配作用;而理性,也就是自然法,教导着有意遵从理性的全人类。"①理性即是自然法,由理性可以确切地推导出自然法原则。由于洛克对天赋观念持有批判态度,自然法原则并不是天赋观念,因此它既不是以"正当理性"的形式出现,也不是表现为镌刻在人的本性之上的一系列道德准则,而是根据确定的第一原则演绎出来的。研究洛克的专家约尔顿说:"对于洛克而言,自然法在道德中所扮演的角色正如同时代人对于天赋的诉求:它为道德之善提供了一个坚定而不可改变的基础。"②不过,洛克从未明确地说出理性如何推导出自然法。

至于自然法究竟包含着什么内容,洛克并没有给出集中而系统的阐述,正如他在《政府论》(下篇)中所言:"我不准备在这里论及自然法的细节。"③有些现代学者对洛克关于自然法的纲要进行了总结。综合科比和雷顿的研究④,这些自然法规则大体可以被归纳为十四条自然法:(1)敬拜上帝;(2)自我保存;(3)保存人类;(4)尊重私有财产;(5)获得私有财产的自然限制,即不得浪费和限制有足够多和足够好的东西留给他人;(6)父母照顾子女的义务;(7)子女照顾、尊敬父母的义务。而一旦政治社会得以建立,额外的自然法就会在政治社会中起作用:(1)有限政府;(2)由同意而产生政府;(3)大多数人同意规则;(4)立法权优先原则;(5)特权;(6)反抗权;(7)正义的征服。还有学者进一步指出:

---

① 洛克:《政府论》(下篇),叶启芳、瞿菊农译,商务印书馆 2004 年版,第 6 页。

② Yolton, John. "Locke on the Law of Nature ", *Philosophical Review*, Vol. 67, No. 4, 1958, pp. 481-482.

③ 洛克:《政府论》(下篇),叶启芳、瞿菊农译,商务印书馆 2004 年版,第 8 页。

④ See Coby, Patrick. " The Law of Nature in Locke's Second Treatise: Is Locke a Hobbesian?", in *the Review of Politics*, Vol. 49. Winter, 1987, pp. 3-28. Von Leyden, W. "John locke and Natural Law", in *Philosophy*, Vol. 31, No. 116, January 1956, pp. 23-26. 在莱顿看来,洛克倾向于把自然法看做一个深信不疑的前提,而无意探究其内容。

在洛克明确表达出来的这些自然法细则中,其层次和先后顺序是不一样的。根据这些自然法的重要性和逻辑顺序,我们可以将自然法分为三类:第一类自然法是绝对自然法;第二类是优先性自然法;第三类是基本自然法。所谓绝对自然法只有一条,那就是对于上帝的敬拜和服从,人是上帝的创造物,因而人类是上帝的奴仆,上帝是人的主人正因为人类是上帝的创造物,所以人类就对上帝负有责任和义务,这种义务要求人们彼此之间保护好上帝的创造物——人类是上帝的财产,没有人有权毁坏不属于自己的财产。对上帝敬拜的义务直接就会引申出自我保存和保存他人的义务。这两条自然法是绝对自然法之后最具有优先性的自然法,这两条自然法其实就是上帝的命令。①

自然法虽然确定,但是从洛克的著作来看,自然法可能还存在着认知上的困难和实践上的无效。在《政府论》(下篇)开头,他说:"自然理性教导着有意遵从理性的全人类。"但是不久,他又说,"有些人由于对自然法缺乏研究而茫然无知"②。人类对自然法的无知,不仅发生在自然状态中,而且还发生在公民社会里。在耶稣降临之前,异教徒的哲学家通过自然理性和繁冗复杂的方式来推演自然法,但是他们未能"凭着毋庸置疑的原则和清晰的演绎推理"③构建出完整的自然法体系,更不能使得他们推导出来的道德律令具有神圣的权威。此外,大多数的普通人因为缺乏必要的闲暇、教育和时间无法通过烦琐推理发现自然法,所以唯有通过信仰才能获得完整的自然法。不仅如此,在道德实践上,自然法往往不能行之有效,无法在实际生活中起到规范人类行为的作用。人作为理性的动物,其唯一动机是一己之快乐;善和恶无非就是快乐和痛苦,而快乐就是

①　肖红春、龚群:《神意、理性和权利》,《现代哲学》2011 年第 3 期。
②　洛克:《政府论》(下篇),叶启芳、瞿菊农译,商务印书馆 2004 年版,第 78 页。
③　洛克:《基督教的合理性》,王爱菊译,武汉大学出版社 2006 年版,第 134 页。

欲望的满足和实现。自然法的目标是自我保全和公共利益(general good),可是这两者经常会起冲突。道德和成功并不总是相伴而行,违背道德者所能获得的利益往往超过遵循道德者,所以虽然自然法的目的之一是保全他人,虽然人会形成对善的天然知识,也具有趋善避恶的自然倾向,但是由于惰懒或愚顽或者意志的软弱,在很多时候并不会将这些美德付诸实践,因而无法履行自然法原则。在这种情况下,自然法需要一个神圣的立法者和执行者才能得到贯彻。唯有在神圣旨意的协调下,二者才能和谐一致。洛克说,当神圣的旨意表明道德行为另有来生的奖赏和惩罚时,"天堂和地狱的各种景象,会让眼前暂时的欢乐痛苦不值一提,并会吸引和鼓舞众人去争取获得品德。①唯有在这个神圣权威的基础上,道德才能牢牢地树立起来,人们才会全力以赴去追求善。在这个意义上,"只有通过基督的启示才能补充哲学理性的不足,同时揭示德性和道德义务的神圣基础。基督教的启示使人类自然的虔诚和职责变得明白易行,它起着澄清和强化自然法的作用,却不与理性的发现相矛盾"。②

廷得尔对于洛克的自然法理论十分熟悉。在1694年发表的《论对至尊权力的顺从和在一切革命中臣民的职责》中,他讨论了政府的来源、自然状态、检验政府合法性的标准等,这些主题不仅与洛克的自然法理论大致相同,而且在后来的《基督教与创世同龄》中反复出现。廷得尔认为,"政府就是看管其他人的安全,这包括保护和确保他们不受另一个人或陌生人的毁灭或压迫,为受伤害之人申冤、匡扶正义,并且惩罚罪犯,以防止同类事情在将来再次发生。"③在政府出现之前,人们处于自然状态之中,担有自保和保全他人的职责,有能力执行自然法,但是由于种种不方便,出于自愿而把惩罚审判的权力交给政府。此外,廷得尔还认为,政府

① 参见洛克:《基督教的合理性》,王爱菊译,武汉大学出版社2006年版,第144页。
② 孙向晨:《洛克政治哲学的神学维度》,《复旦学报》2006年第5期。
③ 转引自 Kavcic,*English Deism and Natural Law:The Case of Matthew Tindal*. University of Victoria,Master thesis,1997,p.95。

要保全人民，才能成为合法的政府，唯有能够保全人民的政府才能获得人民的同意和拥护。判断一个政府是否合法的标准是社会利益或公共福利，因为公共福利是最基本的自然法原则，也是人的法律和上帝律法的基础。和洛克类似，廷得尔还运用自然法原则来批判神职人员，证明宗教宽容的必要，并经常把上帝与人的关系与世俗统治者与臣民、父母和子女之间的关系结合起来进行类比说明。

和洛克一样，廷得尔也认为理性即自然法，自然法以理性为基础。廷得尔在《基督教与创世同龄》第一章便明确指出："假如人果真心怀虔敬，努力以赴，要想发现上帝的意旨，那他就一定会看出，有一条自然法，或者理性——称为理性是因为它对所有理性受造物来说都是共有或与生俱来的，这法则就如其创造者一样绝对完善、永恒和不可改变。"①具有普遍性和确定性的理性会确切地发现自然法原则，不过廷得尔反复强调的自然法原则只是两种：爱上帝和爱邻人。

然而，廷得尔和洛克在更多的地方表现出不同来，这些不同集中在以下两个问题上：理性和自然法是否自足和完备？个人私利和公共利益孰轻孰重？

在廷得尔看来，理性、自然法是自足完备的，自然法不存在认知上的困难和实践上的无效。上帝是至善的，以人的幸福为唯一目的，那么一定会让具备理性品质的人掌握恰当的方法，实现共同的幸福。他坚决反对那种把自然之光视为有缺陷的观点。在《基督教与创世同龄》最后一章，他驳斥了歇洛克主教在其著作《论自然宗教的不变义务和基督教启示的真理与确切性》中的观点：人心"里面存在着无可否认的缺陷的光"。廷得尔的驳斥分为正反两个方面。其一，自然法来自于上帝，上帝是全善全知的，为了人类的幸福赐予人类以理性，使其成为人类称职的向导，那么自然法一定是完美的，必然能让人类发现他们对于上帝和对彼此的职责。

---

①　廷得尔：《基督教与创世同龄》，李斯译，武汉大学出版社 2006 年版，第 7 页。

如果自然法或自然之光不够完美,就等于说自然之光的创造者存在缺陷。其二,如果自然之光未曾让异教徒发现上帝,这并不能归咎于它有缺陷,而只能归咎于祭司的完全控制和操纵。

前文指出,洛克的自然法思想存在着某种内在的不一致。例如,他虽然承认自然法在政治领域是自足的,但显然并不认为自然法在道德和神学领域也是自足的。一方面,洛克在《政府论》(下篇)中虽然偶尔也提及上帝之名,但是其中的论证"几乎完全独立于神学……它所依赖的不是神圣立法和执法,而是世俗的利益和物质追求。"①也就是说,在世俗化的政治领域,自然法的内在逻辑和自明性质足以充当为自足的基础。另一方面,在道德和神学领域,理性和自然法却又不可避免地显出了局限性,无法担当起建立道德的重任,而是需要启示和作为道德楷模的耶稣来加以弥补。在《基督教的合理性》中,洛克一再强调这一点,甚至难免会让人以为,基督教的合理性之一就在于把用带有权威性质的启示取代了理性。在耶稣的时代之前,哲学无法建立起真正的道德,而即便有所建树,哲学还要面对来自于假哲学的竞争,更何况世风堕落,这些都导致耶稣必然不是用哲学逻辑而是用宗教诫命来教导世人。

在理性是否同样在道德和神学领域自足的问题上,廷得尔与洛克产生了重要的分歧。廷得尔认为,自然法是完备自足的,无论是在政治领域,还是在宗教和道德领域。上帝的至善完美保证了他的目的是为了人类的共同利益,在创世之初便已经为人类设计出一个绝对完美的宗教,而上帝的全能则保证了他会让任何时间和任何地方的人凭借理性发现这个宗教。这个宗教便是自然宗教,和自然法以及理性具有一体性的特征。通过理性和自然法,人类不仅能够建立公民社会,同时也能独立无依地发现并且实践道德原则,实现共同利益。廷得尔不止一次地指出,虽然人类

---

① Forde,Steven. "Natural Law,Theology and Morality in Locke", in *American Journal of Political Science*, Vol. 45,No. 2 2001,p. 400.

的大多数无法进行形而上的思辨(正如洛克所指出的那样),但是上帝给予人类的理性理解力足以让人明白正确的行为规范,而全能的上帝自然会加以调节,给出简明、合理、便利、有用的规范,让所有地方、所有生活环境下的人都能明白。

　　第二个问题是个人私利和公共利益的关系。洛克时时思虑如何保证个人利益和公众利益的平衡和谐,但是仍然具有个体主义的特征。与洛克不同,廷得尔较少提及个人利益,反而处处强调公共利益(public good①)。公共利益是所有人法和神法的基础。实在法要具备合法性,就必须对公共利益有所贡献。可以说,公共利益是衡量各种具体情形的唯一标准。例如,只要有利于公共利益,无辜之人也可以被处死。如果有害于公共利益,那么推翻政府便是罪过;如果顺从于现任政府符合公共利益,那么这就是公民的职责。正加乌西克所指出的,"很显然,对于廷得尔而言,群体的利益比个人的利益更为重要"。②

　　不仅如此,廷得尔比洛克走得更远,在运用自然法原则去分析宗教事务时也更为彻底,特别是在涉及《圣经》、基督教道德和自然宗教等问题上。③ 他把自然法的目标——人们的公共利益——作为衡量圣经启示和传统宗教的唯一标准,批评《旧约》和《新约》中不道德的教义。更重要的是,他把理性、自然法和自然宗教完全等同起来。由于自然法是上帝自创世之初便赋予人的永恒不变的法则,这就等于是肯定了自然宗教的普遍性、确定性、完美性和可明白性。自然法的目标是为了自我保全和人类的共同利益,自然宗教的目的也是在于人类的共同利益。廷得尔说:"由于自然教导人类联合起来实现相互的保护与幸福,政府也就是为了这个唯

---

　　① 在廷得尔那里,公共利益是"public good",而在洛克那里,公共利益是"general good",两者的意思完全相同。

　　② Kavcic, *English Deism and Natural Law: The Case of Matthew Tindal*. University of Victoria, Master thesis, 1997, p. 102

　　③ See Kavcic, *English Deism and Natural Law: The Case of Matthew Tindal*. University of Victoria, Master thesis, 1997, p. 115.

一的目的而组建,同样,触及思想的宗教也完全注定是为更加有效地实现这一目标而由上帝设定的。"①自然宗教的两大诫命就是为了荣耀上帝和人的共同利益,而促进上帝的荣耀的,必然也能促进人的利益,所以这两大诫命实际上可以合并为人的共同利益。这种等同将理性和自然宗教变成了上帝自创世之初便设立的内在启示,将理性启示化了。

二、理性启示化

廷得尔对人类的理性的能力和尊严抱有极大的乐观。虽然他未曾明确地界定理性,但是不难看出,他对理性的理解基本沿袭了洛克在《人类理解论》中对理性的界定。在《基督教与创世同龄》中,廷得尔区分了两类理性:一类是区分真理与谬误的能力,另一类是理性能力用来评判各种术语是否一致的理由和根据。他根据洛克对直觉知识和推理知识的区分针对前一类理性能力进行了阐释。理性能力是指"一个人理解、判断和推论事物的天生能力"②。理性能力作用的直接对象不是事物,而是概念和观念,而我们的全部知识都来源于对外部事物的感觉和对内部概念的反思。理性能力通过别的概念的参与来比较两个概念,以形成一个判断,而概念之间的一致或者不一致就产生了知识。有些知识需要其他概念的介入才能形成判断,所以被称做是解证的知识,而有些知识是在全然直观的基础上产生,所以叫做直观知识或自明的真理。上帝便是通过直观来看待一切事物的。直观知识直接来自于上帝,"并不是通过人类的任何推演得来的,也不是通过因果关系总结出来的。"③

同样是受到洛克的认识论的影响,在推理知识和直觉知识之间,托兰德主要把理性等同于来源于感官和反思的经验理性,强调理性的推理能

①　廷得尔:《基督教与创世同龄》,李斯译,武汉大学出版社 2006 年版,第 17 页。
②　廷得尔:《基督教与创世同龄》,李斯译,武汉大学出版社 2006 年版,第 151 页。
③　廷得尔:《基督教与创世同龄》,李斯译,武汉大学出版社 2006 年版,第 152 页。

力和推理知识,而廷得尔虽然重视推理知识,却更加偏重直观知识。他经常把理性比作是自然之光。他说:"这肯定是那道神圣和一贯的光,它在所有人的思想中闪耀,并使人能够看出他们仔细研究的一切。没有这道光芒,就不可能有任何一种演证,也没有知识,而只有无法克服的障碍和普遍的不确定。"①"自然之光"的比喻表明,廷得尔和 17 世纪的理性宗教观一样,认为理性是连接人性和神性的纽带。他说:"我们的理性在种类而非程度上,与上帝的理性是同一个性质的,不仅如此,正是我们的理性,才使我们成为上帝自身形象的,这也是使天地相接、使受造物与创造主彼此联系的同一种纽结。"②值得注意的是,廷得尔认为人的理性与上帝的理性之间只有种类上的不同,而无程度上的不同。这一点是自胡克以来的理性传统的继续。胡克曾明确地说,理性可以洞见上帝的永恒律法,所以人心和神的心灵便是同质的,虽有程度上的不同,却无种类上的差异。③ 但是廷得尔与胡克之间的不同也很明显:胡克认识理性虽然能在恩典的帮助之下发现上帝的永恒律法,却不能创造自己的律法,而廷得尔的理性则可以有着独立的主体性地位,有能力为宗教立法。

在廷得尔看来,理性可以通过推理证明上帝的存在和属性。在自然之光看来,上帝的存在是不言而喻的。廷得尔试图证明的并不仅仅只是上帝的存在,而是上帝作为一个具有道德和理性的最高存在者的存在。首先,上帝的存在是为了人类的幸福这个唯一的目的。从廷得尔的上帝观来看,伏尔泰所说的"即便上帝不存在,我也要造出一个来"几乎是呼之欲出。在廷得尔看来,上帝既然完美,那么受造物既不会增多,也不会减少他的幸福。他创造受造物,并把自然法赋予他们,纯粹是为了他们的幸福,并不是为了自己。假如上帝是为自己的利益,这就表明他的幸福取

---

① 廷得尔:《基督教与创世同龄》,李斯译,武汉大学出版社 2006 年版,第 152 页。

② 廷得尔:《基督教与创世同龄》,李斯译,武汉大学出版社 2006 年版,第 20 页。

③ See Hooker, *Works*, 340, in Frederick C. Beiser, *The Sovereignty of Reason*. Princeton: Princeton University Press, 1996, p. 65.

决于受造物,或者说他在创世之前是不幸福的,而这不符合上帝的特性。
另外,上帝不可能不为受造物的利益考虑。所以,神圣法则的目的就是
"促进理性受造物的共同利益和相互的幸福"①。另外,上帝立法与执法
都是为了受造物的利益。上帝哪怕是惩罚人,也是为了人的利益。上帝
是自足的,无论我们是否尊重他的律法,他自身都不会受到丝毫的影响。
上帝既不会因为我们的不端行为而恼怒、不安或者伤悲,也不会从我们的
善行中获得安慰。"我们最大的幸运,就在于有了这样一位公正无私的
立法者和法官,无论是奖是罚,他做一切都是为了我们自己好,这也就是
他的全部律法的目的所在。"②世俗君王在本性上和臣民的本性一致,会
因为臣民违背律法而导致他的利益就受损,故而必然要求得到偿付。而
与世俗的统治者相比,上帝在行公义的时候,不会如同世俗君王那样首先
保障自己的利益,而是为了他人和受罚者自身的利益。总之,上帝不会为
了处罚而处罚,"不可能仇恨自己所造的东西,也不会因为软弱或者愤恨
报复而随意作为。"③无论他施加什么惩罚,都是爱的印记,而不会让受造
物困于罪行和邪恶之中。总之,上帝就是由人们在自然法原则下共同选
举出的完美政府,一切都是为了人类的福利。

　　再者,理性还可以证明上帝也是理性的,"无时无刻都与理性和事物
的本性相符合。"④上帝对我们的要求不会超出我们与上帝的关系以及人
与人彼此之间的关系所要求的,不会超过自然法的规定。上帝与人类的
关系和世俗统治者与臣民的关系类似,如果世俗统治者强求臣民完成超
出二者的相互关系的职责,那么他就是一个专断的暴君,然而上帝是无限
智慧和无限良善的,所以不会像暴君那样因为人没有做他创造和治理人
类的目的之外的事情而严厉地惩罚他们。上帝与人类也如同父母和儿女

---

① 廷得尔:《基督教与创世同龄》,李斯译,武汉大学出版社 2006 年版,第 12 页。
② 廷得尔:《基督教与创世同龄》,李斯译,武汉大学出版社 2006 年版,第 33 页。
③ 廷得尔:《基督教与创世同龄》,李斯译,武汉大学出版社 2006 年版,第 35 页。
④ 廷得尔:《基督教与创世同龄》,李斯译,武汉大学出版社 2006 年版,第 21 页。

的关系。人间的父母抚养和钟爱小孩是天经地义,而上帝更是"慈祥和温和的父母",因为他不仅生养人类,而且还事先有设计,不仅本着固有的善和公义创造了我们,而且以同样的原则保证我们生存下去。所以,"不是出自我们与上帝的关系以及人与人彼此之间的关系所要求的,他绝不会发号施令强求我们。"①

最后,人凭借理性必然发现自己对于上帝和他人的职责。无须恩典的照耀,理性只要反观自身,根据事物的本性,就能发现人对于上帝和他人的职责。上帝赋予人理性、语言和其他能力,是为了让人彼此协助,以实现共同的利益。人要荣耀上帝,而上帝的一切都是为了人,所以向上帝表明我们的崇拜和感激的唯一方法,就是尽力便利他的受造物,像爱自己一样爱护他们。为了促使人遵循这个原则,上帝还在人心里种下虔敬、仁爱的种子,在人心中培植对同类的爱,这样人天性中就有趋善避恶的倾向。

与基督教的特别启示相比较,理性是第一次启示,具有明显的优越性。上帝作为一个道德和理性的存在者的存在,保证了理性的普遍性、永恒性和优越性。正如廷得尔所言,上帝既然希望人拥有宗教,必然在创世之初便赐予人宗教。由于上帝是绝对完美的,所以这个宗教必然是完美的,因为不完美的宗教不足以达到一位无限智慧的立法者规定的目标。由于上帝是不可改变的,人性也不可改变,所以涉及人与上帝、人与他人之间关系的这个宗教也是始终不变的,"永远是一样明白和易于理解的,整体或局部都不能有变化。"②此外,上帝还是良善的,故而上帝在赐予了人自然法或真宗教以后,必然授予人了解该律法的充足方法,"不然的话,上帝就有违为人立法的初衷了。一种律法,如果无法为人所认识,就不成其为律法了。"③这个上帝在创世之初便建立的宗教就是自然宗教,

---

①　廷得尔:《基督教与创世同龄》,李斯译,武汉大学出版社 2006 年版,第 21 页。
②　廷得尔:《基督教与创世同龄》,李斯译,武汉大学出版社 2006 年版,第 17 页。
③　廷得尔:《基督教与创世同龄》,李斯译,武汉大学出版社 2006 年版,第 3 页。

理性就是认识自然宗教的途径。

与外在启示相比,理性是清楚明白的:"上帝通过事物本身以及理性确信已经存在于事物之间的相互关系所做的,比他要说的话更加清晰直白。""上帝的意旨清楚明白和完整地写在自然这部巨著里"。① 而福音书都是以象征的语言表达出来的,无法根据字面意思来判断,所以是隐晦的方式,还要根据自然法进行诠释。不仅如此,理性还是普遍有效的,适用于任何时代和任何地方;而启示是具体的,实际的情况不断变化,所以任何一本书都不可能提供适用于任何情况下的特别规定。理性的推论具有确定性,错误的推理就在于使得本来只有或然性的联系的命题之间建立了确定性,或者在本来不具有或然性联系的命题之间想象出了或然性。凡是以自然之光(理性)之外的形式显示上帝旨意的只是具有或然性的外在启示,而对外在启示不可能存在演证。

但是,奇怪的是,廷得尔在多次强调了理性的完美和优越性之后,并没有否认外在启示存在的必要性,反而强调理性和启示的一致性。他说:"假如启示所要求的,比这些关系(指理性所规定的人对上帝以及对他人的关系)所要求的更少,那这规定岂不是不完美的? 又假如它要求更多,那岂不是说这启示的作者有暴君的倾向,并依靠残暴的处罚强求自己的臣民行不必行的事?"②他还一再表明,福音来源于上帝,也是最完善的律法,是不可改变的。既然福音和理性都来源于同一作者,都是上帝的神圣赐予,为着同样的目的,那么一定也是一致的。因此,外部启示只能与理性等同,既不能命令人做违背自然法的事情,也不能禁止人做自然法命令人去做的事情。

在自然宗教和启示宗教的关系问题上,廷得尔体现出了类似的态度。按照廷得尔的定义,自然宗教"就是对上帝存在的信仰,以及因我们藉由

---

① 廷得尔:《基督教与创世同龄》,李斯译,武汉大学出版社 2006 年版,第 22—23 页。

② 廷得尔:《基督教与创世同龄》,李斯译,武汉大学出版社 2006 年版,第 26 页。

理性获取的对上帝及其完美性,对我们自身及自身的不完美性,对我们与上帝及其他人类之间的相互关心的认识而产生的那些义务的感知与实践。"①自然宗教具有普遍性、完美性、确定性。首先,自然宗教自创世以来便存在着,优先于后来的启示宗教。"基督宗教起初就存在着,起初并从那以后,上帝一直都在继续给予人类充足的方法以理解这样一门宗教,人有义务了解、相信、承认和实践它。这样一来,虽然基督教这个名字是后世才有的,但它一定跟人性一样久远和广泛存在,一定在当初就由上帝作为创造我们的法则亲自培植在我们心里。"②其次,自然宗教具有永恒不变性。既然自然宗教就是源自上帝与人以及人与人之间的相互关心的义务,就是始终不变的。上帝不可改变,我们对上帝的义务不可改变;人性始终不变,所以我们对上帝和对他人都始终不变。这永恒法则一点也不能废止或更改。自然法建立在事物不可更改的原因之上,也是不可更改的。再次,自然宗教具有启示宗教不可比拟的确定性。与《圣经》相比,自然法依赖于全世界人类都能够明白看到的事物之间不变的相互关系,而并不依赖已经死亡的各种语言中的字句与词汇的不确切含义,不依赖于各个世纪累积起来的象征、隐喻、寓言、比拟,也不依赖于某些抄写者或翻译者的技能或诚实有意的篡改。最后,自然宗教具有完美性,福音既不能对之加增,也不能对之删减。由于以上优越性,自然宗教成为启示宗教的评判标准,任何一种传统的宗教都要以自然宗教为标准来判断。尽管如此,廷得尔只是对启示宗教中的《圣经》、奇迹和预言以及神职人员的狡诈做了批判,对于启示宗教传统被认为是神秘的三一论和耶稣的死而复活却存而不论。

在充分论证了理性和自然宗教的优先性和优越性之后,廷得尔指出启示宗教是自然宗教的再发布。自然宗教和启示宗教的目的完全一致,

---

① 廷得尔:《基督教与创世同龄》,李斯译,武汉大学出版社 2006 年版,第 11 页。
② 廷得尔:《基督教与创世同龄》,李斯译,武汉大学出版社 2006 年版,第 4 页。

都是为了上帝的荣耀和人的利益,而且人的利益和神的荣耀之间并无冲突。"有利于上帝荣耀的,必然也有利于人的利益:我们越是爱上帝,越是荣耀上帝,我们就越是会仿效他,而去热爱自己的同类,因为这同类同样也是上帝的孩子。"①"基督到来的目的,看来不是要使人明白自己的新义务(悔改是他和使徒向犹太人和异邦人最早宣讲的),而是要悔悟没有履行已知的义务。"②耶稣说:"我来本不是召义人,乃是召罪人悔改。一个罪人悔改,在天上也要这样为他欢喜,较比为九十九个不用悔改的义人,欢喜更大。"(《路加福音》15:7)这就是说,在耶稣到来之前,人们已经可以依靠自己的力量为上帝所接纳,成为义人,就如同耶稣所教化的那样生活。自然宗教应该成为启示宗教的判断标准。"所有启示的真理,都应该根据它(指自然宗教)能否一致来加以评判。"③"如果基督教的教理平白简明,是人的理性容易接受的,而且另一方面是指人的道德实践,那么这与自然宗教不是完全吻合吗?"④

　　对于廷得尔调和理性和启示、自然宗教和启示宗教的做法,学界评论争论不一。约翰·利兰德(John Leland)在《主要自然神论者作品一览》中指出,这只是廷得尔掩人耳目的做法,"凡是认真仔细、不带偏见地考察过该书的人,都会发现这一切似是而非的表象,以及所有对基督教的虚假尊敬,都不过是他的真实目的的幌子。他的真实目的就是把启示宗教搁置一旁,完全抛弃《圣经》的权威。"⑤然而,德国学者郭力克却认为,廷得尔的努力是真诚的,只不过他对自然宗教的理解和基督教正统不一样而已。虽然在基督教正统看来,自然宗教是人的理性的产物,启示宗教才是神的作为,二者彼此对立。可是,在廷得尔看来,自然宗教和启示宗教并不对立,因为

---

　①　廷得尔:《基督教与创世同龄》,李斯译,武汉大学出版社 2006 年版,第 59—60 页。

　②　廷得尔:《基督教与创世同龄》,李斯译,武汉大学出版社 2006 年版,第 40—41 页。

　③　廷得尔:《基督教与创世同龄》,李斯译,武汉大学出版社 2006 年版,第 58 页。

　④　廷得尔:《基督教与创世同龄》,李斯译,武汉大学出版社 2006 年版,第 27 页。

　⑤　Leland,John. A View of the Principal Deistical Writers,Vol. 1. New York:Garland Publishing,1979,p. 114.

自然宗教也是神的赐予,是神在人的理性之中的显现。启示宗教和自然宗教的区分不是人神之间的区别,而是神内在的、原初的启示与神的外在的、传统的启示之间的对立。所以,廷得尔并非意在取消特殊启示和外在启示,而他调和启示宗教和自然宗教之间的努力是不应该受到怀疑的。①

还有学者认为,廷得尔把启示宗教看做是自然宗教的再发布,实际上就是把启示宗教视为多余和不必要。② 对于此种观点,本书并不认同,主要基于以下三个理由。

其一,自然宗教与启示宗教、理性与启示之间的区分早在廷得尔之前就已形成。在他之前,剑桥柏拉图学派曾经有过类似的阐释。卫齐科特作为最有影响力的剑桥柏拉图学派成员,曾经把宗教真理按照"临在于我们的形式"分为"第一次镌刻"和"后来的启示",并认为这两类真理并没有内容上的区别。上帝第一次镌刻在人心的真理是大公普遍的,在所有民族、所有地方和所有时间那里都有证据,也是不可改变的。此外,把启示宗教看做是理性宗教的"再次发布"并不是廷得尔的独创,而是当时在英国神学界较为普遍的观点。廷得尔在《基督教与创世同龄》中就曾经引用歇洛克主教的布道文说:"福音是自然法的再公布,它的规定说明的就是那种起始的宗教,它与创世一样久远。"③歇洛克主教的引文是说福音和创世一样久远,而廷得尔只不过把福音换成了基督教。另外,这个思想还隐含在洛克的《基督教的合理性》当中。洛克根据对《新约》福音书的仔细研读,认为信耶稣是弥赛亚以及忏悔才能令人真正得救。在证明这一信条的时候,他提出一个问题:耶稣说,不接受他为弥赛亚的人不能进入他的国,那么从未听说过上帝的道的人的命运将该如何呢? 洛克

---

① See Gawlick, Gunter, "Introduction", *Christianity as Old as Creation*. Stuttgart : Frommann, 1967, p. 18.

② See Gerrish, B. A. "Errors and Insights in the Understanding Revelation: A Provisional Response", in *The Journal of Religion*, Vol. 78, No. 1, 1998, p. 69.

③ 廷得尔:《基督教与创世同龄》,李斯译,武汉大学出版社 2006 年版,"内封"和第 66 页。

解决这个问题的基础是他的自然法思想。他认为,在启示之外,人还受自然之法的支配,所以应该可以通过上帝之光理解人的职责。即便没有耶稣,理性也会按照自然法引导人去过正义的生活。那么接下来,还有一个问题:既然没有耶稣,理性也会引导众人过道德有义的生活,那么耶稣的意义又体现在哪里呢?洛克不认为耶稣作为弥赛亚是上帝派来承担并救赎世间罪恶的,而是道德的楷模。理性虽然已经启示出了上帝的真理,然而却逐渐被遮蔽。狡猾的神职人员玩弄计谋蒙蔽了人们,所以"邪恶和迷信掌控了世界。理性既然不被听见,并且被认为和当前此事毫无关系,便不可能提供帮助,也不可能指望理性给予帮助。为了维护自己的统治地盘,各处的祭司都把理性完全排除在外,说它与宗教毫无关系。在种种错误观念的迷雾笼罩之下,在捏造的仪式中,世人几乎迷失了那唯一的真神"。① 此外,理性并没有法律的约束力去劝服众人去遵守自然法所规定的人的职责。苏格拉底固然发现了唯一真神的存在,却没有足够的权柄去令人们崇拜唯一真神。因此,"我们的救主发现世人在看待真神的问题上处于这种黑暗和错误的状态中。他给我们带来清楚的启示,驱逐了这片黑暗,让世人知道'这唯一不可见的真神'"。② 从这里很容易推断出来,洛克认为,耶稣带来的启示并不是全新的真理,而是把被罪恶和谬误所遮蔽的自然法重新发布出来。③ 洛克似乎是说,耶稣的训导或者启示,固然并不带来新的内容,的确是理性和自然法原则的再版,但是却以简明有效的方式促使人类遵行道德,给人救赎,与无法普遍建立起道德体系也不具备约束力的理性和自然法原则,是更为优越的。

与洛克不同,廷得尔认为,上帝不仅赐予人自然法,而且还赐予了人理性去认识自然法。"人藉以与野兽相区别的那些能力的运用,就是他

---

① 洛克:《基督教的合理性》,王爱菊译,武汉大学出版社 2006 年版,第 129 页。

② 洛克:《基督教的合理性》,王爱菊译,武汉大学出版社 2006 年版,第 130 页。

③ See Porter,Roy. *Enlightenment:Britain and the Creation of the Modern World*. London:Allen Lane,2000,p. 102.

们能够判断是否存在上帝,上帝是否关照人类事务,上帝是否确曾为人类立法以及这些律法是什么的唯一方法。"①自然宗教就是基督教的全部内容,就是再简明、确定和完美不过的内在启示,凡是有理性的人都会明白。外在启示并不能提供更多的信息,只能是前者的再次发布。

其二,廷得尔自始至终都只是把"基督教和创世同样古老"和"启示宗教是自然宗教的再发布"看做是被论证的结论,而不是以自然宗教驳斥启示宗教的前提。在《基督教与创世同龄》中,这个假设显然经历了一个被证明的过程。从第一章到第五章,廷得尔一直都在证明上帝自身已经是自足幸福的,不需要人的崇拜,也不会因为人的或善或恶的行为而感到快乐或愤怒。所以上帝的一切必定是为了人的利益。有了上帝纯粹为了人的存在为前提,廷得尔才开始证明自然宗教的绝对完善性。第六章的开头很清楚地证明了这一点:"甲:我已经证明,上帝自身并无任何需要。现在,既然已经做好了准备,我就来证明,自然宗教是一种绝对完善的宗教,外部启示既不能增加亦不能减损其完善。"②此后,从第六章到第九章,廷得尔证明了自然宗教的完美和确定性。

其三,在论证自然宗教具有完美和确定性的过程中,廷得尔不断流露出对启示宗教的不满,时常用体现在当时各个教派之中的启示宗教的缺陷烘托出一个完美的自然宗教。可以说,廷得尔在对当时彼此之间因为教义差异互相争斗的宗教各派感到失望以后,着力寻找建立一个理性的具有普遍确定性和绝对无误性的宗教形式。他从上帝的无私和完美为出发点,以自然法为支撑,以启示宗教为反面的比照,构建了自然宗教的简单、确定和完美的体系。在自然宗教的体系完成之后,他便开始批判现有的启示宗

①　廷得尔:《基督教与创世同龄》,李斯译,武汉大学出版社2006年版,第5页。
②　廷得尔:《基督教与创世同龄》,李斯译,武汉大学出版社2006年版,第49页。该书采用对话体的形式,在人物"甲"和人物"乙"之间展开。甲代表的是廷得尔本人或自然神论者的观点,乙并不代表任何具体的立场,在很多时候只是起提示者的作用,时常抛出与甲不同的观念,引导对话进行下去。这种通过对话来讨论宗教主题的形式十分常见,譬如赫伯特的《师生对谈录》、休谟的《自然宗教对话录》等。

教,认为启示宗教同样以上帝为作者,应该也和自然宗教一样有着同样的目的和内容。经过理性过滤的启示宗教或者基督教岂不是自然宗教的再发布吗? 岂不是和创世纪同样古老吗? 由此可见,廷得尔只是要将具有很多错误和矛盾的现存基督教改造成为一个具有普遍性、确定性和可明白性的基督教。鉴于这个目的,廷得尔不可能彻底否认启示和启示宗教,因为这无异于彻底否认基督教,根本不符合他的初衷。虽然他如果继续往前推进一步,便有得出启示不必要的观点的可能,但是他始终没有走出这一步。

第三节　信仰道德化

从 16 世纪中期到 17 世纪中期,关于信仰原则或教义的纷争贯穿于欧洲历史。天主教和新教之间、新教各派之间因为彼此坚持各自的教义曾经不惜发动战争,彼此讨伐杀戮。对于教义争论的厌倦和对由此而引起的宗教战争和社会动荡的反感,导致 17、18 世纪的理性宗教观普遍强调宗教信仰中的道德践履。与那些无谓的"正确的教义"相比较,正确的行为显得更为重要,而且如果人按照上帝的意志行为处世,便不会不对教义有充足的了解。得救似乎不再相关于某种"得救的知识"或某个信经或者信仰告白,而是更加相关于将正确的教义活出来的道德践履。

17 世纪英国的理性主义宗教也是如此。赫伯特所提出的宗教五大"共同观念"当中的第三条就是"美德和虔诚的结合是宗教活动中最为重要的部分"。剑桥柏拉图学派也对宗教的道德性有着前所未有的重视。卫齐科特呼吁说:给我一个能够带来真正效果的宗教吧,宗教的真正任务就是"改善人的性情并管理人的实践活动"①。继承剑桥柏拉图学派的英

---

① Willey, Basil. *Christianity Past and Present*, Cambridge: Cambridge University Press, 1952, p. 90.

国国教自由派也非常重视人的道德实践。他们在很大程度上把基督看成是一个道德典范和世人效仿的楷模,而不是传统意义上所理解的"教师、教士和先知"。这种对道德践履的强调在廷得尔那里到达一个高峰。如前所示,廷得尔将自然法和自然宗教等同起来,将理性视为上帝赐予人类认识自然宗教的有效充足手段,从而使得理性成为了先在于并优越于外部启示的内在启示。作为内在启示的理性完全能够充任宗教的绝对可靠的基础,但是值得注意的是,这种理性不再是托兰德所理解的推论理性,而是侧重道德与幸福的实践理性。这样的自然宗教必然强调信仰的道德层面。

首先,宗教信仰的内容被道德化。以自然法为根基,廷得尔认为,自然宗教或者基督教的内容主要包括我们对上帝和对他人的义务。廷得尔说:宗教就是"履行源自上帝与人以及人与人之间的相互关系的义务"。"除了道德的内容以外,宗教里面并不包含其他的什么东西。"①"真宗教即是人心尽全力行善的常驻的性情"②,主要包括爱上帝和爱邻居。

其次,宗教信仰的目的也被道德化了。正统基督教教义一贯主张来世的得救和彼岸的幸福。然而,廷得尔却完全抛开了罪恶和救赎的问题,只是强调自然宗教或者基督教的唯一目的就是为了公共的利益和人类的幸福。"上帝所有律法的目的,当然包括所有宗教的目标,一定是为了人类的幸福了"。他所谈论的幸福在绝大多数意义上指的是今生的幸福,"在人间体验天堂的幸福"③,而不是未来的幸福和彼岸的得救。无所谓来世的得救,只有今生的幸福,而今生的幸福就在于道德完善。只要我们全力行善,就能获得幸福。

最后,宗教信仰的方式也被道德化了。按照事物的本性或者理性行事,以实现道德上的完善,这就是宗教信仰的唯一形式。按照廷得尔的理

---

① 廷得尔:《基督教与创世同龄》,李斯译,武汉大学出版社 2006 年版,第 28 页。
② 廷得尔:《基督教与创世同龄》,李斯译,武汉大学出版社 2006 年版,第 17 页。
③ 廷得尔:《基督教与创世同龄》,李斯译,武汉大学出版社 2006 年版,第 104 页。

解,理性存在者的幸福只有在存在者全然理性的时候才会出现。上帝的
完善和幸福在于他本性的纯洁与公义。如果人能够模仿上帝的纯洁与公
义,那么也可以获得上帝才有的幸福,所以,"除了彼此状态与关系有所
差别而外,上帝的生活与我们自己的生活,彼此之间就没有什么好区别的
了。""借着持续不断的高尚行为,我们就应该是在不断地接近最完善者
和最幸福的存在者了"。

以此为基础,廷得尔提出了一个很重要的概念:"无关紧要的事情"
(indifferent things)。他认为,上帝所赐予人类的自然法和理性就是宗教
的本质内容,是"非做不可的事情",但是那些崇拜上帝的方式或者外在
的礼仪由于并不包含道德内容,既不是善,也不是恶,所以可被视为"无
关紧要的事情"。对于那些在道德上的要紧之事,上帝必定会给出诫命,
并要求或者禁止人们去执行。而对于那些无论是从内容还是从方式上来
说本身无关紧要的事情,他让人自由地处理。所以,这些无关紧要的事情
不可能决定我们幸福与否。

如果将无关紧要的事情变成宗教的必要内容,必然导致迷信和宗教
礼仪的滥用。宗教和迷信之间的区别就在于前者是遵行道德上的本质,
而后者是做道德上"无关紧要的事情"。"只要我们遵守行为庄重和中规
中矩的准则,那么,谁为新生儿点撒,或我们从谁的手里得到面包与酒的
圣餐,那都是无关紧要的事情"。① 廷得尔质问道:"如果宗教的意义在于
仿效上帝的完美特性,那么,迷信者为形式、仪式和典仪争辩时,他们是在
仿效上帝什么样的完美性呢?"②他认为,应该将信仰的道德本质和一些
无关紧要的东西或者宗教的附属物区分开来,因为前者才是宗教的目的,
而后者只不过是达到这个道德目的的方式罢了。后者并不是上帝的命
令,而是人凭着自己的意志所规定的。传统宗教的教职人员正是忽略了

① 廷得尔:《基督教与创世同龄》,李斯译,武汉大学出版社2006年版,第98—99页。
② 廷得尔:《基督教与创世同龄》,李斯译,武汉大学出版社2006年版,第104页。

人类的共同利益,而强调这些并非上帝命令的无关紧要之事,才导致了宗教迫害、宗教战争和大屠杀,才导致了罗马天主教打着宗教的名义,干涉世俗事务。所以廷得尔主张,"任何人都不能因为宗教事务的看法而遭受人身、财产和名誉上的损害"。① 正因为"无关紧要的事情"无关乎道德善恶,所以应该在这些事情上实行宗教宽容。

廷得尔在《基督教与创世同龄》中不厌其烦地把宗教信仰和道德等同起来。他说:"宗教就是要使一个人在道德义务的各方面都做一个完美的人。"②对于那些教育青年的人来说,他们应该"把道德推荐为一切宗教的目的,让所有不利促进上帝荣誉和人类利益的东西斥为迷信,让青年接受教育后学会把美、快乐与幸福的思想与德行的概念结合在一起,把恶的概念与畸形、悲伤与不幸的概念联系在一起"。③ 但是,与前人不同的是,他颠倒了宗教与道德的关系,使得道德成为宗教的基础,而不是相反。在启示宗教中,道德来源于宗教,宗教是道德的前提和基础。人们只能从上帝的启示中得以了解人对于神的职责,例如摩西十诫和耶稣的登山宝训。这些训诫体现的是一个万能的创造者的意志,人若是有所违背,便无法获得救赎。所以,对启示的信仰是道德的前提。关于这一点,洛克在《基督教的合理性》中作出了非常明确的阐述。他说,人们无法通过独立无依的理性建立道德体系,虽然世界各地的哲学家们曾经对于人类道德有过零星的嘉言惠语,但是充满烦琐的论证推理,为一般扶犁握锄之人难以把握。另外,由于祭司或者神职人员反对将理性引入宗教,这些自然道德体系遭受蒙蔽,无法为人知道。于是,耶稣被上帝从天上派遣下来,将简单明了的道德启示给人类,让每一个人都能够明白。由于耶稣带有神的标记,以奇迹和预言的实现为证据,所以具有哲学家们的道德发现所不具有的约束力。耶稣的启示还具有哲学家所发现的道德箴言所不具备的

---

① 廷得尔:《基督教与创世同龄》,李斯译,武汉大学出版社 2006 年版,第 151 页。
② 廷得尔:《基督教与创世同龄》,李斯译,武汉大学出版社 2006 年版,第 38 页。
③ 廷得尔:《基督教与创世同龄》,李斯译,武汉大学出版社 2006 年版,第 138 页。

吸引力。洛克说,哲学家们虽然证明了品德的美丽,可是由于她一无所有,一般的人固然忍不住对她表示敬仰,却仍然会离她而去。但是耶稣不仅证明了品德的重要,而且还让品德和彼岸的天国以及来世的幸福联系起来,所以能够让虔诚的人们克服阻碍进行道德实践。通过对哲学家和耶稣的比较,洛克证明了启示中包含的道德的简明性、法律效力和优越性。

　　廷得尔所理解的自然宗教恰恰颠覆了启示宗教中信仰和道德的关系,将道德变成宗教的基础,让道德与宗教合而为一。在廷得尔看来,道德不是外在的一种强加或者约束,或者与得救相关的诱惑或者奖励,而是与事物的合理性本质相一致的内在动机和实践行为。由于与道德相关的奖励不再是彼岸的天国,而是此世的幸福,所以无须任何强制,只要人们遵从他们的天性,便会自愿自动地履行道德。"他们一定会恪尽职守,对他们的要求不过是他们明显看出是对自身有利的那些事情"。① 这样一来,洛克所提出的人需要耶稣的特别启示来克服人在道德践履上的软弱便被消解了。

　　廷得尔的自然宗教就是自然道德,只要个人依靠自己的道德践履,就能实现得救。这是典型的佩拉纠主义。这种佩拉纠主义所导致的结果便是基督教传统教义体系中原罪的取消。正如贝瑟尔·威利所言:"上帝是良善的,而不是一个报复的上帝;自然是良善的,没有被败坏;人是良善的,而不是邪恶的。"②即便罪恶存在,例如天主教利用宗教仪式谋取私利,夺取世俗事物的裁判权等,但这也是暂时的、相对的,因为自然法才是最根本的。原罪被勾销,也导致了基督用宝血作挽回祭的意义的丧失,因此耶稣不再是人类的救世主,而是人类的道德教师。正如利文斯顿所指出的,"在廷得尔那里,基督教被归结为仅仅是美德之实践。宗教变成了

① 廷得尔:《基督教与创世同龄》,李斯译,武汉大学出版社2006年版,第106页。
② Willey, Basil. *Christianity Past and Present*. Cambridge:Cambridge University Press,1952, p.94.

对作为神圣诫命的道德责任的承认……关注的焦点已经从较早的唯理主义转移到实践理性宗教上来了。"①虽然廷得尔的焦点有所转移,但是和赫伯特与托兰德一样,他仍然坚持将宗教置于理性的普遍性和确定性的基础上,并始终维护"唯理性"的基督教。

_____

① 奥尔森:《基督教神学思想史》,吴瑞诚等译,北京大学出版社 2003 年版,第 46 页。

结　论

一、英国自然神论以及它与其他理性宗教观的边界

在"导论"的开头部分,本书指出理性和信仰是基督教哲学的核心问题,并且将之归结为三个方面的原因:即作为个体经验的"努斯"不断寻求在作为普遍真理的"逻各斯"之中得到表达和印证的结果,基督教在本体论和认识论上的内在张力,以及基督教信仰在独特性和普遍性上的平衡努力。这些原因在后文对各种理性观和启示观的具体梳理中得到充分的体现。中世纪的托马斯·阿奎那实现了理性和信仰的融合和统一,让二者泾渭分明又相辅相成。在宗教改革中,路德和加尔文主张"惟独信仰",让理性和信仰对立起来,在二者之间形成不可逾越的鸿沟。但是,信仰不能停止于个人的体验,仍要寻求得到普遍的表达和具体化。这在一定程度上导致了宗教改革中出现了许多力图将个体的信仰固定下来的信条,导致了近代基督教在认识论上的转向。与欧洲大陆的宗教改革不同,英国的宗教改革试图在天主教和新教之间、在天主教的宗教独断论和新教的宗教怀疑论之间,追寻一条合理性的中间道路。它肯定理性在信仰之中的重要性,认为理性可以独立无依地认识神圣真理,导致英国在17 世纪和 18 世纪上半叶形成了理性宗教观的巨大潮流。赫伯特、托兰德和廷得尔三人所代表的自然神论始终裹挟在这个潮流之中,随之一起向前发展,并成为这个潮流最彻底的结果。

英国自然神论者对于理性和启示的理解是一个动态发展的过程。赫

伯特将理性分为两个方面:自然本能和推理理性,推崇前者而贬抑后者。自然本能是上帝镌刻在人心之上的天赋能力,既是心智在认识真理上的判断能力,也是道德在善恶判断上的选择。如果在合适的条件下运用自然本能,所有的人都能够认识关于上帝的真理,并且按照善恶标准行事。自然本能所发现的真理后来被赫伯特总结为宗教上的五大原则。出于对经院哲学家的逻辑推理的反感,赫伯特认为推理理性是错误之源。赫伯特肯定启示和启示真理的存在,作为一个虔诚的教徒,他并不否认人和上帝之间的沟通。但是,他对启示持有保留,强调对启示真假进行甄别。出于对僧侣阶层以权威自居的不满,他强烈反对将个人的启示强加给其他人,并鼓励平信徒运用自己的理性去作出自己的宗教判断。

在洛克对赫伯特的天赋理性观进行批判以后,天赋理性逐渐为经验理性所取代,兼有认识和道德功能的理性观逐渐被通过中间观念对概念进行推理而在道德上中立的推理理性所取代。托兰德在很大程度上受到洛克的影响,明确将理性界定为"心灵借助将其与明显已知的事物相比较的方法来发现任何可疑或不明的事物的确定性的那种能力",并运用理性对信仰的内容进行解释。托兰德最大的贡献就是揭示了基督教中所有的超自然现象其实都是推理理性可以解释清楚的。在他看来,上帝的启示和自然现象一样,都是人们认识的方式之一,虽然具有更高的道德上的确实性,却并不因为具有神圣的来源就比自然现象或他人的证据更具有确定性。奇迹也以自然规律为基础,只不过比自然现象多了超自然的效果而已。与此同时,他还以洛克的实体学说对上帝的神秘性质进行自然主义的解释,认为上帝和任何事物一样,其实体都是人类理性无法认识的,因此上帝并不能因为其实体不可知就应该被看做是神秘的。如果上帝因此而显得神秘,那么世上所有自然事物都是神秘的了。在这种意义上,托兰德使得启示理性化。

廷得尔不满足于对基督教的启示作出自然主义的解释,不仅仅以理性、自然法和自然宗教这些具有一体化特征的概念为基础对具体的奇迹、启示或神秘进行了批判,而是在更为宽广的范围内颠覆了自然宗教和启示宗教之间的传统关系,将自然宗教作为判断启示宗教的唯一标准。他以自然法理论为基础,将理性等同于自然法,认为自然宗教自创世便已存在,是永恒不变而又确定无误的宗教,理性是全善全能的上帝赐予人认识上帝以及对上帝的职责的有效手段。在这种意义上,理性被启示化,或者成为具有永恒性和确定性的内在启示。与之相比,作为外在启示的《圣经》却充斥着前后矛盾和错误。所以,理性在普遍确定性和绝对无误性上优越于启示,启示宗教和福音应该以自然宗教和自然法原则即是否促进人类幸福为判断标准,凡是不符合这一点都是宗教之中的“无关紧要”的事情。经过理性过滤之后的启示宗教,就和完美完善的自然宗教在内容和目的上达到了一致,因此基督教和创世同样古老。

赫伯特、托兰德和廷得尔的理性观和启示观在细部特征上存在着不同。赫伯特对理性的理解带有天赋色彩,包含着认识和道德这两个方面,而这两个方面分别在托兰德和廷得尔那里得到了分化:托兰德更加强调作为认识能力的推理理性,而廷得尔则更加偏重理性的道德践履方面,即实践理性。在信仰的问题上,赫伯特提出宗教上的五大“共同观念”,托兰德使得启示理性化,而廷得尔则使得理性启示化。不过,通过对他们的代表作的文本细读,本书发现他们三人只是拒斥不符合理性的启示,却并不拒斥特别启示本身,而是接受符合理性的启示。赫伯特和托兰德不反对启示,这很容易从他们的著作中找到证据。廷得尔似乎不然,因为对他的重要观点“启示宗教是自然宗教的再发布”进一步推理下去,很容易得出他将启示宗教变成多余从而加以抛弃的结论。然而,正如第五章所指出的,廷得尔只是不满意当时的宗教现状,试图构建一个理想的宗教形式(自然宗教),以此为标准来改造当时被认为充满了各种矛盾和错误的基督教。他自始至终强调基督教就是这个自创世以来便永恒存在的自然宗教,并没有完全否认福音启示的作用。

英国自然神论者的理性观和启示观不可避免地与同时代的其他理性

宗教观有很多相似之处。赫伯特的理性观与同时代的齐林沃斯、剑桥柏拉图学派的理性观同样都具有天赋性质,托兰德对理性的理解深受洛克认识论的影响,廷得尔的自然法观念与胡克和洛克有较多相似之处,而且其观点"启示宗教是自然宗教的再次发布"在卫齐科特和洛克那里也能找到类似的表达。托兰德和廷得尔还经常引用坎特伯雷大主教提洛特森的布道文。总的而言,他们和其他理性宗教观都强调理性在信仰中的重要作用,都将信仰看做是可以理解和进行讨论的客观的"得救的知识",并都将虔诚道德的行为看成是宗教的重要部分。但是,英国自然神论将信仰中认识论的维度发挥到了极致,在信仰中贯彻了理性的原则,坚持基督教信仰的普遍确定性,同时很少关注或者竭力排斥基督教信仰的独特性,如三一论和基督的救赎等。这实际上是主张"惟独理性",企图建立一个"唯理性"的基督教。

以上述分析为基础,可以确立赫伯特、托兰德和廷得尔所代表的自然神论和其他理性宗教观的边界。第一,在理性和启示的关系上,自然神论强调理性对启示、自然宗教对启示宗教的优先性和优越性,理性或自然宗教是启示或启示宗教的判断标准,基督教中不存在任何违背理性和超越理性的事物,突出基督教信仰的普遍性。这从根本上改变了自托马斯·阿奎那以来的自然神学的传统。英国安立甘宗的正统神学基本上继承了罗马天主教的教义,也就是将理性和信仰、自然神学和启示神学融合起来的托马斯主义。这种神学正统也体现在很多宗教思想流派之中,如剑桥柏拉图学派、自然科学家的信仰和洛克的思想中,尤其明显地体现在圣公会自由派的神学中。他们强调理性在宗教中的运用,认为理性有助于理解《圣经》和教义,有助于证明上帝的存在和《圣经》的神圣性。但是,他们同时坚持《圣经》和启示的权威以及启示对理性的优越性和超越性,认为基督教的信仰有一部分符合理性(理性和自然神学可以证明上帝的存在),另一部分超越理性(唯有通过启示才能获得的真理,如死而复活)。因此,其他理性宗教观对于理性的运用是工具性的。理性可以引导人来到信仰的殿堂，但是必须停留于信仰的门槛之外。一旦在理性的护送之下，《圣经》成为信仰的标准，理性的使命便宣告结束。可是自然神论者不仅要求理性在宗教信仰中的工具性运用，如赫伯特，而且要求理性登堂入室，对信仰的神秘内容进行清楚地解释，使之暴露在理性的白光之下，如托兰德，最后甚至要求对信仰的殿堂按照理性的永恒标准进行全面翻修，以完全符合人类的公众利益，如廷得尔。至此，伏尔泰的名言"即便上帝不存在，我也要造出一个来"已经隐约可闻。

　　第二，自然神论以理性为基础要求信仰的普遍确定性和绝对无误性，甚至要求建立"唯理性"的基督教，而其他理性宗教观却始终维护"合理性"的信仰。赫伯特绕到所有宗教教派的背后，通过"自然本能"提出清楚明白的五大共同观念，认为这才是真正"大公"的教义和教会。托兰德以洛克的认识论为基础，把经验理性彻底贯彻在宗教信仰之中，对神圣启示和上帝的权威大胆质疑，不允许信仰有任何超越理性的宗教内容。廷得尔则充分发挥理性独立自律的主体性作用，让理性反观自身，为宗教信仰立法，将自然法作为宗教的内容和判断标准。他们三人都试图让基督教获得一个具有普遍确定和清楚无误的坚实基础。与此相比，无论是圣公会护教者，还是剑桥柏拉图学派、自然科学家或者洛克，都竭力维护信仰之中无法为理性所理解的内容的存在，认为宗教信仰和日常事务一样不需要也不可能拥有数学上的绝对无误的证据，因此应该满足于"道德上的确定性"，宗教中或然性的真理也有其存在的价值。他们始终小心翼翼地保持信仰作为"相信"和信仰作为"信靠"之间的平衡，一方面要求信仰具有一定的证据，以反对宗教狂热；另一方面又保持对上帝的权威的信赖，以维护基督教正统。

　　除此以外，我们分明还看到，自然神论者继承了自宗教改革以来的反教士主义的倾向。他们一贯反对"教士诡计"，认为上帝是良善和理性的，而人心天然为善，所以上帝为了人类的福祉建立起自然宗教，人通过理性必然能够认识上帝的真理。然而这种原初纯粹的自然宗教却遭到了神职人员的败坏。所有现实宗教与自然宗教相违背的地方都是神职人员的添加或者删减。这一点也构成了自然神论和其他理性宗教观的区别。

二、英国自然神论的终结与无法终结的影响

贝瑟尔·威利在《基督教的过去和现在》一书中不无揶揄地说:"要想成为一个基督徒,你需要具备思想或者忏悔或者兼而有之。要想成为一个无神论者,你需要具备思想或者勇气或者兼而有之。但是若想成为一个自然神论者,你只需要傲慢(complacent)即可。"①他所谓的"傲慢"其实指的是理性的傲慢,暗示了自然神论者让理性侵入宗教信仰的内容并对之指手画脚时的傲慢和自高自大。他的话也许不假,因为在自然神论者的著作里,我们真切地读出了他们对于人类理性的无上自信。在基督教的历史上,人的理性第一次完全摆脱了对上帝启示的恭顺态度和臣属地位:理性不仅拒斥基督教中不合理性的特别启示、教义、宗教不宽容、神职人员的地位以及礼仪典制,而且还大胆地僭越了被历来基督教思想家所规定的领域,对基督教正统中向来被认为是神圣不可侵犯的事情,如三一论和耶稣,进行理性的分析,或者干脆将之悬置起来,不予理会;更重要的是,理性在普遍性和确定性上超越了特别启示,从而在实际上成为判断一切宗教信仰的内容和形式的绝对无误的标准。

当自然神论者的"理性的傲慢"发展到了这种地步的时候,对理性本身进行理性的质疑便成为不可避免的事情。这种质疑反对理性的确定性和普遍性,其代表人物就是巴特勒主教和休谟。他们二人同时指出理性和自然宗教并非具有普遍确定性和绝对无误性。1736年,巴特勒主教发表了《自然宗教与启示宗教之类比》。在这本书中,巴特勒主教先退后一

---

①　Willey, Basil. *Christianity Past and Present*. Cambridge:Cambridge University Press,1952, p.94.

步,在相当程度上认可了自然神论者的结论。首先,他认为基督教确实是
自然宗教的再发布和制度化体现,具有很重要的意义:"第一,作为一种
自然宗教或基本宗教的重再发布和制度化体现,以求适应目前的人类环
境,而目的在推进自然敬虔与自然美德;第二,它是包含着一种非理性所
能揭发的天理,而结果是我们得以领受几种特殊的教令。"①其次,他还认
可自然神论者对启示的批判,并承认《圣经》和基督教教义的确具有缺陷
性。但是,他同时还指出,"自然宗教虽然是基督教的基础与主要部分,
但它绝不是它的全部。"②自然宗教并不具有自然神论者所声称的确定性
和普遍性,自然中也存在着与《圣经》同样多甚至更多的疑难之处和缺陷
之处,自然和理性的证据和启示宗教的证据一样只能导致或然性的结论,
无法提供自然神论者所说的绝对无误性。最后,巴特勒主教指出,这种理
据方面的或然性并不会妨碍启示宗教对于人生的指导作用。正如冈察雷
斯在评论巴特勒时所指出的:"他承认,在有关特殊的启示的这个概念里
有疑难之处;但是他又补充说:在宇宙是一个协调的和有序的体系的观点
里也有疑难之处。在这两种情况中,人们必须凭或然性来指导。整个生
命都是由这种或然性指导的,而且与此相似,我们对启示的信赖也必须遵
循同一道路。"③

　　具有反讽意义的是,巴特勒之所以承认启示的或然性,本是为了维护
基督教信仰,却在实际上导致了对关于基督教的一切理性论证的普遍怀
疑。休谟在认识论上的怀疑主义击碎了自然神论的认识论基础,彻底破
坏了近代宗教在认识论上的转向。他将经验认识论贯彻到底,将经验确
定为一切知识的基础,认为"我们的观念超不出我们的经验"。在《自然

　　①　巴特勒:《自然宗教与启示宗教之类比》,《理性时代的宗教观》,(香港)基督教文艺出
版社1996年版,"绪论"第321页。
　　②　巴特勒:《自然宗教与启示宗教之类比》,《理性时代的宗教观》,(香港)基督教文艺出
版社1996年版,"绪论"第321页。
　　③　胡斯都·L.冈察雷斯:《基督教思想史》,陈泽民、孙汉书等译,金陵协和神学院2002
年版,第1005页。

宗教对话录》中,他对宗教信仰的所有证据——包括从奇迹和预言出发的证明(圣公会的传统)和理性论证(自然神学传统和自然神论的论证)——逐一进行辨析和归谬,最终将一切信仰逐出了认识论的范围。更重要的是,休谟否认了经验认识的有效性和因果联系的普遍性和必然性。在他看来,所谓的因果联系并不具有必然性和普遍性,只是我们经验到的对象与对象的恒常伴随或者恒常会合,只是心理习惯的产物。如果因果联系或者理性推理并不具有客观性和普遍性,那么自然神论者对于理性的信念便是虚空,他们自以为为信仰找到了坚实的基础,然而这个基础并不是牢固的。

在对宗教信仰的理性证据进行了批判之后,休谟说道:"真正体会到自然理性的缺陷的人,会以极大的热心趋向天启的真理;而傲慢的独断论者,坚信他能仅借哲学之助而创立一套完全的神学系统,不屑去获得任何更多的帮助,也摒弃了这个天外飞来的教导者。"[1]这番话一针见血地指出了自然神论的致命缺陷:对理性的极度推崇和因此而生的"独断"和"傲慢"。这种"傲慢"漠视人的心灵在此岸人生所体验到的种种苦痛和挣扎,过高强调了人的良善和理性的天性,剥离了宗教中的一切灵性和情感,最终使得基督教丧失了原本的独特性和宗教性。

到18世纪中叶,自然神论在英国的影响渐趋减弱。但是,英国自然神论在欧洲大陆和北美却产生了重要影响。法国的百科全书派用明晰而机智的语言普及了英国自然神论者的观点,并最终将自然神论发展为无神论。正如利文斯顿所指出的,法国自然神论的武器大多取之于英国自然神论,只不过由于法国天主教会顽固反对一切自由思想,并严酷压制宗教异端,所以法国自然神论"有了一种好斗、肆意谩骂的,但又是狡猾迂回的性质。"[2]伏尔泰便是典型的法国自然神论者。在早期,他相信上帝

---

① 休谟:《自然宗教对话录》,陈修斋、曹棉之译,商务印书馆1962年版,第80—81页。
② 利文斯顿:《现代基督教思想》,何光沪译,四川人民出版社1999年版,第48页。

的存在,坚持自然宗教,并为上帝的存在提出了设计论证明和从终极原因的必然性出发的论证。到了晚年,伏尔泰开始以非常尖刻的语言抨击基督教的教义和《圣经》。他提出要"粉碎一切卑鄙无耻的东西",并指出任何正统的、体制化的基督教都是卑鄙无耻的。他说,上帝是"第一个傻子所遇见的第一个骗子"①,将基督教看成是一个肤浅的骗局。值得注意的是,伏尔泰并不是一个缺乏宗教信仰的人。他和英国自然神论者一样,一方面,从理性出发,希望净化基督教,清除宗教迷狂、教士权力和败坏的礼仪,让基督教建立在理性的基础上;另一方面,坚持宗教的道德作用。在他看来,宗教教义就是信仰一个正义的上帝,道德践履就是对上帝的崇拜。法国百科全书的其他思想家们,如霍尔巴赫,则进一步否定了上帝的存在。在霍尔巴赫看来,基督教信仰和欺骗、愚昧、堕落和虚伪联系在一起,宗教恰恰构成了道德的敌人。他说:"宗教常常是一种行为的体系,被想象和无知发明出来……一句话,世界上一切宗教体系都是放在这些粗陋的基础上的:它们最初被一些野蛮人发明出来,但现在仍支配一些最文明的民族的命运。"②

　　法国自然神论者对于基督教信仰的批判乃至否认,并没有在根本意义上动摇基督教的根基,反而促成了自然神论向 18 世纪德国的道德神学转化。如前所述,英国自然神论一方面坚持将理性认识作为宗教的确定性和普遍性的基础,代表着近代宗教在认识论转向之后的必然结果和终极发展;另一方面,在赫伯特和廷得尔那里,已经体现出了宗教道德化的倾向。廷得尔甚至翻转了道德和宗教的传统关系,将道德作为宗教的基础,而不是相反。如果休谟对宗教的理性证据的质疑和否定扭转了近代宗教在认识论上的转向,故而彻底摧毁了自然神论将宗教建立在理性基础之上的努力,那么英国自然神论(以廷得尔为代表)在宗教道德化上的

---

　　① 《十八世纪法国哲学》,商务印书馆 1963 年版,第 88 页。
　　② 霍尔巴赫:《自然的体系》(下卷),商务印书馆 1964 年版,第 16 页。转引自赵林:《从自然神论到无神论》,《学术月刊》1996 年第 10 期。

倾向在康德的道德神学之中得到了进一步发展。

在《纯粹理性批判》中,康德区分了现象与本体、思辨理性与实践理性。现象是我们可以通过先天直观形式和十二知性范畴进行认识的对象,并被这些先天认识能力和认识形式所决定。本体则是那些我们不能认识但可以思想的理性对象,如灵魂和上帝等物自体概念。现象是我们认识的对象,而本体主要是具有道德实践上的意义,是道德实践的对象。思辨理性和实践理性都是纯粹理性。思辨理性是人的认识能力,是自然科学知识的基础。实践理性则是指纯粹理性的道德实践能力。就宗教信仰所涉及的领域而言,它属于本体界,不在经验知识的范围之内,并不以思辨理性为基础,而是建立在实践理性(道德理性)的基础上。为了在道德论的基础上而不是在认识论的基础上构建信仰,康德首先批判了传统神学关于上帝存在的三种传统证明:本体论证明、宇宙论证明和自然神学证明。他指出,这三类证明无论是以经验为途径,还是以先验为途径,都是指向我们任何经验所无法达到的对象(物自体),所以这些证明永远也不可能成为确定性的知识。在经验范围内,我们永远无法获得关于上帝、灵魂这类超验对象的知识。这就暴露了传统理性神学将信仰建立在认识论基础之上的不足,也同样动摇了自然神论的认识论基础。康德将信仰逐出认识论的领域,只是为了在道德领域重建信仰。康德表明,宗教信仰和上帝存在是道德的基本要求,实践理性(道德)的理想不可避免地会导致宗教。人作为道德主体的承担者,是理性和有限性的统一体。作为理性存在者,人能够遵行纯粹道德律令,按照实践理性的自律来追求和实现纯粹道德。另一方面,作为有限的存在者,人受到自然必然性的控制,必然追求自身的幸福和欲望的满足。因此在实际生活中,道德与幸福处于脱离的状态,道德高尚的人往往不幸福,而幸福的人却未必道德。为了协调统一这两方面,康德认为,有必要设置最终目的或终极之善,即"至善"。至善是人寻求德福一致的必然结果和发展方向,只有在彼岸世界才能实现,因此就有必要设置灵魂不死和上帝存在作为"至善的可能性

的必然条件"。也就是说,对于灵魂不朽和上帝存在的信仰是实践理性
的内在需求,最终目的是为了促进人的道德。如此一来,道德不是源自于
对上帝的认识,而是恰恰相反,对上帝的信仰是道德理性的基本要求。由
此可见,康德建立在实践理性的至善理想之上的宗教信仰,与廷得尔把基
督教归结为道德实践的做法是基本一致的。

　　如果说英国自然神论对理性的推崇在法国逐渐演化为用理性来否定
信仰的无神论,而它对道德的推崇则在德国发展成为以道德为信仰奠基
的道德神学,那么在英国本土,自然神论最终被强调个人的灵性生活和宗
教经验并且具有敬虔主义色彩的宗教复兴运动取而代之。约翰·卫斯理
(John Wesley, 1703—1791)在 1739 年建立了第一个循道宗(Methodist
Church)教堂,以极大的热忱投入到讲道的事业中。他先后在美国和英国
各地巡回进行福音布道,迅速掀起了英国的大觉醒运动,最后从英国国教
中分离出来,成为颇具影响力的独立教会。卫斯理进一步发展了新教神
学,坚持《圣经》作为至高无上的权威的地位,但是同时也把理性、传统和
经验作为神学诠释的重要工具,这就是所谓的"卫斯理四边形"。在神学
教义上,卫斯理派强调灵魂的圣洁和激情,主张基督徒必须追求圣洁、完
善的生活,因为唯有将纯真的信仰和虔诚的生活结合起来,才能得救。所
有人都有得救的可能,靠着圣灵,人可以在此生达到对上帝、对他人完全
的爱,获得完善的基督徒品格。在北美,"自然神论默默地渗入美国宗教
和政治生活的结构里,因此自然神论和自然宗教的神,就变成美国政府宗
教的'神'(In God We Trust)"。① 根据奥尔森的观察,美国的宗教生活呈
现出一种有趣的二元论。大多数基督教教派和信徒都具有强烈的敬虔主
义色彩,但是政治家和政府官员的公开宗教信仰却充满自然神论的色彩。
虽然他们在私下里沉迷于体验的宗教,但是在公开场合,他们用冷静和理

---

① 参见奥尔森:《基督教神学思想史》,吴瑞诚等译,北京大学出版社 2003 年版,第
576 页。

性的口吻谈论神对美国的祝福,却绝口不提耶稣基督、罪恶或救恩。①

英国自然神论和同时期的其他理性宗教观一样,强调理性在宗教中的作用,推动了理性宗教的发展。但是,自然神论者们追求具有确定性和普遍性的"唯理性"宗教,而不仅仅是"合理性"的宗教;大胆质疑和批判具有基督教独特性的启示和《圣经》,认为理性优越、优先于启示,彻底翻转了理性和启示的传统关系;以人的有限理性来取代和规定上帝的无限理性,主张上帝是为了人类的福利而存在。自然神论对个体理性的极大信心大大推进了英国的启蒙运动,但是毕竟宗教更多的是作用于人的心灵(heart),而不是人的头脑(head),所以它对信仰的认识论维度的极端强调,最终必然导致它的终结。不过,英国自然神论之所以产生了较大的影响,不仅是因为它推动了社会和宗教信仰在事实上的发展,而且是因为它透露出了人类通过理性探究一切事物的永恒追求。或许正如罗西所说:"自然神论是人类的固有倾向。"②在这个意义上讲,英国自然神论的影响似乎并没有终结。

---

① 参见奥尔森:《基督教神学思想史》,吴瑞诚等译,北京大学出版社 2003 年版,第 576 页。

② Bedford, R. D. *The Defense of Truth: Herbert of Cherbury and the 17th Century*. Manchester: Manchester University Press, 1979, p. 241.

参 考 文 献

一、外文文献

（一）自然神论者的著作

1. Annet, Peter. *A Collection of the Tracts of a Certain Free Enquirer.* London: Routledge / Thoemmes, 1995.

2. Blount, Charles. *Miscellaneous Works.* New York; London: Garland, 1979.

3. Collins, Anthony. *A Discourse of the Grounds and Reasons of the Christian Religion.* London, 1724.

4. Collins, Anthony. *An Essay Concerning the Use of Reason in Propositions.* New York; London: Garland, 1984.

5. Collins, Anthony. *A Discourse of Free-thinking.* New York; London: Garland, 1984.

6. Chubb, Thomas. *A Discourse Concerning Reason.* New York; London: Garland, 1978.

7. Herbert, Edward. *De Veritate.* Meyrick H. Carre (trans.), London: Routledge / Thoemmes Press, 1992.

8. Herbert, Edward. *A Dialogue between a Tutor and His Pupil.* London; New York: Garland, 1979.

9. Herbert, Edward. *The Ancient Religion of the Gentiles.* London, 1705.

10. Herbert, Edward. *The Life of Edward, First Lord Herbert of Cherbury*. London: Oxford University Press, 1976.

11. Herbert, Edward. *The Poems, English and Latin, of Edward, Lord Herbert of Cherbury*. G. C. Moore Smith(ed.). Oxford: Clarendon Press, 1968.

12. Herbert, Edward. *De Religione Laici*. London; New Haven: Yale University Press, 1944.

13. Morgan, Thomas. *The Moral Philosopher*. London: Routledge / Thoemmes, 1995.

14. Tindal, Matthew. *Christianity as Old as the Creation*. London: Routledge /Thoemmes, 1995.

15. Toland, John. *Letters to Serena*. New York; London: Garland. 1976.

16. Toland, John. *Christianity not Mysterious*. Dublin: Lilliput Press, 1997.

17. Toland, John. *Nazarenus*. Oxford: Voltaire Foundation, 1999.

18. Wollaston, William: *The Religion of Nature Delineated*. London, the 8th edition, 1726.

19. Woolston, Thomas. *A Discourse of the Miracles of our Savior*. New York & London: Garland, 1979.

（二）相关研究资料

20. Ashcraft, Richard. "Faith and Knowledge in Locke's Philosophy", in *Problems and Perspectives: a Collection of New Essays*, John Yolton(ed.), London: Cambridge University Press, 1969.

21. Aston, Nigel(ed.). *Religious Change in Europe 1650–1914*. Oxford: Clarendon Press, 1997.

22. Audi, Robert (ed.). *The Cambridge Dictionary of Philosophy*. Cambridge: Cambridge University Press, 1999.

23. Baird, William. *History of New Testament Research: From Deism to Tubingen* (Vol. 1). Minneapolis: Fortress Press, 1992.

24. Barnett, S. J. *The Enlightenment and Religion: the Myths of Modernity*. Manchester: Manchester University Press, 2003.

25. Bedford, R. D. *The Defense of Truth: Herbert of Cherbury and the 17ᵗʰ Century*. Manchester: Manchester University Press, 1979.

26. Beiser, Frederick C. *The Sovereignty of Reason*. Princeton: Princeton University Press, 1996.

27. Bergvall, Ake. "Reason in Luther, Calvin and Sidney", in *Sixteenth Century Journal*, Vol. 23, No. 1, 1992.

28. Betts. C. J. *Early deism in France: from the so called" déistes" of Lyon (1564) to Voltaire's Lettres philosophiques (1734)*. Lancaster; The Hague: Nijhoff, 1984.

29. Biddle, John. "Critique of Innate Principles and Toland's Deism", in *Journal of the History of Idea*, Vol. 37, 1976.

30. Bolton, James D. P. *Glory, Jest and Riddle: Religious Thought in the Enlightenment*. London: Duckworth, 1973.

31. Burns, R. M. *The Great Debate on Miracles: from Joseph Glanvill to David Hume*. London: Bucknell University Press, 1981.

32. Bushell, T. L. *The Sage of Salisbury: Thomas Chubb*. New York: Philosophical Library, 1967.

33. Butler, John A. Lord *Herbert of Cherbury: an Intellectual Biography*. Lampeter; Lewiston: Edwin Mellen, 1990.

34. Byrne, J., *Glory, Jest and Riddle. Religious Thought in the Enlightenment*. London: SCM Press, 1996.

35. Byrne, Peter. *Natural Religion and the Nature of Religion: the Legacy of Deism*. London: Routledge, 1989.

36. Champion, J. A. I. *The Pillars of Priestcraft Shaken : The Church of England and its Enemies 1660 – 1730*. Cambridge : Cambridge University Press,1992.

37. Clarke, Desmond M. "Toland on Faith and Reason", in *John Toland's Christianity not Mysterious*, P. McGuinness, A. Harrison and R. Kearney (ed.), Dublin : Lilliput Press,1997.

38. Coby, Patrick. "The Law of Nature in Locke's Second Treatise : Is Locke a Hobbesian?", in *the Review of Politics*, Vol. 49. Winter,1987.

39. Craig, William Lane. *The Historical Argument for the Resurrection of Jesus during the Deist Controversy*. New York : The Edwin Mellen Press,1985.

40. Cragg, G. R., *Reason and Authority in the Eighteenth Century*. Cambridge : Cambridge University Press,1964.

41. Cragg, G. R. *The Church and the Age of Reason 1648–1789*. London : Penguin,1962.

42. Cragg, G. R. *From Puritanism to the Age of Reason*. Cambridge : Cambridge University Press,1950.

43. Craig, Edward (ed.). *Routledge Encyclopaedia of Philosophy*. London : Routledge,1998.

44. Creed, John Martin. *Religious Thought in the Eighteenth Century*. Cambridge : Cambridge University Press,1934.

45. Cushman, Robert. "Faith and Reason in the Thought of St. Augustine", in *Church History*, Vol. 19, No. 4,1950.

46. Daily, D. *Enlightenment Deism : The Foremost Threat to Christianity*. Pennsylvania : Dorrance,1999.

47. Daniel, Stephen H. *John Toland : His Methods, Manners, and Mind*. Kingston ; Montreal : McGill-Queen's University Press,1984.

48. De Pauley, W. C. *The Candle of the Lord : Studies in the Cambridge*

Platonists. London: Society for Promoting Christian Knowledge, 1937.

49. Dulles, Avery. *Models of Revelation.* Dublin: Gill and Macmillan, 1983.

50. Dunn, John. *The Political Thought of John Locke.* Cambridge: Cambridge University Press, 1969.

51. Forde, Steven. "Natural Law, Theology, and Morality in Locke", in *American Journal of Political Science*, Vol. 45, No. 2, 2001.

52. Gawlick, Gunter. "Hume and the Deists: a Reconsideration". *David Hume: Bicentenary Papers.* G. P. Morice (ed.), Edinburgh: Edinburgh University Press, 1977.

53. Gawlick, Gunter, "Introduction", *Christianity as Old as Creation.* Stuttgart: Frommann, 1967.

54. Gay, P. *The Enlightenment: an Interpretation. Vol. 1, The Rise of Modern Paganism.* London: Wildwood House, 1973.

55. Gay, Peter. *Deism: an anthology.* Princeton; New York: Van Nostrand, 1968.

56. Gerrish, B. A. "Errors and Insights in the Understanding of Revelation: a Provisional Response", in *The Journal of Religion*, Vol. 78, No. 1, 1998.

57. Gilley, Sheridan and Sheils, W. J. *A History of Religion in Britain: Practices and Belief from Pre-Roman Times to the Present.* Oxford: Blackwell, 1994.

58. Gilson, Etienne. *Reason and Revelation in the Middle Ages.* New York: Scriber, 1952.

59. Griffin, Julia. *Studies in the Literary Life of Edward, Lord Herbert of Cherbury.* Oxford: Oxford University, Ph. D. Thesis, 1993.

60. Haakonssen, Knud. (ed.), *Enlightenment and Religion: Rational Dis-*

sent in 18th Britain. Cambridge：Cambridge University Press，1996.

61. Harrison，Peter. *"Religion" and the Religions in the English Enlightenment*. Cambridge：Cambridge University Press，1990.

62. Heinemann，F. H. "John Toland and the Age of Enlightenment"，in *Review of English Studies*. Vol. 20，No. 78，1944.

63. Hefelbower，Samuel Gring. *The Relation of John Locke to English Deism*. Chicago：University of Chicago Press，1918.

64. Hefelbower，S. G. "Deism Historically Defined"，in *The American Journal of Theology*. Vol. 24，No. 2，1920.

65. Helm，Paul. *Faith and Reason*. Oxford：Oxford University Press，1999.

66. Helm，Paul. "Lock on Faith and Reason"，in *Philosophical Quarterly*，Vol. 23，No. 90，1973.

67. Herrick，James A. *The Radical Rhetoric of the English Deists：the Discourse of Skepticism，1680 – 1750*. Columbia：University of South Carolina Press，1997.

68. Hoopes，Robert. *Right Reason in the English Renaissance*. Cambridge：Harvard University Press，1962.

69. Howley，R. J. P. *The Notion of Deism in Relation to Seventeenth and Eighteenth Century Thought*. University of Manchester，PhD thesis，1985.

70. Hutcheson，H. R. "Lord Herbert and the Deists"，in *Journal of Philosophy*，Vol. 43，1946.

71. Israel，Jonathan Irvin. *Radical Enlightenment：Philosophy and the Making of Modernity，1650–1750*. Oxford：Oxford University Press，2001.

72. Jacob，Margaret C. "John Toland and Newtonian Philosophy"，in *Journal of the Warburg and Courtauld Institutes*，Vol. 32，1969.

73. Jacob，Margaret C. *The Radical Enlightenmen：Pantheists，Freemasons and Republicans*. London：George Allen and Unwin. 1981.

74. Kavcic, John Andrew. *English Deism and Natural Law: The Case of Matthew Tindal.* University of Victoria, Master's thesis, 1997.

75. Leland, John. *A View of the Principal Deistical Writers.* London, 1754.

76. Lemay, J. A. Leo. *Deism, Masonry and the Enlightenment.* London: Associated University Presses, 1987.

77. Locke, John. *The Reasonableness of Christianity: as delivered in the Scripture.* Bristol: Thoemmes, 1997.

78. Locke, John. *An Essay Concerning Human Understanding.* Alexander C. Fraser(ed.). New York: Dover Publications Inc., 1959.

79. Lovejoy, A. O. "The Parallel of Deism and Classicism", in *Essays in the History of Ideas.* Baltimore: Johns Hopkins Press, 1948.

80. Lovejoy, A. O. *The Great Chain of Being: a Study of the History of an Idea.* Cambridge: Harvard University Press, 1936.

81. Lyttle, Charles Harold. "Lord Herbert of Cherbury, Apostle of Ethical Theism", in *Church History*, Vol. 4, No. 4, 1935.

82. McDermott, Gerald R. "Jonathan Edward, Deism and the Mystery of Revelation", in *Journal of Presbyterian History.* Vol. 77, No. 4, 1999.

83. McManners, John. *The Oxford Illustrated History of Christianity.* Oxford: Oxford University Press, 1992.

84. Manuel, Frank E. *The 18ᵗʰ Century Confronts the Gods.* Cambridge: Harvard University Press, 1959.

85. McGuinness, P., "*Christianity not Mysterious* and the Enlightenment", in *John Toland's* Christianity not Mysterious. P. McGuinness, A. Harrison and R. Kearney(eds), Dublin: Liliput Press, 1997.

86. Merrill, Walter Mcintosh. *From Statesman to Philosopher: a Study in Bolingbroke's Deism.* New York: Philosophical Library, 1949.

87. Mossner, Ernest Campbell. *Bishop Butler and the Age of Reason: a*

Study in the History of Thought. New York：Macmillan，1936.

88. Nicholls，D. *God and Government in an Age of Reason*. London and New York：Arnold，2000.

89. O'Higgins，S. J. James. *Anthony Collins：The Man and His Works*. The Hague：Martinus Nijhoff，1970.

90. O'Higgins，S. J. James. *A Philosophical Inquiry Concerning Human Liberty*. The Hague：Martinus Nijhoff，1976.

91. O'Higgins，S. J. "Archbishop Tillotson and the Religion of Nature"，in *Journal of Theological Studies*，Vol. 24，1973.

92. O'Higgins，"Hume and Deists：a Contrast in Religious Approaches"，in *Journal of Theological Studies*，Vol. 22，1971.

93. Orr，John. *English Deism：its Roots and its Fruits*. Michigan：Grand Rapids，1934.

94. Pailin，D. "Herbert of Cherbury and the Deists"，in *The Expository Times*，Vol. 94，1983.

95. Pailin. D. "Should Herbert of Cherbury be Regarded as a Deist?"，in *Journal of Theological Studies*，Vol. 51，2001.

96. Pailin，D. "Truth in Heresy：Deism"，in *Expository Times*. Vol. 112，No. 4，2001.

97. Pearson，Samuel C. "The Religion of John Locke and the Character of His Thought"，in *The Journal of Religion*，Vol. 58，No. 3，1978.

98. Porter，Roy. *Enlightenment：Britain and the Creation of the Modern World*. London：Allen Lane，2000.

99. Redwood，John. *Reason，Ridicule and Revolt：The Age of Enlightenment in Britain，1660-1750*. London：Thames and Hudson，1976.

100. Redwood，John. "Charles Blount，Deism and English Free Thought"，in *Journal of the History of Ideas*. Vol. 35，1974.

101. Reedy, Gerard. "Socinians, John Toland, and the Anglican Rationalists", in *The Harvard Theological Review*. Vol. 70, No. 3/4, 1977.

102. Rivers, Isabel. Reason, Grace and Sentiment: A Study of the Language of Religion and Ethics in England: 1660–1780, Vol. II. Cambridge: Cambridge University Press, 2000.

103. Runes, D. D (ed.). *Dictionary of Philosophy*. Savage: Litterfield. 1983.

104. Serjeentson, R. W. "Herbert of Cherbury before Deism: the Early Reception of the *De Veritate*", in *Seventeenth Century*. Vol. 16, 2001.

105. Sheils, William J. and Gilley, Sheridan (eds). *A History of Religion in Britain: Practice and Belief from Pre-Roman Times to the Present*. Oxford: Blackwell, 1994.

106. Shapiro, Barbara J. *Probability and Certainty in Seventeenth-century England: a study of Relationships Between Natural Science, Religion, History, Law and Literature*. Princeton: Princeton University Press, 1983.

107. Sorley, W. R. "The Philosophy of Herbert of Cherbury", in *Mind*, Vol. 3, No. 12, 1894.

108. Spurr, John. "Rational Religion in Restoration England", in *Journal of the History of Ideas*, Vol. 49, No. 4, 1988.

109. Stephen, Leslie. *History of English Thought in the Eighteenth Century*. New York: P. Smith, 1949.

110. Stephens, William. *An Account of the Growth of Deism in England*. Los Angeles: William Andrews Cark Memorial Library, University of California, 1990.

111. Stromberg, Roland. *Religious Liberalism in 18th England*. London: Oxford University Press, 1954.

112. Sullivan, Robert E. *John Toland and the Deist Controversy: a Study*

in Adaptations. Cambridge；London：Harvard University Press，1982.

113. Torrey，Norman L. *Voltaire and the English Deists*. New Haven：Yale University Press，1930.

114. Trapnell，William H. *Thomas Woolston ：Madman and Deist?* Bristol：Thoemmes，1994.

115. Van Leeuwen，Henry G. *The Problem of Certainty in English Thought 1630-1690*. The Hague：Nijhoff，1963.

116. Von Leyden，W. "John locke and Natural Law"，in *Philosophy*，Vol. 31，No. 116，January 1956.

117. Waring，Edward Graham（ed.）. *Deism and Natural Religion：a Source Book*. New York：F. Ungar Pub. Co. ，1967.

118. Welsh，Clement W. "A Note on the Meaning of 'Deism' "，in *Anglican Theological Review*，Vol. 38，1956.

119. Westfall，Richard S. *Science and Religion in 17th-century England*. New Haven：Yale University Press，1958.

120. Willey，Basil. *Lord Herbert of Cherbury：a Spiritual Quixote of the Seventeenth Century*. Oxford：Clarendon Press，1942.

121. Willey，Basil. *The Seventeenth Century Background：Studies in the Thought of the Age in Relation to Poetry and Religion*. London：Chatto & Windus，1934.

122. Willey，Basil. *The Eighteenth-century Background：Studies on the Idea of Nature in the Thought of the Period*. Harmondsworth：Penguin，1962.

123. Willey，Basil. *Christianity Past and Present*. Cambridge：Cambridge University Press，1952.

124. Winnett，A. R. "Were the Deists 'Deist' ?"in *Church Quarterly Review*，Vol. 161，1960.

125. Wolterstorff，Nicholas. *John Locke and the Ethics of Belief*. New

York;Cambridge:Cambridge University Press,1996.

126. Yolton, John W. ed. , *John Locke*: *Problems and Perspectives*. London:Cambridge University Press,1969.

127. Yolton,John. "Locke on the Law of Nature ",in *Philosophical Review*, Vol. 67,No. 4,1958.

二、中文文献

1. 奥古斯丁:《忏悔录》,任晓晋、王爱菊等译,北京出版社 2004 年版。

2. 加尔文:《基督教要义》,徐庆誉、谢秉德译,(香港)基督教文艺出版社 1985 年版。

3. 赫伯特·爱德华:《论真理》,周玄毅译,武汉大学出版社 2006 年版。

4. 约翰·托兰德:《基督教并不神秘》,张继安译,商务印书馆 1982 年版。

5. 马修·廷得尔:《基督教与创世同龄》,李斯译,武汉大学出版社 2006 年版。

6. 洛克:《基督教的合理性》,王爱菊译,武汉大学出版社 2006 年版。

7. 洛克:《政府论》(下篇),叶启芳、瞿菊农译,商务印书馆 2004 年版。

8. 洛克:《人类理解论》,关文运译,商务印书馆 1981 年版。

9. 洛克:《洛克宗教著作选集》,王爱菊、周玄毅译,(香港)道风书社 2008 年版。

10. 巴特勒:《自然宗教与启示宗教之类比》"绪论",《理性时代的宗教》,(香港)基督教文艺出版社 1996 年版。

11. 休谟:《自然宗教对话录》,陈修斋、曹棉之译,商务印书馆 1962

年版。

12.《莱布尼兹与克拉克论战书信集》,陈修斋译,商务印书馆 1996 年版。

13.《西方哲学原著选读》(上册),北京大学哲学系编译,商务印书馆 1981 年版。

14.《十六——十八世纪西欧各国哲学》,北京大学哲学系编译,三联 书店 1958 年版。

15.康德:《纯粹理性批判》,邓晓芒译,杨祖陶校,人民出版社 2004 年版。

16.胡斯都·L.冈察雷斯:《基督教思想史》,陈泽民、孙汉书等译,金 陵协和神学院 2002 年版。

17.詹姆斯·C.利文斯顿:《现代基督教思想》,何光沪译,四川人民 出版社 1999 年版。

18.奥尔森:《基督教神学思想史》,吴瑞诚等译,北京大学出版社 2003 年版。

19.陈修斋:《欧洲哲学史上的经验主义和理性主义》,人民出版社 1986 年版。

20.吕大吉:《从狂热的信仰到冷静的理智:17、18 世纪英国自然神 论》,《云南社会科学》1991 年第 6 期。

21.王晓朝:《信仰与理性——古代基督教教父思想家评传》,东方出 版社 2001 年版。

22.孙向晨:《洛克政治哲学的神学维度》,《复旦学报》2006 年第 5 期。

23.肖红春、龚群:《神意、理性和权利》,《现代哲学》2011 年第 3 期。

24.许志伟:《基督教神学思想导论》,中国社会科学出版社 2001 年版。

25.赵敦华:《西方哲学简史》,北京大学出版社 2001 年版。

26. 赵敦华:《基督教哲学 1500 年》,商务印书馆 1997 年版。

27. 张庆熊:《基督教神学范畴——历史的和文化比较的考察》,上海人民出版社 2003 年版。

28.《十八世纪法国哲学》,北京大学哲学系编译,商务印书馆 1963 年版。

29.《历代基督教信条》,(香港)基督教文艺出版社 1999 年版。

30. 邓晓芒:《论中西怀疑论的差异》,《福建论坛》(人文社科版)2003 年第 1 期。

31. 邓晓芒:《真理:在神学和哲学之间》,《中西文化视域中真善美的沉思》,黑龙江人民出版社 2004 年版。

32. 邓晓芒:《思辨的张力——黑格尔辩证法新探》,湖南教育出版社 1998 年版。

33. 赵林:《从自然神论到无神论》,《学术月刊》1996 年第 10 期。

34. 赵林:《英国自然神论初探》,《世界哲学》2004 年第 5 期。

35. 赵林:《中世纪基督教哲学中的奥古斯丁主义与托马斯主义》,《社会科学战线》2006 年第 1 期。

36. 赵林:《论基督教信仰根基之内在化转变》,《世界宗教研究》2001 年第 2 期。

37. 赵林:《西方文化概论》,高等教育出版社 2004 年版。

38. 赵林:《西方哲学史讲演录》,高等教育出版社 2009 年版。

39. 张仕颖:《十架无我——马丁·路德称义神学研究》,武汉大学博士论文,2003 年。

后　记

　　本书是在我的博士论文的基础上修改完成的。回想读博四年,我始终在和"自然神论"这四个字搏斗。从一无所知开始,我着手阅读自然神论者的原著,一头扎入各种关于自然神论的研究文献之中。可是历代研究者的立场和视角各不相同,对于自然神论的理解差异很大甚至完全对立。所以在好长一段时间里,我对于自然神论这个概念非但没有清晰起来,却反而愈发混沌杂乱,脑子里正如鲁迅所说的跑马场,印满了各种蹄痕,却依然一无所知。每当被人问起何为自然神论时,我要么作沉思状,要么口引他人之片言只语搪塞过去。但是,无论是沉默还是开口,都感到心虚。后来,导师赵林教授在一封邮件里提醒说:"有一千个观众,就有一千个哈姆雷特",我这才如梦方醒,决定从自己对于自然神论拒斥启示的说法的原初怀疑出发,回到自然神论者的著作,梳理自然神论在理性与启示关系上的发展脉络及它与其他理性宗教观的边界。

　　在读博四年里,赵林老师的哲学洞见和精深学识,总让我感到震撼,并让我受益无穷,为我点亮了前进之路的明灯。在论文选题和写作的漫长过程中,无论是当面争论探讨,还是电子邮件来往,他都给我提供了耐心的指导和亲切的鼓舞。在赵老师的帮助下,我顺利前往香港中文大学和英国伯明翰大学,从而有机会收集国内难得的外文资料。没有他,这本书的完成是绝对无法想象的。还令我非常感激的是,赵老师和师母刘晓英老师还在生活上关心我,给予了我极大的帮助,使我渡过了很多难关。

　　在英国伯明翰大学的大半年时间里,我有幸得到了很多学术上的帮助。邓守成教授治学严谨,沉稳细致,为我在英国的学习和生活提供了一切便利。至今我还记得在开往爱丁堡的火车上,他拿着我的那份已被他用铅笔修改过的论文提纲和我谈论他的想法。他鼓励我多看英文的资料,并且说一篇博士论文的英文参考书目至少要达到200本(可惜我让他失望了)。麦克劳(Hugh McLeod)教授是我在伯明翰大学学习时的导师。记得初见他时,他那爱因斯坦式的蓬松头发、马克思式的胡子,以及谈论学术问题时眼睛里射出的灼灼精光,让我印象十分深刻。更让我印象深刻的是,我每次和他见面谈论文时他提出的那些苏格拉底式的问题。这些问题促使我进一步思考,指出了拓进的方向。香港中文大学的赖品超教授在伯明翰大学讲学的间隙,多次和我谈论自然神论,给我进行了多次"免费的指导"(赖教授的玩笑话),针对我的论文提出过很好的建议。伯明翰大学图书馆的文献传递部和特藏部为我收集资料提供了很大的方便。伯明翰大学的美国学生 Jerry King 为我把一部分德文资料翻译成英文。此外,在香港中文大学暑期班学习时,温伟耀教授和卢龙光牧师为我们授课解惑,令人难忘。

在读博期间,武汉大学哲学学院的多位老师,都以他们的学术思想和学术精神激励和影响过我。首先要感谢邓晓芒教授。无论是上他的课,还是读他的书,我都受益匪浅。邓老师提出的"逻各斯"和"努斯"精神使我对于基督教中的理性与信仰的关系有了更为深入的把握。还要感谢雷红霞教授、张传有教授以及曾晓平教授在开题报告会上对我的论文提出了富于启发性和建设性的见解。

此外,还要感谢湖北省社科基金项目(2011LZ022)和武汉大学2008年人文社科青年项目的资助,感谢人民出版社洪琼编辑的辛苦付出。

最后,感谢我的父母、爱人和女儿。他们的情感支持和默默理解使我能够有充足的时间和平稳的心境完成博士论文及其修改。

当然,书中浅陋不足之处,责任都在我本人,敬请诸位学者不吝赐教。

2012年6月30日于珞涵屯

责任编辑:洪　琼

图书在版编目(CIP)数据

理性与启示:英国自然神论研究/王爱菊 著. -北京:人民出版社,2012.10
ISBN 978 - 7 - 01 - 011454 - 5

Ⅰ.①理…　Ⅱ.①王…　Ⅲ.①自然神论-研究-英国　Ⅳ.①B921

中国版本图书馆 CIP 数据核字(2012)第 278326 号

理性与启示
LIXING YU QISHI
——英国自然神论研究

王爱菊　著

人民出版社 出版发行
(100706　北京市东城区隆福寺街99号)

北京瑞古冠中印刷厂印刷　新华书店经销

2012 年 10 月第 1 版　2012 年 10 月北京第 1 次印刷
开本:710 毫米×1000 毫米 1/16　印张:14
字数:200 千字　印数:0,001-2,500 册

ISBN 978 - 7 - 01 - 011454 - 5　定价:37.00 元

邮购地址 100706　北京市东城区隆福寺街99号
人民东方图书销售中心　电话 (010)65250042　65289539